神來一筆

扶鸞的回顧及展望

中華[illegible]綠玄門真宗教會教尊 陳桂興——主編
真理大學教授
台灣宗教與社會協會理事長 張家麟——等著

序

扶鸞傳來天上消息

這本小書能夠問世，是再續20年來的宗教情緣！

我要感謝恩主公 - 關聖帝君，冥冥之中帶領，於2001年我擔任真理大學宗教學系主任時，牽線與中華玉線玄門真宗結了善緣。貴、我雙方合作愉快，建立優質的「廟學合作」模式。

我們曾經共同推動鸞、關聖信仰研究及國際學術會議，作幾屆的全國扶鸞展演座談會及宗教博覽會。而且，在宗教學術數位化初起時，早在於2007年，就啟動「關聖帝君數位典藏」研究。

去年（2019），我再度應其教尊陳桂興之邀，參與「第七屆全國扶鸞儀式展演會」之規劃。最後，承蒙他參酌、定調，將會議主軸設計為「網路展演與社會關懷」。並希望由我協助編成《神來一筆》一書，為「扶鸞」再奠一塊學術礎石。

本來，一本「跨學科、跨校際」的宗教學術專著，從規劃、邀稿、編輯、校對、出版，最快者半年，正常一年才能問世。而這次，我從敲定到付梓，只有兩個月左右的時間。這本是「不可能的任務」，但我覺得有意義，乃欣然接受此承擔。

與教尊多次互動，集思廣益，最後，決定將本書聚焦於「鸞」。再分為「鸞書」、「鸞堂與鸞務」、「扶鸞及功能」及「鸞堂與關帝信仰」四個面向。確認後，我立馬己召集學界各方好友，認養子題書寫，共襄盛舉。

是否得到關帝在天的庇護、加持？我不知道，沒想到進行此工作頗為順利。受邀教授十之八九，皆首肯義助。他們二話不說，或修訂舊稿，或振筆疾書新作。大夥群策群力、不辱使命，如期徵集11篇論文，完成教尊交付的任務。

為何這麼趕要將此書出版？最主要有幾個原因：首先，深化扶鸞的學術底蘊，讓此儀式得到學者的關注。其次，希望在「第七屆全國扶鸞儀式展演會」時首發，交到與會貴賓手上，讓大夥人手一冊，得以參閱、體會扶鸞的歷史與當代的交會。

第三，在我看來也最為重要，即是延續向天庭「繳書」的傳統。主辦方希望把此「現代學術作品」當作「傳統鸞書、善書」，書成之後，將它獻給關帝及三教眾神。在學術化之餘，神聖化此書。

令人感動的是，主辦方非常慷慨，將此功德迴向給全台鸞堂，協辦、承辦單位及幕後工作人員、所有與會者。這種「為而不有」、「功成不居」之作為，已經頗接近《道德經》中「道法自然」的境界。只不過前者談的是天地孕生萬物供養人類，而不求回報。本書獻給眾生、眾神，亦有不居功的精神。

如今書成，除了感恩諸位學術先進的協助外，尚肯定主辦方具有深邃的學術「遠見」。即認識到「當宗教離開學術，宗教無方家詮釋，將趨萎縮」此命題。

最後，我們願意把此書之功德，再次迴向給教尊及中華玉線玄門真宗諸位師兄姊！一切榮耀，則歸於恩主公及三教眾神！

真理大學教授
台灣宗教與社會協會理事長
張家麟

目次

第一章 鸞書

神聖與世俗的中介者：《真誥》當中神聖經典的傳譯與轉寫

政治大學教授　謝世維

壹、前言

從南宋金元時期開始，許多宗教經典以一種創新的「飛鸞開化」形式，傳遞神聖經典，形成經典出世的新類型。這類的經典通常由一群奉道的知識分子，組成鸞堂或道壇的文人團體，透過鸞台真手，飛鸞降筆書出各種宗教經典。這些文人有道士、有儒生，而這些經典被視為教化的善書，廣為傳布。其降鸞的主神，許多是宋代以後出現的神祇。例如梓潼帝君、呂祖、玉皇、玄天上帝等等。而這些宋元飛鸞出世的經典諸如《梓潼帝君化書》、《玉皇本行集經》、《玄天上帝啟聖錄》、《西山許真君八十五化錄》、《純陽帝君神化妙通紀》等都被收進道藏。其中《梓潼帝君化書》在南宋出世，是現存較早出世的鸞書，對之後的善書有重大的影響。（謝聰輝，2013；謝聰輝，

2015：201-222）

在宗教意義上探討「飛鸞開化」的神聖經典模式，對於我們理解華人的經典與教化，有著重要的意義。要了解傳統「經典」的概念與這種「飛鸞開化」的神聖經典有何種根本性的不同，必需去追索「飛鸞開化」的神聖經典的歷史根源，進而分析這些經典內容，探討士人如何從不同的歷史脈絡，為這些「飛鸞開化」的神聖經典，賦予「教化」內涵，讓經典具有廣為傳布而教化人心的功能；同時思考經典中顯化、修行、傳道等宗教典範的模式與概念，更深刻理解中國宗教的核心意涵。事實上，扶鸞或扶乩的方式在唐宋時代已開始流行，《夷堅志》記載了許多民間紫姑神扶乩的實踐。洪邁《夷堅志》三志・壬卷三《沈承務紫姑》寫召迎紫姑之法：「**以箕插筆，使兩人扶之，或書字於沙中。**」扶箕在宋代已成文人閒餘問神之事。換言之，神靈通過扶鸞而降示經典或問事解惑的宗教實踐自唐宋以降，早已深入人心。

這種透過神靈來傳遞神聖經典的形式，在六朝時期就已經可以看得到，但是並非以後來扶鸞的形式去傳授神聖經典，其方式雖然有別，但是神靈透過靈媒的中介，傳授神聖經典的基本模式，卻是由來已久。道教的上清經典，有一部分是透過靈媒來傳遞出世，而這種道教經典出世模式，雖然與後來的「飛鸞開化」有別，卻同樣是以神靈傳經的方式讓神聖經典出世。

對於神聖經典的「出世」，六朝道教所建構的是其經典的「出世」神話，這種經典「出世」

神話的神聖性建構通常會透過聖化經典根源、建構傳承、論述框架、複合與區隔等幾種方法，使其權威性與合法性得以確立。[1] 從這裡我們可以看出，道教經典建構過程中所採用的模式及策略與其他的典籍有很大的不同，而這正是道教經典建立其神聖性的基礎與原則。本文所關注的是道教經典的神聖特質及其「出世」的方式，其中對「翻譯」的概念作深入的分析，從而理出道教經典的作者們如何描繪經典的起源、傳遞與出世，進而勾勒出道教經典從神聖界到世俗界逐漸文本化、實體化的過程。依據部分六朝道教經典，道經原本以天界書體的形式存在於虛空之中或祕藏天宮內，在傳授時必須經由中介者將這些天界語言「轉寫」或「譯出」成為世俗文字，然後才能夠傳之於世俗界。本文所要討論的就是道教聖典觀中一個很特殊的「傳譯」概念，並將這個概念置放在六朝聖典觀念的脈絡中去探討。

六朝道教經典很明顯保有了漢代以來的天書觀，並且將天書作為神聖經典的根源。在上清經派重要典籍《真誥》之中，真人是為了指導凡人，才不得已將上清界的聖典傳給凡人。在傳遞過程中，真人必須指導靈媒將這些天書，翻譯成一般凡間的文字，依據《真誥》以及一些上清經，這些上清聖典都是由那些在虛空之中由真氣凝結而成的天書，輾轉傳遞而來，透過翻譯，才能被看到。而能被凡人看到的只是實相的倒影而已，倒影不是實相，卻是實相的反射，因此聖典的根源是實相，而聖典也是通向實相的媒介，透過經典的文字能夠達到純粹的天書，因此許多上清經派的經典一開始總是生動地描繪天書如何在宇宙生成之時形成，最後輾轉傳遞成為上清經。

道教經典「出世」神話的神聖性建構通常會透過不同方法以確立其經典的權威性與合法性。例如將經典文字的地位提升至宇宙源初、與「道」等同的位置，從而將道教經典根源神聖化；或將經典的傳承譜系架構在一個歷史情境之中，使經典在歷史脈絡之中有跡可循，並且是歷代聖王或祖師用以治國或確立宗教權威的準繩與依歸。此外，神聖典籍常會形成一套獨特的論述框架，使讀者一眼即可明辨該文本的神聖性。為建立這種論述框架，經典的作者會以特定的手法描繪演法場景，並選用特定的人物來彰顯該經典的神聖性。道教神聖經典的另一個特色就是具有涵攝包容的力量，有著融合主義的特質。道教典籍常可以複合許多不同傳統，透過對各傳統的位置重新安排配置，以次第與階序的模式排列各個傳統，在判教的基礎上，給予各傳統重新定位，並藉此賦予該經典所倡導的法門至高的權威性。

貳、天書的傳譯

《真誥》當中有一段非常有名的記載，明確紀錄了天書傳譯的因緣及過程。這段記載，顯然是許家透過靈媒楊羲對降下凡間的這些真人的質疑。就在西元 365 年七月二十五日這天，紫微夫人來降，楊羲代表許家提出疑問：「**真靈既身降於塵濁之人，而手足猶未嘗自有所書。故當是卑高迹邈，未可見乎？**」[2] 真靈未能親自書寫神諭，顯然對許家而言是一種神學上的疑問，同時許家也試圖要這些上清天的真人留下一些具體的證據。紫微夫人則回答道：「**書迹之示，則揮形紙札，文理昺注，麤好外著，玄翰挺煥。而範質用顯，默藻斯坦，形傳塵濁，苟騫露有骸之物，而得與世進退，**

上玷逸真之詠，下虧有隔之禁，亦我等所不行，靈法所不許也。」[3] 這個回應不但說明了，神聖界與世俗界的界域隔閡不容跨越，更點出了一個宗教語言、文字學上的問題。紫微夫人針對這個問題，展開了一系列對聖界文字的系譜與淵源的論述。首先從「為書之本始也。造文之既肇」的語源學談起：

五色初萌，文章畫定之時，秀人民之交，別陰陽之分，則有三元八會，羣方飛天之書，又有八龍雲篆明光之章也。其後逮二皇之世，演八會之文為龍鳳之章；拘省雲篆之迹以為順形梵書。分破二道，壞真從易，配別本支，乃為六十四種之書也，遂播之于三十六天十方上下也。各各取其篇類，異而用之，音典雖均，蔚跡隔異矣。[4]

這段文字後來常常被道經引用，甚至成為道教經典的基礎與根源，許多人簡單地將這段文字當作道教經書的形上根源。但實際上，這段文字已經複合了許多不同概念，尤其是佛教元素，這一點是過去學者較少去討論的。

首先，我們可以很清楚地看到，這段文字將宇宙生成論與文字起源併為一談，隱含著文字演變是宇宙演化的重要環節。此外，這理論述的宇宙生成變化是屬於宇宙分化、濁化的觀點，因而文字書體也是由真而易，由清而濁。而位在這演化最上端的書體，就是所謂的「三元八會之書」。關於「三元八會之書」的意涵，道教經典說法各異，在《三洞神符記》，《通門論》以及《道門大論》

皆有論述，屬於後來道教學者的詮釋。[5]

再者，在論述天書演變分化過程是遵循著陰陽分化的程序，這種宇宙分化觀念已在漢代讖緯文獻有很清楚的論述。〈易乾坤鑿度〉與〈易乾鑿度〉皆討論著易如何分化乾坤、四象，乃至生成萬物。[6] 而《真誥》中所說的「分破二道。壞真從易。配別本支。乃為六十四種之書也。」顯然與陰陽生八卦乃至六十四卦的宇宙生成觀念有符合之處，這也顯示書體的演變與宇宙分化有著密切的關聯性。但是，六十四種書的觀念其實不僅僅是易經六十四卦的反映，中亞所傳來的佛經中就有許多有關六十四種書體的論述，最典型就是前述的《普曜經》，紀錄了佛陀年輕時所學習的六十四種書體。可以想見，當時佛經記載這種流傳在天竺的六十四種文字的觀念，被道教挪用為三十六天的六十四種書體。[7]

可以看出佛教元素的，還有「拘省雲篆之迹」所形成的「順形梵書」。所謂的「梵書」所指的就是「梵文」。由這段文字來看，道教已經將印度的梵文當作一種天界語言，而將之視為是「八龍雲篆明光之章」簡化演化的文字形式。依據《真誥》所言，「雲篆明光之章」就是今日所見神靈符書之字。可見在《真誥》的文字系譜中神靈符書與梵文存在某種聯繫性。[8] 至少對一般中原地區的人來講，符書與梵文都是一種無法辨識的文字，它們都需要經過翻譯或轉化。

梵文在印度本來就被視為神聖語言，印度神話認為梵文為梵天所創，是天界的神聖語言，因而許多聖典都以梵文書寫。而傳入中國後，這些神聖語言必須經過翻譯才能被理解，在這種觀念下，這種翻譯不僅僅是異國文字的轉譯，而是牽涉到神聖語言傳譯為世俗語言的傳譯轉化問題，《真誥》明顯地借鑑了這個觀念，將梵文納入這個神聖文字系譜當中，而置於僅次於「三元八會」、「八龍雲篆明光之章」以及「龍鳳之章」之下的天界文字。藉由這種吸納以及重新安置於系譜的手法，將作為佛典神聖文字的梵書融攝於道教宇宙書體系統之中，並給予次階的位序，呈現道教高於佛教的分判意圖。

紫微夫人還清楚地分判了這些天界文字的高下與功用，指出「**八會之書是書之至真**」是「**皇上太極高真清仙之所用**」。而「**雲篆明光是其根宗所起**」為「**今所見神靈符書之字是也**」而當今通行的文字則是「**趣徑下書，皆流尸濁文淫僻之字。**」[9] 這裡清楚地分判他界書體的神聖潔淨與世俗書體的濁惡，而那些神聖的高真清仙所用的，自然是神聖純粹的「八會之書」，至於凡塵世俗之人所使用的，就是位於這文字系譜最末端的濁文淫字，也就是當時所通用的書體。

2 《真誥》HY1010, 1.7b7-8a10。

3 同前註，1.7b7-8a10。

4 同前註，1 8a10-8b8。

5 見《道教義樞》HY1121, 2a；《雲笈七籤》HY1026, 7a；《三洞神符記》HY79,1b；《通門論》P.2256, 2。《雲笈七籤》這段文字引自《道門大論》，而《道教義樞》未記出處。（陳國符，1989：3-4；大淵忍爾，1997：225-230）。這些文獻皆引用《真誥》的這段文字，再引用其他學者的詮釋，但說法相當分歧，例如陸修靜（406-477）指稱三元即三才，而加上五行即是八會。但該文又認為依照真文赤書，天文應是先於三才與五行而存在，見HY352, 20a 10，亦見HY22, 1a10，照這說法三元可能並非三才，而是三寶丈人的三氣，此三氣先天地之前而存在，亦見《雲笈七籤》HY10267, 1a-2b。《通門論》引《九天生神章》云：「**天地萬化，自非三元所育，九氣所導，莫能生也。**」「**三氣為天地之尊，九氣為萬物之根**」，（李德范，1999：2512-2513）此引文則可見於《靈寶自然九天生神三寶大有金書》HY 165.2a4。該文於是說三氣先於三元而存在，此外該文又引宋法師的說法而宣稱三元是混洞太無元高上玉皇之氣、赤混太無元無上玉虛之氣以及冥寂玄通元無上玉虛之氣，而五德指五氣即大陽、少陽、大陰、少陰與中和，亦見HY1121, 2.17a7; HY1026, 7.2a。Edward Schafer 認為在原始意義上，八與八卦有關，屬於宇宙生成的象徵。而八會則與歲星的十二度與天經交會時所形成的八個交會點有關。（Edward Schafer,1980：66;Empyreal,2017.4：674）

6 《易乾坤鑿度》於《易緯》1, 6b-7a；《易乾鑿度》於《易緯》2, 2b, 5b-6a, 12 a-b, 13a, 14a。（Mark Lewis, 1999：206）有關讖緯與易經的天地生成觀，亦見安居香山與中村璋八《緯書の基礎研究》。（安居香山與中村璋八，1978：171-200）

7 學者如王承文在討論六十四書時，是從易緯神學的角度來看《真誥》在讖緯的基礎上所作的發展，而未論及當時佛教經典所述六十四書的借鑑。這種觀察較重視歷史的延續性，但卻忽略了當代文化交互借用的現象。（王承文，2006：7-9）

8 在《真誥》當中並未進一步闡述梵書之用途，甚至在《真誥》之中也未見對「梵」觀念的詮釋，在這一點上靈寶經典則有較多的發揮。（謝世維，2007：477-504）

9 《真誥》HY1010, 1.8b8-9a4。

參、神聖與世俗的中介

基於這個文字系譜，《通門論》指出，當今的道教經典，都是以隸字來轉譯他界的天書。[10]這清楚地標誌一個觀念，就是整個道教經典的傳授與出世，實際上就是一個翻譯的過程，如此他界的文字才能被轉譯成為世俗文字，而被世俗的大眾所理解。而世俗界的凡人，要窺看他界的神聖經典，只能透過轉譯過的世俗文字，否則，他就必須透過修練將自己轉化為真人。

一旦成為真人，他就能立刻通曉他界的神聖書體。因此紫微夫人就說：「**夫人在世，先有能書善為事者。得真仙之日，外書之變，亦忽然隨身而自反矣。**」這也暗示了書體的形式與個體的靈性存在有關聯，如果個體能透過修鍊，將自身轉化成為真人，則這個個體不但能窺探神聖世界的書體，他本身的書寫也能夠轉化成為真字。而一但成為真人，能夠書寫真字，那他就沒有理由還要去書寫那濁惡淫僻的下書。所以《真誥》說：「**夫真仙之人，曷為棄本領之文迹，手畫淫亂之下字耶？夫得為真人者，事事皆盡得真也。**」[11]這可以算是紫微夫人回應，為何真人不親自手書神諭的第一個理由。

其次，在《真誥》當中，不斷提示神聖界與世俗界，有著無形的界域，不可輕易跨越，而真人與凡界之人的接觸，也有一定程度的限制與戒律。要求真人留下親手書寫的字跡，顯然是企圖跨越這無形的界域，觸犯了真凡之隔的戒律。因此紫微夫人就強調，真人留下書跡是「上玷逸真之詠，下虧有隔之禁，亦我等所不行，靈法所不許也。」[12]並清楚地告誡說這是「四極明科，高上禁重。」[13]即使真人遇見一位在凡間的得道之人，他也不能輕易地漏洩書跡。《真誥》當中強調：「雖時當有得道之人，而身未超世者，亦故不敢下手陳書墨，以顯示於字迹也。」[14]可見這種隔閡與禁忌是相當重要的。

再者，前面已提到，聖界文字與真人所書寫的真書，都是屬於聖潔的天書，有別於凡塵的濁惡書體，因此世俗之人是無法辨識的。因此，即使這些仙真突破聖凡的藩籬，違背科律，將書跡展現給世俗之人，這些凡人也無法解讀明瞭聖界的文字典籍。所以紫微夫人說道：「我既下手，子固不解，亦將何趣兩為煩濫耶？」[15]

既然真人無法將書寫顯現給凡塵之人，而其書體又是世俗之人所無法理解的天書，當這些仙真要傳授聖界的經典時，就必須借重一位中介者，透過這個中介者，將聖典的他界書體翻譯為世俗文字。在早期上清經派的傳承中，這種中介者在經典傳授中扮演非常重要的角色，諸如華僑、楊羲等賦有異稟的靈媒，就是屬於這類中介者。透過這些靈媒，這些仙真才能將上清天的神聖經典與修鍊要訣一一傳授給許家的信奉者。在這種過程中，靈媒將原本神聖潔淨的真書，一一轉寫成為隸字，以便讓許家及一般人能夠辨讀。翻譯轉寫後的書寫已不再是真書，卻是真書的「迹」，也就是真書的世俗界映像。

10 《敦煌道藏》，頁 2514。

11 《真誥》HY1010, 1.9a4-9b2。

12 同前註，1.7b7-8a10。

13 同前註，1.9b2-10a2。

14 同前註，1.9b2-10a2。

15 同前註，1.9b2-10a2。

肆、真書與隸字

在《真誥》中這種轉譯程序十分清楚，仙真來降時會請楊羲備好筆墨，準備將真人所傳遞的他界經書、訊息轉譯成為「隸字」。通常真人們不僅僅是口授，有時也會將一些文書，或是上清天的上清經書展現給楊羲瀏覽。當真人披展上清經書給楊羲時，陶弘景清楚地解釋道：「**此題本應是三元八會之書，楊君既識真字，今作隸字顯出之耳。**」[16] 顯然，楊羲的工作之一就是將所謂「三元八會」的天界書體，轉譯成為當時通用的「隸字」，這無疑是神聖界與世俗界之間的翻譯工作。

所謂的「隸字」許多學者將之解為隸書體，或者稱漢隸。但是，萊德羅斯（Lothar Ledderose）指出《真誥》當中，所謂的「隸字」，其實指的是「今隸」，也就是後來俗稱的「楷書」。（Lothar Ledderose,1984：256-257）司馬虛（Michel Strickmann）更認為，楊羲這種在見神中，迅速紀錄下來的流暢書跡與行書的發展有關。楊羲與王羲之在當時皆被視為知名的書家，尤其是其行書的造詣，被藝術界稱頌一時。（Michel Strickmann,1977, 89-91）陶弘景更強調並提倡，臨摹這種在見神中書寫出來的書體，認為臨摹「真書」，除了具備藝術上的審美情趣外，更具有宗教上的功能。可見，這種將真書轉譯成隸字以後的世俗書體，具備著某種宗教藝術的功能。因為這種書體，某種程度保留並體現了神聖界域裏的天書原型，加上傳譯者本身的書法造詣，使得這種書體兼具了宗教神聖感與世俗的藝術美感。[17]

從《真誥》的這些敘述，我們可以大致看出四世紀中葉上清經派傳授聖典的一個概況，並從中發現，其中揭示了一套聖界書體系譜與傳譯模式。許多學者試圖去探究這種傳譯模式與聖典授予傳統，石泰安（Rolf A. Stein）將這種傳統與源自六世紀民間宗教的扶乩傳統聯繫，不過兩者之間，只有某種程度的類似，許多方式並不完全一樣，似乎不能完全歸為同一種傳統。此外《真誥》也記載了鬼道所使用的鬼書，而鬼書與真書在形式上似乎有某種程度的類似。[18] 在當時的民間傳統記載中，也有關於鬼道所使用書寫字體的記載，顯然《真誥》也將這類民間傳統納入了他界文字系譜之中。

由此可以看出，上清經派所建構出來的他界文字系譜，其實是多種傳統的一個複合體，這當中包含了漢代以來的宇宙生成論、天命觀、符書傳統、印度的神聖文字觀，以及民間的鬼書觀念等等。這種他界文字與世俗界通行的書體有很大的隔閡，必須經由少數被揀選的靈媒轉譯，才能使這些神聖界的訊息被理解。而這種轉譯模式，似乎又與江南的某種宗教傳統有關。這些以「隸字」轉寫出來的經書或神諭被稱為「迹」，也就是天界經典的世俗界反映，這種「迹」雖然只是一種反射，但卻足以引導人回歸到神聖界的那個本源，將凡濁之人導回到真人的狀態。從這個概念裡，建構了上清經派的聖典的形上基礎，也就是上清經典來自於天界的天書，是天界經典的世俗性折射，透過這些出世的經典，凡人可以重新會歸到真人。

我們可以很容易在六朝道教經典中發現，將天書作為神聖經典的根源的例子，根據上清傳統，部份上清經典聲稱它們的典籍是由最高等的天書，也就是由三元八會之書所構成，（Isabelle Robinet,1993：22；Robinet, 1984：112-122，1991：128-131）或稱為「**九天之上書，八會之隱文也**」。[19] 這種天書是由宇宙創生時的氣所凝結而成，它們「**出於九玄空洞之先，結自然之氣以成玉文。**」[20]

許多上清經典會在經首論述其經典的淵源與傳承，從上清經的記載來看，上清經典的傳遞可以大致分為三個階段。首先論述宇宙生成與天書的出現，宣稱天書生於宇宙形成之初，由氣所凝結而成，懸浮於太虛之中，字方一丈，其光芒照徹十天。[21] 這類天文保留了宇宙原始的原型模式，並蘊含了神聖的訊息。許多天文以字型或音韻的形式記載了神真的名字，有的則紀錄了天地運度，或宇宙根源的模型，因此成為天地宇宙的運行準則。[22]

在第二階段，這種天書開始顯現並傳授給諸天仙真。據經典記載，這類象徵宇宙原型的天書位於最高的天界，只有最高的仙真能目睹，並有辦法辨讀，所謂「**字無正類，韻無正音，自非上聖，莫能意通。**」[23] 隨後這些仙真將聖典傳授給其他諸神，形成神真之間的傳授傳承。有些經典會記載神真將這神聖的經典「**以紫蘭結其篇目，金簡書其正文**」[24] 並保存於玉匣之中，或者「**題崑崙之室，北洞之源。**」[25] 或題刻於其他天宮聖府中，由天將及靈獸守護，直到某種特定因緣時再輾轉傳授降世，並被翻譯成為凡間語言，而成為流通世間的上清道經。在這傳授過程當中，有時神真會對奧妙難解的天文加以詮釋，或提供修練方法，使得這部經典經、訣、法俱足，而成為一部完整的經典，這形成了上清經典傳授的第三階段，也就是上清經典的降世。

16 同前註，2.7b。

17 《真誥》HY1010, 19. 5b-6b; 13b-15a。

18 《真誥》HY1010, 1.9b1. 見 Rolf A. Stein,1969, "Un example de relations entre taoisme et religion populaire," 收於《福井博士頌壽紀念東洋文化論集》（東京：早稻田大學），頁 79-90;1979 "Religious Taoism and Popular Religion from the Second to Seventh Centuries," Facets of Taoism, Essays in Chinese Religion, edited by Holmes Welch and Anna Seidel（New Haven and London：Yale University Press）, p.60.

19 《上清太上黃素四十四方經》HY 1369, 1b 2-3。

20 《上清三元玉檢三元布經》HY 353, 2a。

21 見諸如《上清金真玉光八景飛經》HY 1367, 3b 6-10；《洞真太上紫度炎光神元變經》HY 1321, 1a 3-4；《上清玉帝七聖玄紀迴天九霄經》HY 1368, 3a6-3b2。

22 所謂「玄記後學，得道之名。靈音韻合，玉朗稟真。或以字體，或以隱音，上下四會，皆表玄名。」見《上清玉帝七聖玄紀迴天九霄經》HY 1368, 3a6-3b2。「天無此文則三光昏翳、五帝錯位、九運翻度、七宿奔精。地無此文則九土淪淵、五嶽崩潰。」《上清三元玉檢三元布經》HY 353, 2a。

23 《上清玉帝七聖玄紀迴天九霄經》HY 1368, 3a6-3b2。

24 《洞真太上紫度炎光神元變經》HY 1321, 1a 5-6。

25 《上清玉帝七聖玄紀迴天九霄經》HY 1368, 3a6-3b2。

伍、上清經與救劫

在上清經典之中，經書的降世常常與末世觀念聯繫在一起。上清的宇宙週期觀使得上清聖典的出世成為一種宗教救贖，透過上清經典信仰者與修道者可以在末世的災劫中度脫。這種宇宙週期觀，融合了漢代的曆算與佛經的劫運觀，以「陽九百六」的災歲理論，來表現末世將臨的宗教危機，也反映了當時政治的不穩定，與天災人禍下江南世族的焦慮與無力。[26]

其中《太上三天正法經》提出三天與六天的相對觀念，前者象徵重建的潔淨世界，後者則是污濁壞滅的世界，這種劫數觀透過陽九百六的曆算進而計算出甲申、壬辰、庚子等神秘年，代表著天地劫運的輪轉時間。經云：「**夫二氣離合，理物有期，陽九布氣，百六決災，三道虧盈，迴運而生，期訖壬辰，癸巳之年。**」[27] 這類經典以傳統曆算加上佛教災劫觀，運用宗教語言來陳述宇宙壞滅的降臨，並以確實的年份來強化末世的危機意識，使得天書的翻譯、出世與救劫成為迫切而必然的一種宗教救贖行為，於是大量的經典能夠在這種末世氛圍，從天界被翻譯而出世。

整個上清經典的出世神話，因此也是將先天之氣文本化的過程。透過這種天書觀念，上清經派不僅造構了一系列宣稱來自最高上清天的經典，甚至運用天書使自己的經派的宗教權威得到合法化，聲稱自己的教導直接來自最高權威，天書的觀念因此整合了這些南方豪族，使得它們在宗教與社會的權威上，建立了一個新興的宗教傳統。

26 有關六朝道教的末劫觀，見李豐楙，1999，〈六朝道教的末世救劫觀〉，沈清松主編：《末世與希望》（台北：五南書局），頁 131-156；1996，〈傳承與對應：六朝道經中『末世』說得提出與衍變〉，《中國文哲研究集刊》9 期，頁 91-130）；1996，〈六朝道教的救度觀：真君、種民與度世〉，《東方宗教研究》5 期，頁 137-160。亦見 Stephen Bokenkamp,1994, "Time after Time：Taoist Apocalyptic History and the Founding of the T' ang Dynasty." Asian Major 7,pp.59- 88.

27 《太上三天正法經》HY1194, 2b。

陸、結語

在文字創生神話傳說中，聖人透過自然界的觀察，將自然界的形象轉譯為符號或文字圖象，再以符號文字去指稱現象界。透過將自然抽象的圖象與氣轉譯為文字與符號，藉此界定宇宙的秩序。這個母題明顯地被保留在漢代讖緯文學中，並與河圖洛書與天命神話緊密結合。在讖緯傳統中，「天」被塑造成一個有主體性、能主動傳遞「符命」、「天命」予受命聖王的最高權威。這類天命文書無論呈現的是古老字體或是無法解析的圖象紋路，似乎都是無法被一般人所解讀，因此需要經過一定程序的解釋或翻譯，然後天的意志才可以被世俗之人所理解。這個兩種傳統雖然層次不同，但都是強調聖人對自然或天所傳遞的形象或符號的解讀、轉譯能力，這種觀念在六朝道教成為道教經典傳譯的基礎，部分的道教經典就以讖緯神學的觀念為基礎，建立天文傳譯的傳統，靈寶經典中的《太上靈寶五符序》與《元始五老赤書玉篇真文天書經》就屬於這個傳統。

當佛典傳入漢地後，記錄佛典的梵書及佉樓書被視為是天界語言，傳說由梵天與佉樓仙人所造。因而佛典翻譯不單純被視為異國文字轉譯，而是牽涉到神聖語言傳譯為世俗語言的傳譯轉化問題。而譯經的過程就是神聖梵書與佉樓書的翻譯，形成一種天界文字傳譯到世俗文字的垂直面向翻譯。當道教面臨這種強勢而具宗教權威的神聖文字與經典大批翻譯傳入中國時，即意識到宗教經典的神聖性質，並反省進而將道教經典的神聖性提升，宣稱其經典文字並非世俗文字，而是源自於天界的文字。這種神秘的天文起源於宇宙生成之時，是先天之氣與道的化現，經過漫長的時間，才由諸神仙真轉寫，層層轉譯傳授，最後翻譯成世俗文字而成為經書。在建構天界文字系譜時，甚至將梵文給納入這神聖的天界文字系譜中。《真誥》的天界文字系譜明顯將印度梵文納入這個神聖文字系譜當中，當作一種天界書體，而置於僅次於「三元八會」、「八龍雲篆明光之章」以及「龍鳳之章」之下的天界文字，視為是「八龍雲篆明光之章」簡化演化的文字形式，這也顯示了道教徒刻意將自己的天文地為提高，而將梵書置於系譜中的次要位置，並強調道教經典直接譯自於最高的「三元八會之書」，比之於那些翻譯自次高的「梵書」的佛典，有著更根源、更權威的地位，以此來顯示道教經典的優越性。

道教經典透過天書觀建構出一個神聖經典的基礎，將經典的根源建立在最高的天界書體，在道教天文神學的系統之下，道教的經典擁有一個根源性的神聖基礎，一切的經典都是由這個神聖根源輾轉翻譯而來的。這種神聖經典的傳譯模式，實際上就是在本土既有「天書」觀念上，複製了佛教翻譯神聖經典的模式，形成雲篆／隸字，梵音／此音的翻譯系統。不過，雖然在形式上模擬佛典翻譯，但是在根本的天書觀念上，佛典與道經仍有相當的差異，佛典雖然是由來自天界的梵書、佉樓等書體寫成，但是佛教宇宙觀之中，所謂的「天界」仍不出六道輪迴，因此其根本的神聖性並非來自於書體，而是來自於佛典由佛所說，也就是在於言教而非文字。中古道教經典，天書是源自宇宙的初始，自然而成，是「道」與「元氣」的統一，為宇宙萬化之本源，擁有一切根源的神秘力量。天書因此在道教神學中佔有基礎而核心的地位，也是中古道教經典分類體系的神學基礎，而此神話更承擔著道教經典乃至教義的任務，這種神學性的「傳譯」模式，象徵著神聖根源的世俗性顯現。

參考書目

一、古籍

《三洞神符記》HY79，1995，收入《正統道藏》第2冊，台北：新文豐出版社。

《上清三元玉檢三元布經》HY 353，1995，收入《正統道藏》第10冊，台北：新文豐出版公司。

《上清太上黃素四十四方經》HY1369，1995，收入《正統道藏》第57冊，台北：新文豐出版公司。

《上清玉帝七聖玄紀迴天九霄經》HY 1368，1995，收入《正統道藏》第57冊，台北：新文豐出版公司。

《上清金真玉光八景飛經》HY 1367，1995，收入《正統道藏》第57冊，台北：新文豐出版公司。

《元始五老赤書玉篇真文天書經》HY22，1995，收入《正統道藏》第2冊，台北：新文豐出版公司。

《太上三天正法經》HY1194，1995，收入《正統道藏》第48冊，台北：新文豐出版公司。

《太上洞玄靈寶赤書玉訣妙經》HY352，1995，收入《正統道藏》第10冊，台北：新文豐出版公司。

孟安排編，《道教義樞》HY1121，1995，收入《正統道藏》第41冊，台北：新文豐出版公司。

《洞真太上紫度炎光神元變經》HY 1321，1995，收入《正統道藏》第56冊，台北：新文豐出版公司。

陶弘景：《真誥》HY1010，1995，收入《正統道藏》第3冊，台北：新文豐出版公司。

《雲笈七籤》HY1026，1995，收入《正統道藏》第22冊，台北：新文豐出版公司。

《靈寶自然九天生神三寶大有金書》HY165，1995，收入《正統道藏》，第5冊。

二、近人文獻

王承文，2006，〈道經的降世和道經分類體系的形成及其意義〉，發表於Rituels, panth ons et techniques–Histoire de la religion chinoise avant les Tang, Dec. 18–21, Paris.

王弼，韓康伯注，1965，孔穎達疏：《周易注疏》，收入阮元校刻《十三經注疏附校勘記》，台北：藝文印書館。

李德范輯，1999，《敦煌道藏》，北京：全國圖書文獻縮微複製中心。

李豐楙，1996，〈六朝道教的救度觀：真君、種民與度世〉，《東方宗教研究》5期。

李豐楙，1996，〈傳承與對應：六朝道經中『末世』說得提出與衍變〉，《中國文哲研究集刊》9期。

李豐楙，1999，〈六朝道教的末世救劫觀〉，收於沈清松主編：《末世與希望》，台北：五南書局。

陳國符，1989，《道藏源流考》，北京：中華書局。

謝世維，2006，〈傳經與譯經：天真皇人的淵源與流變〉，發表於中山大學中國文學系「第一屆道教仙道文化國際學術研討會」。

謝世維，2007，〈印度梵觀念的本地化：以靈寶經為中心〉，發表於「台灣宗教學會年會暨國際學術會議」。

謝聰輝，2013，《新天帝之命：玉皇、梓潼與飛鸞》，台北：商務印書館。

謝聰輝，2015，〈明清《玉皇本行集經》中呂祖降誥研究〉，《道教研究學報》7期。

三、國外文獻

大淵忍爾，1997，《道教とその經典》，東京：創文社。

安居香山與中村璋八，1978，《緯書の基礎研究》，京都：國書刊行。

Bokenkamp,1994,“Time after Time: Taoist Apocalyptic History and the Founding of the T’ang Dynasty.” Asian Major 7.18.

Ledderose, Lothar,1984,“Some Taoist Elements in the Calligraphy of the Six Dyansties,” T’oung Pao LXX.

Lewis, Mark Edward,1999,Writing and Authority in Early China. Albany: State University of New York.

Robinet, Isabelle,1984, La révélation du Shangqing dans l’histoire Taoïsme. Paris: École Française d’extrême-orient.

Robinet, Isabelle,1991,Histoire du taoïsme: des origines au XIVe siècle. Paris: Les Editions du Cerf,.

Robinet, Isabelle,1993,Taoist Meditation: The Mao-shan Tradition of Great Purity. Trans. Norman J. Girardot and Julian F. Pas. Albany: State University of New York Press.

Schafer, Edward,1980, H. Mao Shan in T'ang Times. Boulder: Society for the Study of Chinese Religions Monograph 1.

Schafer, Edward,1986,"Empyreal Powers and Chthonian Edens: Two Notes on T'ang Taoist Literature."Journal of the American Oriental Society 106.4: 674.

Stein, Rolf. Ａ ,1969,"Un example de relations entre taoisme et religion populaire" 收入《福井博士頌壽紀念東洋文化論集》，東京：早稻田大學。

Stein, Rolf. Ａ ,1979, "Religious Taoism and Popular Religion from the Second to Seventh Centuries," Facets of Taoism, Essays in Chinese Religion, in Holmes Welch and Anna Seidel ed. Facets of Taoism, New Haven: Yale University Press.

Strickmann, Michel,1977, "Studies in Mao Shan Taoism," Ph.D. diss

鸞書的信仰體系與社會穩定：以《太上感應篇》為例

真理大學教授　張家麟

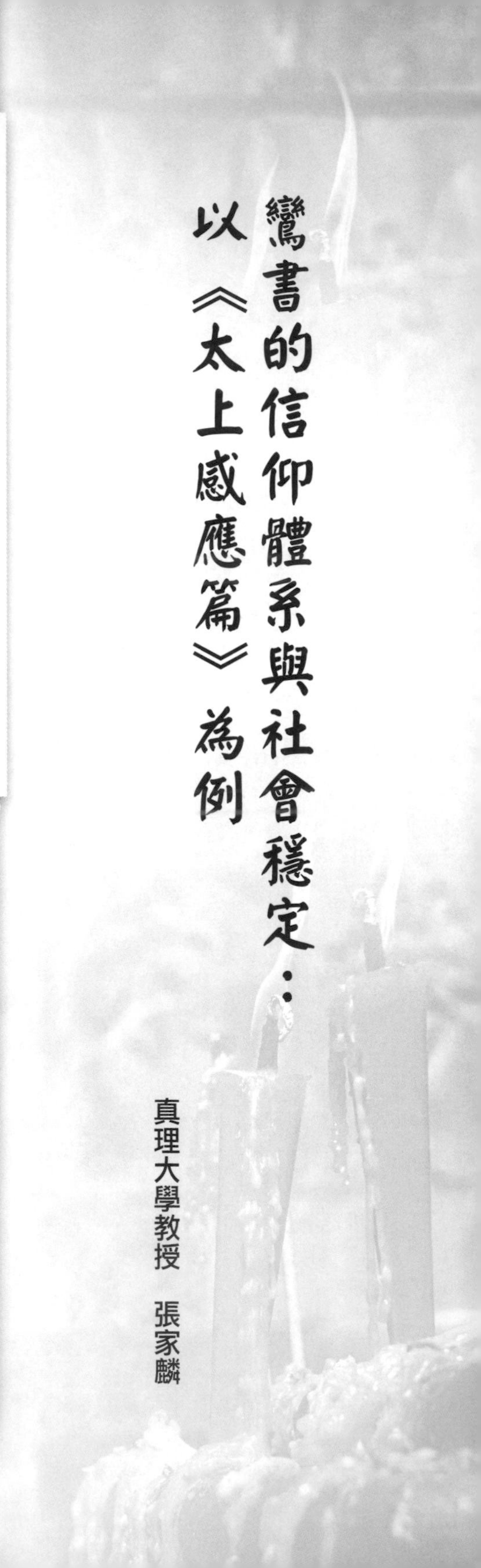

壹、前言

華人的善書內涵隱含道教、佛教與民間信仰的價值體系，被統治者視為教化子民的重要工具，也被社會鄉紳階級（gentry class）視為行善即是修道或成佛的重要法門，這兩類人用其政治、經濟影響力，大量印製善書，讓普羅大眾將善書當作教育下一代的重要教科書。

其中，《太上感應篇》是善書中的代表著作，成書於北宋末年，[1]是最早的一本善書，宋理宗出錢為它刊印，並將經文中的「諸惡莫作，眾善奉行」題辭於頁首，《太上感應篇》從南宋以來，就變成華人社會普羅大眾的「三聖經」[2]之一。

過去，學者對善書與《太上感應篇》的研究，已經累積不少篇幅，他們著重於善書的宗教、文化意義與社會功能的詮釋，以朝代為範圍研究宋代（林禎祥，2005）、明（游子安，2005）、清（游子安，1999）兩代的善書。也有以中國歷朝歷代的善書為研究主軸，嘗試說明善書的出現，及其宗教信仰價值體系對中國社會結構與道德次序建立的影響，（酒井忠夫，1960；Cynthia Brokaw，1991）另外，尚有從道教與中華文化的角度，分析善書中的神仙觀、道德觀、果報觀、神明鑒察思過觀及慈善觀等宗教信仰體系，說明其對傳統中國歷朝歷代的宗教與文化的影響。（鄭志明，1988：1；王明，1990；葛兆光，1996：249；陳霞，1999）

也有單獨對《太上感應篇》提出分析，說明《太上感應篇》隱含儒、釋、道三教的道德與修行法門，突顯《太上感應篇》在善書與道教思想體系中的特殊性，像儒家倫理思想的重視，變成修道者的成仙途徑，（李剛，1994：127-128）或是強調善惡報應觀的封建道德，道教神學反而成為次要地位，（朱越利，1983：85）亦或是將《太上感應篇》的宗教信仰體系區分為，家庭倫理、社會倫理、政治倫理與宗教倫理加以論述，認為《太上感應篇》反應了華人的宗教文化意義與信仰體系。（鄭志明，1988：42；謝君讚，2004：143-158；林耀椿，1999：50-53）尚有從宗教史的觀點，論述《太上感應篇》對佛教修行（蕭登福，2002：12）或明清兩代勸善思想的影響。（吳震，2008：66）

在過去的善書與《太上感應篇》的研究，是以人文、歷史、哲學的學科領域探究此類型的研究，固然讓我們得知了善書與《太上感應篇》的宗教文化意義，或是它們的起源及其與社會發展的關連。但是，華人祖先刊印善書或《太上感應篇》社會教化的主要用意，是否得到信徒認同？變成華人的主要價值體系，並以此當作行為準則？或是更高層次的宗教修行成仙想像？這些問題相當重要，鮮少論文探究《太上感應篇》的社會與宗教功能。因此，本文在此研究想像下，用社會調查法，將《太上感應篇》的內容歸納為「神明鑒察」、「家庭倫理」、「社會倫理」、「政治倫理」、「宗教倫理」、「修道」、「成仙」、「惡有惡報」及「社會穩定」等九項概念，並將之操作化為問卷問題（附件一），分別在2009年9月26日、27日，對台北市保安宮民間宗教學院及指南宮道教學院的修道者進行測量，發放問卷100份，回收有效問卷79份。

表1 問卷發放與回收表

地點＼問卷	發放問卷	回收問卷	有效問卷百分比
指南宮	70份	54份	77%
保安宮	30份	25份	83%
總計	100份	79份	79%

資料來源：本研究制定

為了理解本研究的問卷是否具有測量的信度，乃將問卷做信度Cronbsch α 係數分析，分別測得「神明鑒察」0.86分、「社會倫理」0.95分、「家庭倫理」0.95分、「政治倫理」0.97分、「宗教倫理」0.91分、「修道」0.92分、「成仙」0.88分、「惡有惡報」0.93分及「社會穩定」0.90分。（附件二）證明本問卷的信度皆在0.8分以上，屬於可信度非常高的問題，適合作進一步的分析。

本文對道教、民間宗教的信仰者施測，調查其是否認同《太上感應篇》的宗教信仰體系，用做「平均數法」分析信仰者對此經文的「信仰體系認同度」，再用「線性迴歸分析」解讀信仰者「信仰體系認同度」與「社會穩定」間的關聯。理解《太上感應篇》的宗教信仰體系是否被道教與民間信仰者所接受？認同程度多高？如果認同程度高，此經文的價值體系是否又成為他們的修道與成仙的法門？這些問題構成本研究的論述主軸。

1 《太上感應篇》的作者是誰並無定論。一般疑為北宋四穿夾江隱士李昌齡，或是宋史中的參政李昌齡，亦或是南宋屬人李石，也有一說指為北宋某道士採集《抱朴子內篇》而成，李昌齡得到此書並為之作注。（陳霞，1999：32-34；謝君讚，2004：145）

2 根據游子安的研究，《太上感應篇》、《文昌帝君陰騭文》及《關聖帝君覺世真經》為十八紀以來的「三聖經」，到民國初年，二十世紀初這三本經文在民間社會流行盛廣。（游子安，2005：18-25）

貳、信仰者對《太上感應篇》的宗教信仰體系認同度

一、「神明鑒察觀」認同度

華人宗教信仰態度中，相信「頭上三尺有神明」。在現代台灣的宗教調查中，相信這種價值觀的民眾約佔70％（瞿海源，2002）這種想法淵遠流長，可能來自於善書中的神明鑒察觀，我們

相信冥冥中有記錄人所做所為功過的神明，在《太上感應篇》中，就有北斗星君、三台星君、灶神及三尸神[3]記錄我們的功過。其中，前三者可能就在我們頭頂上，至於三尸神則與生俱有存在人身體當中。

道教與民間信仰的價值體系中，這些記錄功過的神明，如影隨行在我們身邊，當信徒擁有這種信仰，就不容易犯錯，願意接受神的教誨，努力行善去過。當自己所做所為都為善，神明就可能將之記到「青簿」；反之，做了許多壞事，神明就可能將之記到「黑簿」。（鍾肇鵬，1988：247；游子安，2005：43 - 44）信徒內心對神明的鑒察心生畏懼，深怕被神明記錄太多過錯，剝奪其壽命；乃努力行善，期待老天爺降福在他們身上。這種畏懼神明的鑒察，形成信徒為善去惡的鞭策力量，宛如宗教信仰價值體系影響了信徒的行為準則。

根據本研究發現，信徒認同「神明鑒察」的價值體系程度相當高，在總量表五分的程度中，高達3.89分。至於各細項的分數分別為：「善有善報，惡有惡報」得分4.49；「福禍是自己招惹」得分4.10；「頭上三尺有神明記錄功過」得分4.31；「神明根據人所犯過錯奪人壽命」得分為3.60；「鑒察的神明是『三台星君』」得分3.83；「鑒察的神明是『北斗星君』」得分為3.90；「鑒察的神明是『灶神』」得分4.00；「鑒察的神明是『三尸神』」得分4.05；「每天做善事，三年不間斷，老天會降福」得分3.61；「每天做惡事，三年不間斷，老天會降禍」得分為3.77。皆在認同度3.5分以上，屬於高度正向認同此概念。（圖1）

其中，分數在3.5到3.99之間的細項為「神明根據人所犯過錯奪人壽命」得分3.60，「每天做善事，三年不間斷，老天會降福」得分3.61，「每天做惡事，三年不間斷，老天會降禍」得分為3.77。代表信徒儘管相信神明會根據我們的善事與過錯，給我們福祿或災難，和其他神明鑒察我們的細項相比，分數稍低。此意味著信徒相當高程度的相信「頭上三尺有神明在鑒察我們」。然而；對神明是否賜福或降災給我們則持有條件的同意，也表現出信徒對神明的能力持有限的保留態度。

二、「倫理道德觀」認同度

《太上感應篇》深受道教《太平經》、《抱朴子》與《太微仙君功過格》等經典的影響，[4] 除了強調神明冥冥中在觀察人的行為功與過，也根據功過給予人賜福或剝奪紀算。然而，本經文和道教其他經典相比較，受到引入了儒家思想，將儒家的倫理道德和道教的宗教道

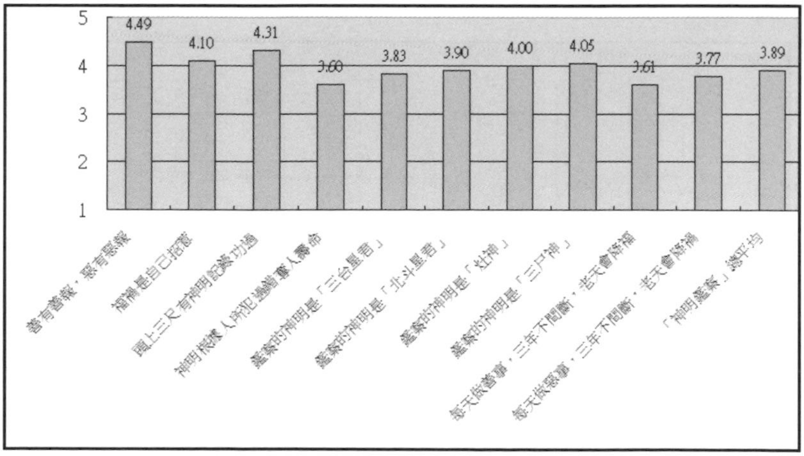

圖1「神明鑒察觀」認同度平均數圖

德結合，變成《太上感應篇》重要的內容核心。[5] 並且認為這兩類的道德實踐，才是「修道」的表現，也是「成仙」的基本條件。與過去道教徒修煉成仙的方法產生重大的差異，之前只強調煉丹、辟穀的養生成仙術，在感應篇則多了積德行善也是成仙的法門。

過去對感應篇的道德論述，大部份可以歸納成儒家與道教兩類道德，儒家的道德可以包括家庭倫理道德、社會倫理道德與政治倫理道德三類，道教的道德則以宗教道德為代表。[6] 經施測的結果顯現，道學院與民間宗教學院的信徒，對《太上感應篇》的倫理道德觀認同度相當高，茲分析說明如下。

（一）「家庭倫理道德」認同度

根據下圖數據所示，家庭倫理的總平均獲得 4.37 分以上高度同意分數，屬於相當高度的認同；至於本概念下的各細項的分數分別為：「在家中不應骨肉相爭」得分 4.54；「在家中不應男不忠良」得分 4.42；「在家中

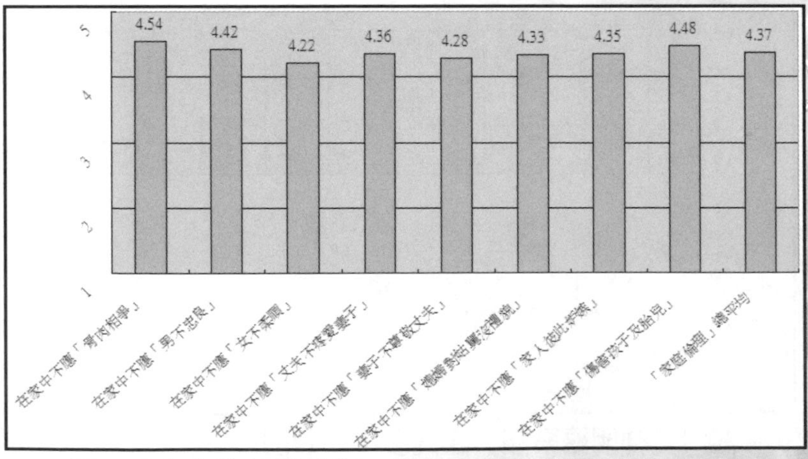

圖 2「家庭倫理道德觀」認同度平均數圖

不應女不柔順」得分4.22；「在家中不應丈夫不疼愛妻子」得分為4.36；「在家中不應妻子不尊敬丈夫」得分4.28；「在家中不應媳婦對姑舅沒禮貌」得分為4.33；「在家中不應家人彼此妒嫉」得分4.35；「在家中不應傷害孩子及胎兒」得分為4.48。（圖2）

由此可知，台灣地區的道教徒與民間宗教信仰者，相當認同感應篇中的家庭倫理道德，儒家的道德律被信徒高度肯定，形同感應篇的主張被信徒所接受，而此價值體系也是台灣社會家庭結構穩定的重要基礎。

（二）「社會倫理道德」認同度

在《太上感應篇》中不只論述家庭倫理的道德律，也提出人處在社會中，應該遵守不侵犯他人權益，維繫人際和諧關係的社會道德律。例如，做生意要斗秤公平、童叟無欺，不得販賣贗品，不要破壞別人的耕種成果，不做損人利己的事情，不搶奪他人財產，不破壞別人的家庭，不得侵占他人妻女等道德律。

本文將感應篇中的社會道德律操作化為問卷問題，施測結果得到社會倫理道德律的總平均為4.43分，這是指受訪者高度認同感應篇的社會道德要求；仔細理解本概念的各細項，其分數分別為：「做人不應損人利己」得分4.57；「做人不應破壞他人家庭和樂」得分4.57；「做人不應侵占他人妻女」得分4.57；「做人不應破壞他人婚姻」得分為4.51；「做人不應破壞他人成功的果實」得分4.27；「做人不應無故剪裁花木」得分為4.05；「做人不應無故烹宰牛羊」得分4.15；「做人不應搶奪他人財產」」得分4.51；「做生意不應偷斤減兩」得分4.52；「做生意不應販售假的商品」得分為4.51；「做人不應破壞他人耕種的成果」得分4.51；「做人不應浪費五穀」得分4.43。（圖3）

由此可知，社會德律在台灣地區的道教徒與民間信仰者心目中得到高度的認同，在總分為5分的量表中，每一項都在4分以上，甚至有高達4.50分以上的分數，代表社會道德律成為信仰者的普遍價值體系，而此價值體系如果得以實踐，也是社會穩定的重要內在基礎。

（三）「政治倫理道德」認同度

在《太上感應篇》中比較特殊的要求是，針對君主與官吏這兩類人的道德訴求，希望為政者應擁有基本道德，才可能政治清明、百姓得以安居樂業。歷代統治者無不期待其臣子接受感應篇的道德要求，為統治者勤政愛民。從宋理宗開始，他為《太上感應篇》題「眾善奉行，諸惡莫做」卷

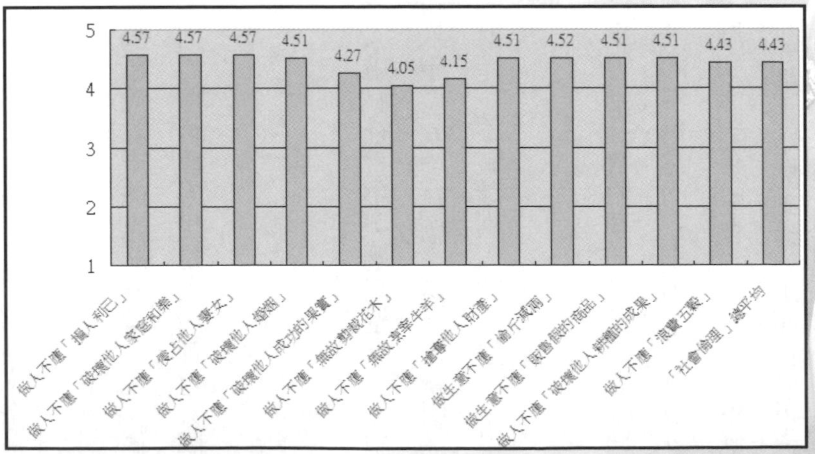

圖3「社會倫理道德」認同度平均數圖

首語，請當時大儒真德秀作序跋宰相鄭清之作贊，理宗且出錢為其大量刊行，感應篇得以在宋朝成為普羅大眾的讀物，也是為人臣子必讀的刊物。（真德秀，1985:418；林禎祥，2005:61-62）此後，明世宗也為感應篇作序，清世祖令人刊刻該篇，頒賜群臣，又撰《勸善要言序》以示提倡，並譯為滿文流傳。順治帝大力推動《太上感應篇》的流布，考慮到該篇可作為「宣布王化之一助」。（游子安，1999:40）這些君主無不期待臣子為政，應嚴守分際，既賢且能，服務人民，開創君主統治的合法基礎。

本文將感應篇中的政治倫理道德律操作化為問卷問題，施測結果得到政治倫理道德律的總平均為4.35分，這是指受訪者高度認同感應篇的政治倫理道德要求；根據下圖數據所示，各細項的分數分別為：「當官不應欺上瞞下」得分4.35；「當官不應上司拍馬屁」得分4.15；「當官不應虐待下屬」得分4.37；「當官不應胡亂賞罰」得分為4.38；「當官不應傷害賢能之人」得分4.37；「當官不應不遵守法律」

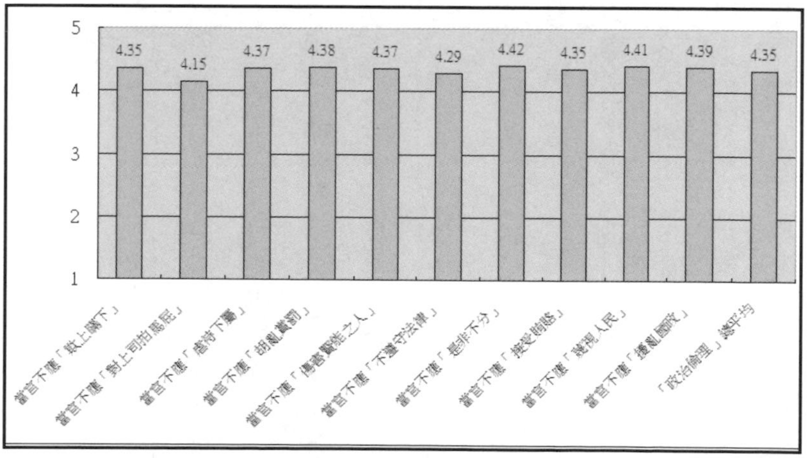

圖 4「政治倫理道德」認同度平均數圖

得分為4.29；「當官不應是非不分」得分4.42；「當官不應接受賄賂」得分為4.35；「當官不應蔑視人民」得分4.41；「當官不應擾亂國政」得分4.39。（圖4）

受訪者相當認同「為政以德」的儒家思想，統治者不得離開道德進行統治，當統治階級嚴守統治道德律時，就可能贏得人民基本的信賴。在《太上感應篇》中為政的道德律相當多，因此感應篇訴求的對象不是只有被統治階級（the ruled class），尚且包括統治階級（ruling class）。這是儒家孔子、孟子一脈相傳對統治階級的道德訴求，如果統治階級不以仁為本，就可能出現暴君政治，統治階級無法判定是非善惡，就可能出現人世間諸多的不公平事件，統治階級不以民為本，就無法視民如子，民飢己飢，民溺己溺。這些為政的基本道理，深深獲得台灣地區道教徒與民間信仰者的高度肯定，可能也是華人的文化傳統，言序到現代，變成華人的「內心呼聲」。

（四）「宗教倫理道德」認同度

在《太上感應篇》中不只有儒家道德律，也含有宗教的道德律，這些道德律可能屬於傳統民間信仰的自然崇拜，後來被道教領袖納入道教的信仰當中。例如華人祖先對天地日月星辰的尊敬，對北方星辰或方位神的禮敬，及對自然神中的火神的尊崇，變成我們對這些自然神的崇拜，形成宗教禁忌。感應篇中的禁忌頗多，它希望我們不要對天、對風、對雨謾罵，不要無故殺害象徵北極星的龜與蛇，也不要面對北方吐痰、便溺或惡罵，因為北方有北斗七星[7]與北極星，都是華人傳統民間信仰與道教的星辰崇拜。[8]

也不要對灶火不敬，祭拜灶火的儀式非常久遠，在道教創立以前，《禮記》就有記錄要求上從皇帝下至庶民大眾，皆得禮敬灶火，象徵對火神的尊敬。道教則將對火神的尊敬，轉化成火神具有鑒察人功過的功能；根據《抱朴子》的論述，每個月的「月晦之夜」灶神上到天庭告人罪狀，罪狀大者奪其壽命300天，罪狀小者奪其壽命3天，因此，家家戶戶必須在月晦之日祭拜灶神。到了宋朝變成每年12月24日送灶神。（林禎祥，2005，178-184）為了表達對灶神的尊敬，《太上感應篇》要求我們，不要在灶神面前哭泣、唱歌，也不能用灶神的火來點香，這些規定也變成民間信仰中一般大眾的習慣。

本文為了理解將感應篇中的宗教倫理道德律是否被信徒所接受，乃將之操作化為8道問題，施測結果得到宗教倫理道德律的總平均為3.84分，獲得受訪者3.5分以上的正向認同。仔細探究各細項的分數，分別為：「做人不應怨天尤人」得分4.22；「做人不應對北方吐痰便溺」得分3.81；「做人不應對灶火哭泣」得分3.65；「做人不應拜拜時用灶火燒香」得分為3.80；「做人不應手指流星、日月、星辰」得分3.57；「做人不應面對北方惡罵」得分為3.71；「做人不應無故殺死龜蛇」得分4.03；「做人不應呵風罵雨」得分為3.99。

每項得分都在3.5分以上，代表受訪者基本上肯定傳統的民間信仰禁忌，對星神、方位神、灶神、風神、雨神等自然崇拜的神祇保留基本禮敬。但是，分數遠低於儒家道德律中的家庭道德、社會道德與政治道德的認同。

換言之，就感應篇中宗教信仰的「倫理道德」類型，儒家世俗化的家庭道德、社會道德與政治道德的認同，遠比神聖性的宗教道德認同程度高，意指受訪者盡管有宗教信仰，但是對宗教倫理道德的肯定，低於儒家道德肯定。並不因他們擁有道教或民間宗教的信仰，就強烈認同感應篇中的宗教倫理道德律的論述。這可能和他們所受的教育有關，他們相信頭上三尺有神明，但是不太相信神明會根據人的行為功過，賜福或降禍；相信人處在世上必須依賴儒家道德律，而對自然崇拜的宗教道德律在現代社會的高度需求。

三、「實踐倫理道德為修道觀」認同度

在《太上感應篇》中期待信徒實踐倫理道德，當作累積功德，而累積功德就是修道；相反的，未能實踐倫理道德，就是傷害自己的修行。這種將道德實踐當作功德積累，是過去道教修行者所未有的行為，也是感應篇在融合儒家道德律後，開展道教徒新的修道法門。

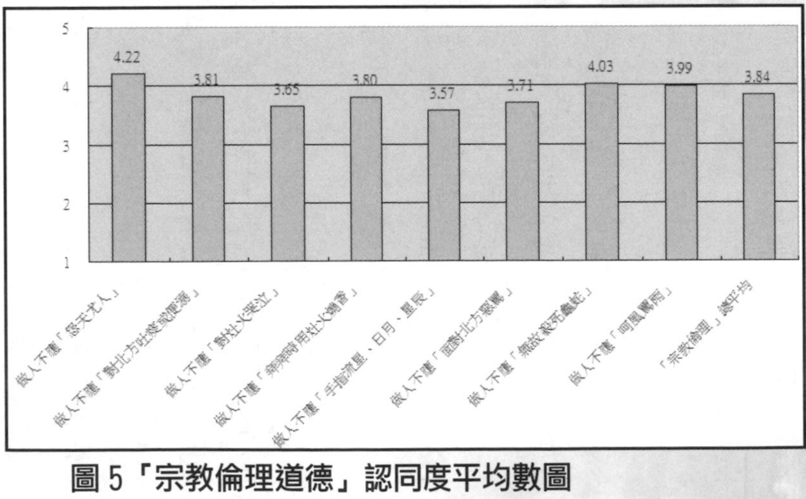

圖 5「宗教倫理道德」認同度平均數圖

根據統計，感應篇中的為善道德律有26項，去惡道德律則有170項之多，雖然「善律」遠低於「去惡律」，但是人如果能夠去惡與為善，就是「向道」，兩者皆是修道的基本道理。9

筆者將感應篇的積善章操作化為12項陳述，發現總平均得分為4.08分，呈現相當認同的等級；至於各細項的分數分別為：「實踐儒家人倫道理是修道」得分4.11；「善待昆蟲草木是修道」得分3.99；「個人潔身自好是修道」」得分4.27；「幫助別人是修道」得分為4.30；「幫助鰥寡孤獨是修道」得分4.22；「隱惡揚善是修道」得分為3.87；「不道人長短是修道」得分4.14；「不說己長是修道受」得分為4.09；「辱不怨是修道」得分4.01；「受寵若驚是修道」得分3.64；「施恩不求報是修道」得分4.14；「不後悔幫助別人是修道」得分4.19。（圖6）

受訪者相當同意實踐儒家忠孝友悌、正己化人、矜孤恤寡，與道家的慈心於物、受辱不怨、受寵若驚、施

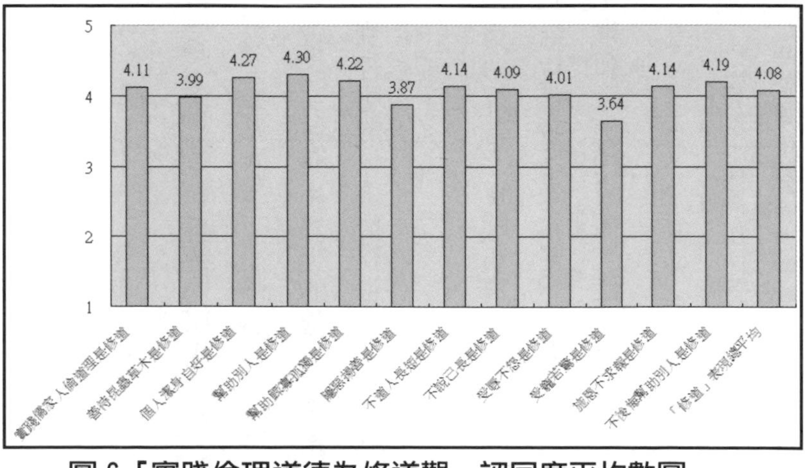

圖6「實踐倫理道德為修道觀」認同度平均數圖

恩不求報、與人不後悔的各種倫理道德律，當作修道的具體表現。至於累積這些善行，是否可以成仙，受訪者則持比較大的保留態度。

四、「實踐倫理道德可成仙觀」認同度

筆者將感應篇的善報章當作「實踐倫理道德可成仙觀」的概念，認為只要累積功德成為善人，就可得道上天的青睞，天將佑之，福祿隨之，神靈衛之，眾邪遠之，也可成為「地仙」或「天仙」。感應篇融合儒家道德律與道教修行成仙價值體系連結，並且用計量的方法[10]統計人的善行與過錯，期待人努力行善，天天行善，歷久不衰直到永久，行善者將得到神明的保佑與祝福，而且他終將獲得善果，在世時得享福祿富貴，羽化登天時得以成仙。

將宗教的福報想像，加諸在行善者身上，讓他們願意在世努力行善，實踐儒家的倫理道德，與傳統民間信仰對鬼神的尊敬，在科學未昌明的社會，或許帶給行善者諸多希望。然而，科學昌明之後，普遍受過基本教育的民眾，可能他們擁有宗教信仰，也願意實踐道德，但不一定認同實踐道德可以永保福祿安康，也未必能夠延壽，更何況「成仙」。

經由實證調查顯現，「實踐倫理道德可成仙觀」認同度只得3.35分，低於3.5分的正向程度。各細項的分數分別為：「累積許多『道德』可成仙」得分3.11；「累積許多『功德』就可以成仙」

得分3.08；「做善事的人會得到老天保佑」得分3.77；「行三百個善事可成『地仙』」得分為3.14；「行一千三百個善事可成『天仙』」得分3.14；「做善事上天會給福、祿」得分為3.73；「做善事妖魔鬼怪不敢靠近」得分3.46。（圖7）

再上述的成仙觀的分數中，累積功德可以成仙、累積道德可以成仙、行300個善是可以成地仙、行1,300個善是可成天仙，分數皆在3.14分以下，可見得受訪者對於成仙的渴望並不認同，也不強求。儘管感應篇鼓勵人行善積德，賦予行善者將得到成仙的善果，但是受訪者對此卻高度的保留。受訪者只認同修道者應該實踐儒家與道家的道德，至於實踐道德的結果，並非渴望在來世成仙，而是今生應有的基本人倫法則。此項調查顯現出，受訪者的「宗教理性」程度甚強，非理性的因子稍弱，他們願意用實踐道德的方式修道，然而修道的目標不在乎是否成仙。

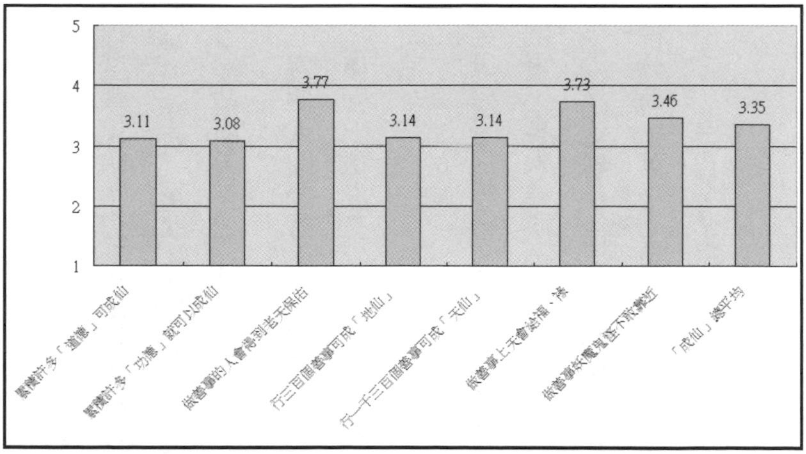

圖7「實踐倫理道德可成仙觀」認同度平均數圖

五、「惡有惡報承負觀」認同度

如果成仙是積德行善的善果，為惡犯過者不但無法成仙，終將自食惡果，感應篇中的惡報觀、指微章、悔過章、力行章接指出人犯了惡行，神將根據惡行的程度輕重給予懲罰，懲罰的結果不是減壽就是剝奪生命。當生命終結也無法償還過錯，則此過錯將殃及子孫，敗人家產，當人妻女，直到死亡為止。如果沒有死亡也會碰到水、火、盜、賊、等壞事，疾病與官司纏身。

在「惡有惡報」的觀念中，感應篇指出了下列幾點意涵：1.每個人的惡行由自己承擔，司過之神會根據惡行的程度施與懲罰；2.惡行過於重大將殃及子孫，僅管子孫沒有犯過，也得承負祖先的罪行；[11] 3.承負祖先的罪行，重者死亡，輕者災禍不斷。

筆者將感應篇的惡有惡報承負觀操作化為九項問題，調查結果總平均獲得3.66分，接近正向的同意程度，其他各細項的分數分別為：「神明會根據做多少壞事，奪人壽命」得分3.39；「做許多壞事容易夭壽」得分3.49；「做壞事死時無法償還，會殃及子孫」得分3.92；「做壞事沒死，有病痛」得分3.75；「做壞事沒死，會碰到水、火災等凶事」得分為3.48；「做壞事沒死會碰到強盜、小偷等凶事」得分3.49；「殺人者也容易被殺」得分為3.77；「心有惡念者，凶神如影隨形」得分4.01；「取非義之財者，容易死亡」得分3.61。（圖8）

其中，在3.49分以下為「神明會根據做多少壞事，奪人壽命」、「做許多壞事容易夭壽」、「做壞事沒死，會碰到水、火災等凶事」、「做壞事沒死會碰到強盜、小偷等凶事」等項目，代表受訪者對惡有惡報的承負觀持相當程度的保留。換言之，受訪者不太認同神明會對行惡者施與懲罰，甚至懲罰其子孫。

六、「實踐倫理道德會社會穩定觀」認同度

《太上感應篇》被統治階級與鄉紳階級所喜歡，就是看上它具有儒家、道家的道德律與道教的神明陰騭觀、功德觀、報應觀，如果能將經典中的宗教信仰價值體系實現，統治者估算將可帶來社會教化效果，進而促成社會穩定。至於鄉紳階級可能在獲得社會的經濟與政治利益後，大量印行善書，投入善書的宣講教化工作，無非期待現世的果報，與來世對子孫的餘蔭，甚或實踐個人修道成仙的理想。

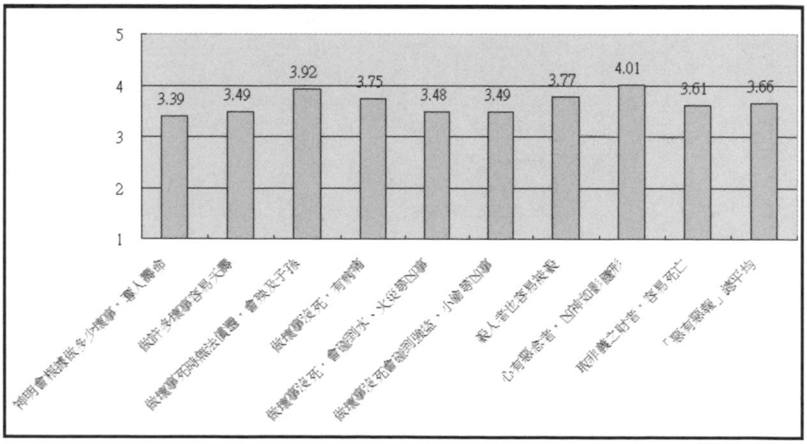

圖 8「惡有惡報承負觀」認同度平均數圖

筆者將此概念操作化為「實踐倫理道德會帶來社會穩定觀」，總平均獲得4.37分，意指受訪者高度認同此概念，各細項的分數分別為：「潔身自好，社會易穩定」得分4.47；「為官清廉正直，社會正義易展現」得分4.30；「父慈子孝，家庭易和樂」得分4.53；「兄友弟恭，家庭易和樂」得分為4.46；「尊敬神明就不易做壞事，社會易穩定」得分4.22；「相信神明鑒察人的行為功過，社會易穩定」得分為4.27；「相信惡有惡報，善有善報，社會易穩定」得分4.35。（圖9）

無論是儒家道德路律的家庭道德、社會道德與政治道德，或是道教中的神明鑒查信仰、善有善報觀及禮敬神明觀，都得到受訪者高度的肯定，他們認為實踐這些世俗與神聖的倫理道德，將帶給社會高度的穩定效果。換言之，實踐《太上感應篇》的宗教信仰體系，可能是社會穩定的重要條件。

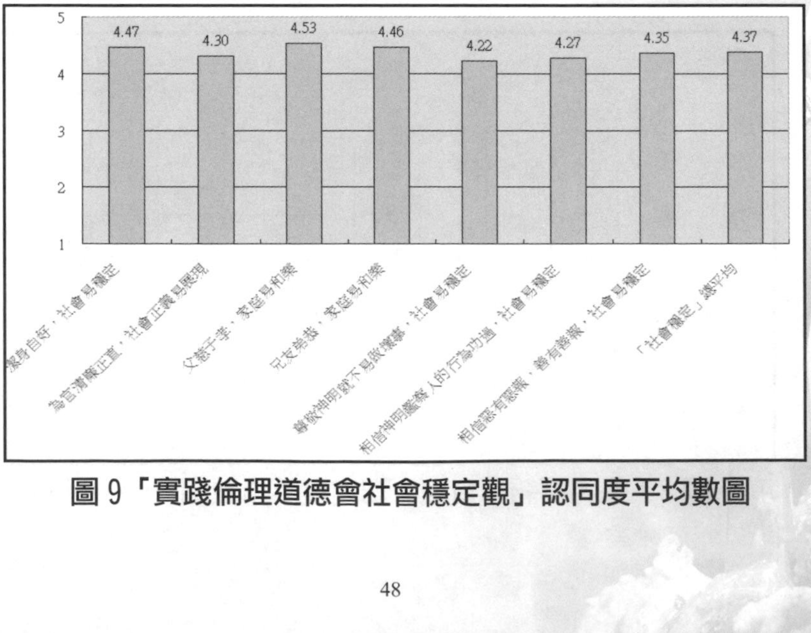

圖9「實踐倫理道德會社會穩定觀」認同度平均數圖

3 三尸神的信仰最早出現在道教早期修行的著作中，漢代王充的《論衡・商（適）蟲》就提到，人的身體中有隻蟲，《三國志・魏志・華佗傳》就提到治療三蟲的方法，劉向《列仙傳》就提及去除三尸修煉成仙的故事，到了東漢《太平經》就把三尸由寄生蟲的認知，轉化為人體內的「身中神」，東晉葛洪《抱朴子》將三尸神格化，認為三尸為司過之神，根據人的過錯、輕重奪其紀算，每逢庚申日，上奏天庭，道人過失。到了《太上三尸中經》的說法，則認為三尸神是與生俱來存在人身體中，在庚申夜上告天地，奪人紀算，減人壽命，令人速死，從此由三隻蟲變成司過的三尸神，成為道教修行追求長壽的重要法門與信仰。（林禎祥，2005：158-167；李豐楙，1999：214）

4 道教許多經典根據學者研究指出，假託神仙名義或道教徒個人名義撰寫，用道教的教義、神學角度、勸人去惡從善，甚至可以成仙了道，藉此鼓勵信徒或民眾積善獲福，這些經典變成通俗的道德教化書籍。（陳霞，1999：9）《太上感應篇》就是這類的作品，它深受《太平經》和晉代葛洪之《抱朴子》中的〈對俗〉、〈微旨〉兩篇內容及金朝《太微仙君功過格》等道書的影響，例如如何行善積德，積多少功德才可以成仙，神明鑒察人的行為功過等概念，在這些經典已有論述。（林禎祥，2005：23-24）

5 根據日人窪德忠對《太上感應篇》的研究，他認為本篇經文受當時思想界、宗教界、儒釋道三教融合的思想潮流所影響（窪德忠，1997：362），這種三教融合影響下出現的經文的說法也被李剛所接受，只不過他特別強調儒家道德的論述，至於佛教生命倫理觀則退居其次，認為只要發揚天人合一，與道同體，就可獲得生命的永恆。（李剛，1994：127-128）也有學者認為感應篇放射出一股強烈的儒學氣，和過去講倫理道德因果報應的道界比起來的，它的儒學色彩強許多，涉及的倫理道德原則也比較全面。（葛兆光，1996，249）筆者同意儒家思想進入到《太上感應篇》中，至於佛教思想在感應篇的表現甚少。因此，只能說感應篇融合了道教與儒家兩種倫理道德思想，並將此思想實踐變成道教修行的重要法門。從此，道教徒成仙的方法，除了練丹之外，尚多了一條積德行善的道路。所以我們認為把感應篇視為儒道思想的結合，遠比儒釋道三教思想的融合來的恰當。

6 對《太上感應篇》的道德論述，曾有學者將之分為政治倫理、家庭倫理、社會倫理及宗教倫理等類型，（鄭志明，1987.5：42-47；林禎祥，2005：34-37）筆者認同這些分類，因此將感應篇中的道德律，翻譯成白話文，操作化為問卷的問題，並用此問卷測量台灣地區的道學院及民間宗教學院的信徒。

7 對北斗七星的崇拜早在《史記》就有記錄，秦始皇為了求壽祭拜北斗，到漢高祖劉邦也有類似的紀錄；《三國志》則記載孫權為其部將呂蒙染重病而祭拜北斗。《三國演義》中103回敘述諸葛孔明為了延長自己壽命而祭拜北斗七星。這些都反映出道教出現以前，民間與皇族對北斗七星的景仰，認為祭拜北斗可以帶來延壽的效果。（蕭登福，2002：50）張道陵創立道教後，才把民間信仰的祭拜北斗納入道教科儀，用老子託夢感應方式，創立《五斗真經》，將祭拜北斗擴張為祭拜五斗的儀式，台灣地區廟宇再由祭拜五斗轉化為祭拜「神斗」、「功能斗」及「星斗」。（張家麟，2008：61-130）

8 華人的星辰崇拜頗多，北方的北極星是明朝皇帝的守護神，又稱「北極玄天上帝」或「真武大帝」，在道教信仰神譜中，祂是非常重要的星神，具有水神及斬妖除魔的功能。在台北行天宮的調查研究發現，該宮的收驚婆為信徒收驚的主要手勢，左手即是採用玄天上帝的「太乙指」，右手為「劍指」，兩手合抱，中間插香在指頭縫隙中，用此為信徒收驚。（張家麟，2009.4：203-230）除了北極星與北斗七星外，尚有二十八星宿、紫威星君、太歲星君、太陽星君、太陰星君等星斗崇拜。

9 依游子安的研究，中國的善書大部分善律少，去惡律多，太上感應篇的型態，影響後來的善書內容，他認為：「**善書勸人先改過，才可能積善功，在傳統華人祖先看來，功易積，過難除**」。（游子安，2005：53）

10 蒲慕州指出，善行可以用數目來計算，數目越大，祝福也越高。（蒲慕州，1995：271-272）西方的學者將中國善書行善的數量，與德道上天的祝福，壽命延長及成仙的可能，稱為「道德記帳法」，（E.S. Rawski,1985：28）認為這可能跟中國商業簿記的發達有關。（本田濟，1987：98）

11 根據道教《太平經》對「承負」觀的論述，認為善可能有惡報，惡可能有善報，是種因於祖先的過錯或積德，當祖先做太多的錯事，盡管子孫沒有犯過，或有行功德，但不足以抵銷祖先的錯事時，就得承擔祖先的過錯所帶來的報應。反之，祖先累積太多功德，就可能德庇子孫，讓犯錯的子孫仍然享受祖先的餘蔭。（王明，編 1997：22）這種承負思想又可發展成個人與家族的承負、自然承負、帝王承負及冤念承負四類，第一類是指子孫得承負祖先的功過，第二類是指自然界會反撲人類在自然界的活動，第三類是指先前不良統治會帶給後代統治災殃，第四類是指天災人禍的出現在於過去的冤氣所累積而造成。（林禎祥，2005：138-142）

參、信仰者對《太上感應篇》的信仰認同與社會穩定

一、儒家與道教信仰價值觀足以帶來社會穩定

《太上感應篇》是以儒家與道教兩家思想為主軸，連結佛教的業觀，儒家思想中，又以家庭倫理、社會倫理與政治倫理為主要內容，道教的思想則深受《太平經》、《抱朴子》與《太微仙君功過格》所影響，包含司過之神在鑒察人的行為功過，人的行為功過具有累積性，功越多，得到神的祝福就越多；反之，過越重，得到神的報應越重。另外，對自然崇拜的日月星辰、火神及北方的方位神應該尊敬。這些倫理道德與宗教信仰，構成感應篇的思想內涵。

本研究將感應篇中的內涵歸納成「神明鑑察觀」、「社會倫理觀」、「政治倫理觀」、「家庭倫理觀」、「宗教倫理觀」及「惡有惡報觀」等，調查道教徒及民間宗教信仰者對這些價值體系的認同度，將之當作「獨立變項」，而將社會穩定當作「依賴變項」，從中理解兩者之間是否存在因果關聯，用此說明受訪者「接受太上感應篇的價值體系越高，將越有助於社會穩定」，如果用每個細項概念來解釋，則企圖證明「接受神明鑑察觀越高，將有助於社會穩定」，「接受社會倫理觀越高，將有助於社會穩定」，「接受家庭倫理觀越高，將有助於社會穩定」，「接受政治倫理觀越高，將有助於社會穩定」，「接受宗教倫理觀越高，將有助於社會穩定」，「接受惡有惡報觀越高，將有助於社會穩定」等命題。

經由SPSS的線性迴歸分析，證實了筆者的研究想像，即受訪者認同《太上感應篇》中的儒家與道教為主軸，佛教為輔的思想，他們相信將有助於社會穩定。即思想與實踐來看，認同感應篇思想者，將此思想實踐後，足以讓社會形成一個利己利人的道德網路體系，結合神明鑑察人的行為功過，人心生畏懼或強化行善的動機後，越願意行善去惡，而此正是社會穩定的重要基礎。

從表2的資料可以得知，神明鑑察觀、社會倫理觀、家庭倫理觀、政治倫理觀、宗教倫理觀與惡有惡報觀都可以用來解釋社會穩定，換言之，認同感應篇的這些宗教思想體系，就可能實踐它們，進而帶來社會穩定。他們和社會穩定之間的變異數F值，都呈現具有解釋能力的顯著性，明顯低於0.05以下的數值；他們的R2值分別為0.152、0.328、0.330、0.282、0.221、0.287，意味著六項《太上感應篇》的價值體系，對社會穩定具有1成52到3成3的解釋能力。（圖10）將這六項和社會穩定做線性關連，可以發現，每增加一個神明鑑察觀的係數，就相對於增加0.308個社會穩定；每增加一個社會倫理觀的係數，就相對於增加0.493個社會穩定；每增加一個家庭倫理觀的係數，就對相於增加0.466個社會穩定；每增加一個政治倫理觀的係數，就相對於曾加0.402個社會穩定；每增加一個宗教倫理觀的係數，就相對增加0.340個社會穩定；每增加一個惡有惡報觀的係數，就相對增加0.387個社會穩定。

用多元迴歸分析，可以證實「整體信仰認同度越高足以帶來社會穩定」此項命題，R^2值為0.459，F值為10.191，前者對後者具顯著性，約具有4成59的解釋力，家庭倫理認同度、社會倫

表 2 儒家倫理價值與道教信仰體系認同度與社會穩定關連迴歸係數表

迴歸分析 獨立變項	R 值	R^2 值	變異數		係數	
			F 值	顯著性	常數	解釋變數值
神明鑑察觀認同度	0.390	0.152	13.801	0.000	3.174	0.308
社會倫理觀認同度	0.572	0.328	37.532	0.000	2.186	0.493
家庭倫理觀認同度	0.575	0.330	38.001	0.000	2.335	0.466
政治倫理觀認同度	0.531	0.282	30.181	0.000	2.624	0.402
宗教倫理觀認同度	0.470	0.221	21.836	0.000	3.065	0.340
惡有惡報觀認同度	0.536	0.287	31.049	0.000	2.956	0.387
整體信仰認同度	0.678	0.459	10.191	0.000	1.700	0.177-0.249

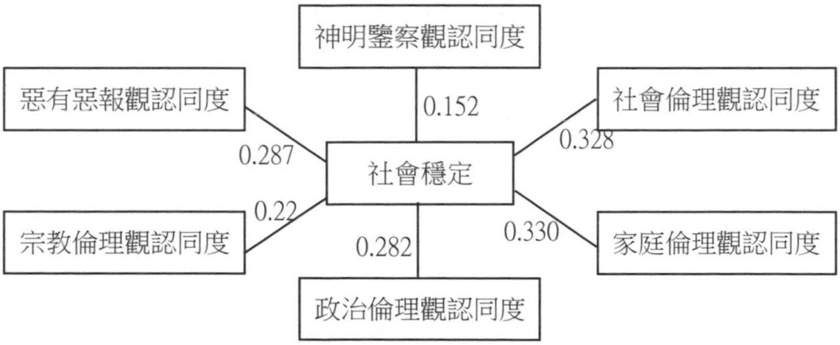

圖 10 儒家倫理價值與道教信仰體系認同度對社會穩定線性迴歸的 R^2 值

理認同度與惡有惡報認同度，能夠解釋社會穩定，至於其餘的神明鑑察認同度、政治倫理認同度與宗教倫理認同度則呈不具解釋能力。（圖11）

二、儒家倫理價值觀比道教宗教信仰觀對社會穩定更具解釋力

從上述的R^2值可以理解，儒家道德律包含家庭倫理觀、社會倫理觀與政治倫理觀，得到信徒的認同度分別為0.330、0.328、0.282，相較於儒家道德律，道家或道教的思想如神明鑒察觀、宗教倫理觀則低於儒家道德律的解釋能力，分別為0.152與0.22。此說明受訪者心目中認同《太上感應篇》中的儒家道德律，而且用此可以解釋社會穩定，具有2成8以上的解釋能力。而道家的思想被信徒所認同後，信徒認為這些思想的實踐，也能夠解釋社會穩定，但是，解釋能力就沒有儒家倫理道德律來得高，只有1成5到2成2的解釋能力。仔細理解這兩種思想的差異，可以發現，當代台灣社會認同《太上感應篇》的儒家思想超過道家思想，儒家入世的世俗化倫理道德，在他們看來，實踐後足以帶來社會穩定，而神明鑑察或對自然神尊敬的宗教信仰態度，固然也是社會穩定的支柱之一，但其影響力沒有儒家世俗化的道德體系來得重要。（表2）

三、修道觀、成仙觀認同與社會穩定

（一）實踐道德、行善去惡的修道觀認同度，高度支撐社會穩定

《太上感應篇》道教思想尚有將儒家思想結合，將儒家倫理道德的實踐當作修道，此價值體系宛如儒道思想的融合，開創了道教修行者的新領域。而此想法的認同，是否有助於社會穩定？在本研究的調查中發現，兩者呈現高度的相關，用「修道認同度來解釋社會穩定」，F值為51.880

呈現高度顯著，R^2 值為0.403，代表前者對後者具有40.3%的解釋能力。用線性分析來解釋，當增加一個修道認同度係數，即可增加0.563個社會穩定，說明兩者呈現緊密的線性關連。（表3）

（二）實踐道德、行善去惡的成仙觀，難以支撐社會穩定

《太上感應篇》中有積德可以成仙的價值觀，每日行3次善，累積300次善，就可成為地仙；累積1300個善，就可成為天仙。日日行善，3年不間斷，神明將保祐他，福祿跟隨他，災難遠離他，惡煞躲避他。感應篇這種鼓勵人積德行善，就可以成仙的信仰，被受訪者中低度認同，因此，欲證實行善成仙觀是否可以帶來社會穩定，在本研究只得到低度的證實。

本研究低度證實「實踐道德、行善去惡的成仙觀，支撐社會穩定」此命題，F值為6.199呈現低度顯著，R^2 值0.075，代表前者對後者具有7.5%的解釋能力。用線性分析來解釋，當增加一個修道認同度係數，即可增加0.197個社會穩定，說明兩者呈現鬆散的線性關連。因此，受訪者認為實踐道德行善去惡足以成仙的認同觀，固然可以解釋社會穩定，但是，解釋力非常的弱。象徵受訪者對感應篇中的成仙觀低度認同，實踐此價值觀也只能些微能力的解釋社會穩定。（表3）

表 3 太上感應篇價值體系認同度與社會穩定關連迴歸係數表

迴歸分析 變項	R 值	R^2 值	變異數		係數		
			F 值	顯著性	常數	解釋 變數值	
成仙認同度對社會穩定	0.273	0.075	6.199	0.015	3.712	成仙	0.197
修道認同度對社會穩定	0.634	0.403	51.880	0.000	2.077	修道	0.563

資料來源：本研究整理

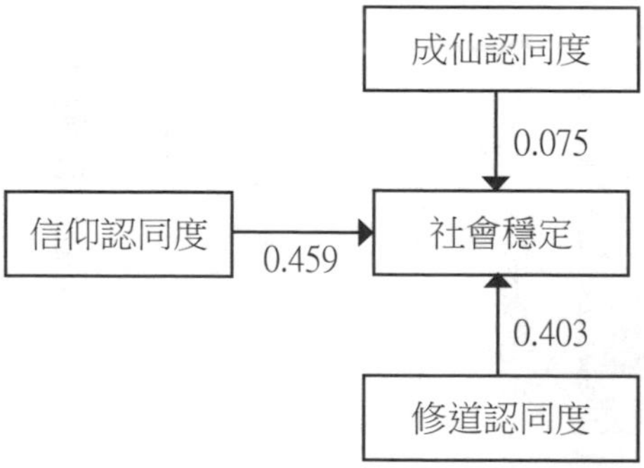

圖 11 太上感應篇的宗教價值體系認同度對社會穩定線性迴歸的 R^2 值

肆、討論

一、《太上感應篇》的宗教信仰價值體系與社會穩定

過去對善書或《太上感應篇》的論述，著重於經典的內涵詮釋及起源，少數論者則對善書中的儒家思想、佛教理念與道教的融合現象提出解釋，並指出善書的文化、社會及宗教意義。《太上感應篇》中的儒家思想特別突出，筆者對此思想在台灣地區信徒的認同度進行理解，發現證實了過去學者對《太上感應篇》著重如儒家倫理道德論述的推測，受訪者認為實踐儒家倫理道德即是修道的表現。（李剛，1994：127-128）

至於《太上感應篇》中的成仙觀的認同，在台灣地區的信徒認同度並不高，而且積德去惡的功德實踐，神明在鑒察人的善與惡，並給予紀錄，善者成仙，惡者剝奪紀算，固然是淵遠流長的陰騭宗教思想；[12] 然而這種想法並無法得到台灣地區道教徒與民間信仰者的高度認同。他們認為儘管積德有助於個人修道，但不一定認同積德後可以成仙，甚至於成仙也無法影響社會穩定。為何台灣地區的信仰者對成仙認同度不高，筆者揣測和台灣地區的教育普及有密切關聯，信仰者雖然同意《太上感應篇》儒家思想，但不一定同意神明陰騭觀，及累積功德可以成仙的「特殊」宗教經驗。在他們看來，「羽化成仙」不符合常態經驗，而實踐儒家道德，將之內化成自己人格特質，是修道者應追求的目標。至於用成仙的渴望來達成社會穩定，在他們看來，根本是不可能的情勢。

二、《太上感應篇》的儒家道德律，成為修道法門，間接影響社會穩定

另外，歐大年曾指出中國社會是由儒家的道德意識與佛教業的概念、道教的神祇賞善罰惡的信念結合，購成了中國人的道德體系，而此道德體系是以宗教價值體系為基礎。在此觀念下，善書和戲曲、箴言及家禮，它們維繫了中國社會的結構與秩序，而這樣的秩序是由祖先祭祀及神祇崇拜所支撐。（歐大年，1998：3）

筆者以為歐大年的論述說明了善書中的儒、釋、道三教融合概念，但不太能解釋《太上感應篇》的內涵。因為《太上感應篇》固然以道家與道教的思想為基礎，但是加入大量的儒家倫理道德的內涵，這兩者結合，變成實踐倫理道德為道教徒修道的法門。而且在《太上感應篇》中只提到傳統民間信仰神明鑒察人行為的功過觀，對自然神中的日月星辰與灶神的崇拜，此構成華人社會普羅大眾的信仰體系，從未論及祖先崇拜的議題。因此，歐大年的論述是針對一般善書，並無法涵蓋《太上感應篇》的宗教信仰價值體系。

不僅如此，他認為祖先祭祀與神祇崇拜決定了中國社會結構及道德秩序，在筆者看來，台灣地區的信仰者他們認為宗教信仰體系對社會結構與道德秩序影響力不大，反而他們對儒家的家庭道德、社會道德與政治道德認同度挺高，而且這些價值體系是社會穩定的基礎。因此，我們應該重新思考《太上感應篇》的世俗化儒家道德對社會穩定的高度影響，它們建構了現代社會中普羅大眾的心理。至於道家陰騭觀、成仙觀反而對當代台灣社會信仰者影響有限。

三、本研究有待擴張調查華人社會，才能做合理全盤的推論

本研究只有對台北指南宮與保安宮宗教學院的學生做調查，不足以推論台灣地區甚至華人社會對《太上感應篇》的認同，因此，儘管本研究已經證實了信仰者對「善書中的宗教信仰價值體系的實踐認同度越高，社會穩定可能性高」的命題，但是筆者也不願也不能就此推論華人對太上感應篇的認同度和台灣地區信仰者一般高，或是同樣的帶來社會穩定的效果。未來應該擴大本研究的調查母體，可考慮與台灣地區或華人社會為對象，將可獲得解釋更寬廣的「理論」。

不過，本研究也對善書、《太上感應篇》做出了貢獻，應為過去研究鮮少對《太上感應篇》的功能做實證調查分析，本研究為此奠下一塊基石，從本研究的調查隱約可以推論台灣地區道教徒或民間信仰者深受感應篇的宗教價值體系所影響，它們接受《太上感應篇》的儒家世俗化道德，及實踐儒家道德當做修道的法門，但是對成仙、陰騭及自然神崇拜持相對的保留態度。而且他們認同時建感應篇中的儒家倫理道德，有助於個人的修道；個人修道效果佳，也有助於社會穩定。

12 道教以修仙為目的，《太平經》針對懼死的心靈，鼓勵修仙，追求長生不死之道。在《抱朴子》的〈對俗〉就提出來成仙必須立功德，如果只專注於方術，煉丹服食也無法獲得長生。因此道教在此之後煉丹與積德行善變成是成仙主要論述。做善事可以延壽，累積善事可以成仙，反之，作惡事被神明剝奪紀算，甚至將此紀錄算在子孫的頭上。而紀錄人善惡過錯思過之神，變成與個人善惡，修仙或減壽有密切關聯。（林禎祥，2005：142-148；李剛，1994：19；王明，2002：53）

伍、結論

根據本研究調查，台灣地區道教徒與民間信仰者對《太上感應篇》的宗教信仰體系的認同度及其與社會穩定的關係，發現以下幾點：

1. 信仰者對「儒家倫理道德觀」認同度相當高。在五分的量表中，家庭倫理德分 4.37 分，社會倫理得分 4.43，政治倫理得分 4.35；對道教的神明鑒察稍低，得分也有 3.89 分，道教神祇尊敬倫理認同度 3.84 分，實踐倫理道德可以成仙，得分 3.358 分，實踐倫理道德是一種修道，得分為 4.08 分，惡有惡報的承負觀，得分 3.66 分。

2. 信仰者對《太上感應篇》的認同度高，足以帶來社會穩定。用線性迴歸分析發現儒家倫理價值與道教信仰體系認同度和社會穩定產生緊密關聯，其中儒家倫理的社會倫理觀 R^2 值為 0.328，家庭倫理觀 R^2 值為 0.330，政治倫理觀 R^2 值為 0.282，至與道教信仰體系神明鑒察觀 R^2 值為 0.152，宗教倫理觀 R^2 值為 0.221，惡有惡報觀 R^2 值為 0.287。此說明了儒家倫理思想價值觀與道教信仰體系皆可以解釋社會穩定，換言之，信仰者認同《太上感應篇》，加以實踐就可以帶來社會穩定。如果兩個思想相比較，台灣地區的信仰者認為儒家倫理思想的實踐原比道教信仰體系更能帶來社會穩定。因為，前者的解釋能力約在二成八到三成三，而後者只有一成五到兩成八的解釋能力。

3. 就整體而言《太上感應篇》的信仰認同度、成仙認同度與修道認同度三者對社會穩定的關係，以成仙認同度最低，只有 0.075 的解釋力，修道認同度則有 0.403 的解釋力，信仰認同度則有 0.459 的解釋力。此意味著台灣地區信仰者不認為實踐《太上感應篇》可以成仙，成仙無法帶給社會穩定。相反的，實踐儒家道德律與道教部分的思想則可帶來社會穩定。此外，實踐《太上感應篇》的信仰，將之當作修道，也可以帶來社會的穩定。後兩項命題的解釋變項對社會穩定而言，都具有四成以上的解釋能力，象徵信仰者努力認同與實踐《太上感應篇》，將是社會穩定的重要內在基礎。

參考書目

Cynthia Brokaw, 1991,"The Late Merit and Demerit ∶ Social Change and Moral Order in Late Imperial China" ,Princeton University Press.

E. S. Rawski,1985,"Economic and Social Foundations of Late Imperial Gulture", Popular Culture in Late Imperial China ,L. A: University of California Press.

王　明，1990，《道家和道教思想研究》，北京：中國社會科學出版社。

本田濟，1987，《東洋思想研究》第一部《陰騭》，東京：創文社。
朱越利，1983，〈《太上感應篇》與北宋末南宋初的道教改革〉，《世界宗教研究》1983 年第4期。
吳　震，2008.11，〈明末清初道德勸善思溯源〉，復旦學報（社會科學版），頁66－75。
李　剛，1994，《勸善成仙－道教生命倫理》，成都：四川人民出版社。
李豐楙，1999，《不死的探求－抱朴子》，台北：時報文化出版社。
林禎祥，2005，〈宋代善書研究〉，私立東吳大學中國文學系碩士論文。
林耀椿，1999.9，〈《太上感應篇》的社會教化功能〉，《國文天地》第8卷4期，頁50－53。
真德秀，1985.9，《西山文集》卷二十七〈感應篇序〉，《文淵閣四庫全書》本第1174冊，台北：台灣商務印書館，頁418。
酒井忠夫，1960，《中國善書の研究》，東京：國書刊行會。
張家麟，2008，《台灣宗教儀式與社會變遷》，蘭台出版社。
張家麟，2009.04，〈收魂、驅煞與祈福－信眾到行天宮收境的因素分析〉，《真理大學人文學報》第七期，頁203–230。
陳　霞，1999，《道教勸善研究》，四川：巴蜀書社。
游子安，1999，《勸化金箴－清代善書研究》，天津人民出版社。
游子安，2005，《善與人同－明清以來的慈善與教化》，北京：中華書局。

葛兆光，1996，《道教與中國文化》，上海：上海人民出版社。

窪德忠著，蕭坤華譯，1987，《道德史》，上海：上海譯文出版社。

蒲慕州，1995，《追尋一己之福：中國古代的信仰世界》，台北：允晨文化。

鄭志明，1987.5，〈太上感應篇之倫理思想（上）〉，《鵝湖》第143期，頁42－47。

鄭志明，1998，〈太上感應篇的倫理思想〉，《中國善書與宗教》，台灣學生書。

蕭登福，2002.12，〈《太上感應篇》、《太微仙君功過格》等勸善書對佛教修持法們的影響〉，《國立台中技術學院人文社會學報》第一期，頁51－69。

謝君讚，2004.5，〈《太上感應篇》宗教倫理思想初探〉，《中正大學中國文學研究所研究生論文集刊》第6期，頁143-158。

鍾肇鵬，1988，〈道教的倫理思想〉，《宗教・道德・文化》，寧夏人民出版社。

瞿海源，2002，《宗教與社會》，台灣大學。

附件一、宗教信仰、實踐與社會穩定—《太上感應篇》問卷調查

敬愛的師姊、兄：您好！

為了瞭解您對《太上感應篇》的信仰、實踐及其影響的主觀感受，特別進行這項問卷調查，想借用您幾分鐘的時間，填寫這份僅供學術研究的「問卷」；如得到您的大力協助，我將永遠感激！

真理大學宗教文化與組織管理學系　張家麟 教授 敬上　2009.9.26

壹、基本資料（填答方式：請在適當□位置上以「✓」）

一、性別：□男□女

二、年齡：□20-29 □30-39 □40-49 □50-59 □60-69 □70歲以上

三、教育：□小學（含以下）□國中 □高中（職） □專科

□大學 □碩士□ 博士

四、學習道教或民間宗教知識約幾年：＿＿＿＿＿年

貳、問卷題目（填答說明：回答時，請參考以下評分所代表的意義，非常同意＝5，同意＝4，沒意見＝3，不同意＝2，非常不同意＝1，請在適當的□位置上「✓」，如果您認同問題

陳述，可在非常同意處或同意處打「✓」；反之，不認同問題陳述，在非常不同意或不同意處打「✓」；如果是中立的立場，在沒意見處打「✓」。）

一、請問您同意《太上感應篇》中的「神明鑒察」宗教觀嗎？

1. 善有善報，惡有惡報，不是不報，時候未到。
2. 個人福禍都是自己招惹的。
3. 頭上三尺有神明，祂在記錄我們的功與過。
4. 記錄功過的神明，會根據我們所犯的過錯，剝奪我的壽命。
5. 鑒察的神明包含「三台星君」。
6. 鑒察的神明包含「北斗星君」。
7. 鑒察的神明包含「灶神」。
8. 鑒察的神明包含「三尸神」。
9. 每天做三件善事，三年不間斷，老天爺一定會降福。
10. 每天做三件惡事，三年不間斷，老天爺一定會降禍。

	1.	2.	3.	4.	5.	6.	7.	8.	9.	10.
1 非常不同意	□	□	□	□	□	□	□	□	□	□
2 不同意	□	□	□	□	□	□	□	□	□	□
3 沒意見	□	□	□	□	□	□	□	□	□	□
4 同意	□	□	□	□	□	□	□	□	□	□
5 非常同意	□	□	□	□	□	□	□	□	□	□

二、請問您同意《太上感應篇》中「社會倫理」的宗教觀嗎？

1. 做人不應「損人利己」。
2. 做人不應「破壞他人家庭和樂」。
3. 做人不應「侵占他人妻女」。
4. 做人不應「破壞他人婚姻」。
5. 做人不應「破壞他人成功的果實」。
6. 做人不應「無故剪裁花木」。
7. 做人不應「無故烹宰牛、羊」。
8. 做人不應「搶奪他人財產」。
9. 做生意不應「偷斤減兩」。
10. 做生意不應「販售假的商品」。
11. 做人不應「破壞他人耕種的成果」。
12. 做人不應「浪費五穀」。

	1 非常不同意	2 不同意	3 沒意見	4 同意	5 非常同意
1.	□	□	□	□	□
2.	□	□	□	□	□
3.	□	□	□	□	□
4.	□	□	□	□	□
5.	□	□	□	□	□
6.	□	□	□	□	□
7.	□	□	□	□	□
8.	□	□	□	□	□
9.	□	□	□	□	□
10.	□	□	□	□	□
11.	□	□	□	□	□
12.	□	□	□	□	□

三、請問您同意《太上感應篇》中「家庭倫理」的宗教觀嗎？

1. 在家中不應「骨肉相爭」。
2. 在家中不應「男不忠良」。
3. 在家中不應「女不柔順」。
4. 在家中不應「丈夫不疼愛妻子」。
5. 在家中不應「妻子不尊敬丈夫」。
6. 在家中不應「媳婦對姑舅沒禮貌」。
7. 在家中不應「家人彼此妒嫉」。
8. 在家中不應「傷害孩子、胎兒」。

四、請問您同意《太上感應篇》中「政治倫理」的宗教觀嗎？

1. 當官不應「欺上瞞下」。
2. 當官不應「對上司拍馬屁」。

□	□	□	□	□	□	□	□	1	非常不同意	1	□	□
□	□	□	□	□	□	□	□	2	不同意	2	□	□
□	□	□	□	□	□	□	□	3	沒意見	3	□	□
□	□	□	□	□	□	□	□	4	同意	4	□	□
□	□	□	□	□	□	□	□	5	非常同意	5	□	□

3. 當官不應「虐待下屬」。
4. 當官不應「胡亂賞罰」。
5. 當官不應「傷害賢能之人」。
6. 當官不應「不遵守法律」。
7. 當官不應「是非不分」。
8. 當官不應「接受賄賂」。
9. 當官不應「蔑視人民」。
10. 當官不應「擾亂國政」。

	3.	4.	5.	6.	7.	8.	9.	10.
1 非常不同意	☐	☐	☐	☐	☐	☐	☐	☐
2 不同意	☐	☐	☐	☐	☐	☐	☐	☐
3 沒意見	☐	☐	☐	☐	☐	☐	☐	☐
4 同意	☐	☐	☐	☐	☐	☐	☐	☐
5 非常同意	☐	☐	☐	☐	☐	☐	☐	☐

五、請問您同意《太上感應篇》中「宗教倫理」的宗教觀嗎？

1. 做人不應「怨天尤人」。
2. 做人不應「對北方吐痰或便溺」。
3. 做人不應「對灶火哭泣」。
4. 做人不應「拜拜時用灶火燒香」。
5. 做人不應「手指流星、日月、星辰」。

	1.	2.	3.	4.	5.
1 非常不同意	☐	☐	☐	☐	☐
2 不同意	☐	☐	☐	☐	☐
3 沒意見	☐	☐	☐	☐	☐
4 同意	☐	☐	☐	☐	☐
5 非常同意	☐	☐	☐	☐	☐

6. 做人不應「面對北方惡罵」。
7. 做人不應「無故殺死龜蛇」。
8. 做人不應「呵風罵雨」。

	6.	7.	8.
1 非常不同意	□	□	□
2 不同意	□	□	□
3 沒意見	□	□	□
4 同意	□	□	□
5 非常同意	□	□	□

六、請問您同意實踐《太上感應篇》中的宗教觀，就是「修道」的表現嗎？

1. 實踐儒家人倫道理就是修道。
2. 善待昆蟲草木就是修道。
3. 個人潔身自好就是修道。
4. 幫助別人是修道。
5. 幫助鰥寡孤獨是修道。
6. 隱惡揚善是修道。
7. 不道人長短是修道。
8. 不說己長是修道。
9. 受辱不怨是修道。

	1.	2.	3.	4.	5.	6.	7.	8.	9.
1 非常不同意	□	□	□	□	□	□	□	□	□
2 不同意	□	□	□	□	□	□	□	□	□
3 沒意見	□	□	□	□	□	□	□	□	□
4 同意	□	□	□	□	□	□	□	□	□
5 非常同意	□	□	□	□	□	□	□	□	□

10. 受寵若驚是修道。 □1 □2 □3 □4 □5

11. 施恩不求報是修道。 □1 □2 □3 □4 □5

12. 不後悔幫助別人是修道。 □1 □2 □3 □4 □5

1 非常不同意 2 不同意 3 沒意見 4 同意 5 非常同意

七、請問您同意實踐《太上感應篇》中的宗教觀，可以「成仙」嗎？

1 非常不同意 2 不同意 3 沒意見 4 同意 5 非常同意

1. 累積許多「道德」就可以成仙。 □1 □2 □3 □4 □5
2. 累積許多「功德」就可以成仙。 □1 □2 □3 □4 □5
3. 做善事的人會得到老天爺保佑。 □1 □2 □3 □4 □5
4. 行三百個善事可成為「地仙」。 □1 □2 □3 □4 □5
5. 行一千三百個善事可成為「天仙」。 □1 □2 □3 □4 □5
6. 做善事上天會給福、祿。 □1 □2 □3 □4 □5
7. 做善事妖魔鬼怪不敢靠近。 □1 □2 □3 □4 □5

八、請問您相信《太上感應篇》中「惡有惡報」的宗教嗎？

1. 神明會根據人做多少壞事，奪人壽命。
2. 做許多壞事，人容易夭壽。
3. 做過多壞事，死也無法償還時，會殃及子孫。
4. 做很多壞事，如果沒有死亡，也會有病痛。
5. 做很多壞事，如果沒有死亡，也會碰到水災、火災等凶事。
6. 做很多壞事，如果沒有死亡，也會碰到強盜、小偷等凶事。
7. 殺人者也容易被殺。
8. 心有惡念者，凶神如影隨形。
9. 取非義之財者，容易死亡。

九、請問您認為信仰《太上感應篇》的宗教觀，會帶來社會穩定？

1. 人人潔身自好，社會容易穩定。
2. 為官清廉正直，社會正義容易展現。

九-2	九-1				八-9	八-8	八-7	八-6	八-5	八-4	八-3	八-2	八-1
☐	☐	1	非常不同意	1	☐	☐	☐	☐	☐	☐	☐	☐	☐
☐	☐	2	不同意	2	☐	☐	☐	☐	☐	☐	☐	☐	☐
☐	☐	3	沒意見	3	☐	☐	☐	☐	☐	☐	☐	☐	☐
☐	☐	4	同意	4	☐	☐	☐	☐	☐	☐	☐	☐	☐
☐	☐	5	非常同意	5	☐	☐	☐	☐	☐	☐	☐	☐	☐

3. 在家父慈子孝，家庭容易和樂。 □ □ □ □ □

4. 在家兄友弟恭，家庭容易和樂。 □ □ □ □ □

5. 尊敬神明就不容易做壞事，社會容易穩定。 □ □ □ □ □

6. 人相信神明會鑒察人的行為功過，社會容易穩定。 □ □ □ □ □

7. 人相信惡有惡報，善有善報，社會容易穩定。 □ □ □ □ □

感謝您填寫問卷，願上天賜福給您！

附件二、《太上感應篇》認同度問卷信度表

構面	項目	Cronbsch α 係數	
		分量表	總量表
神明鑑察觀	1. 善有善報，惡有惡報，不是不報，時候未到。	0.8574	0.86
	2. 個人福禍都是自己招惹的。	0.8575	
	3. 頭上三尺有神明，祂在記錄我們的功與過。	0.8542	
	4. 記錄功過的神明，會根據我們所犯的過錯，剝奪我的壽命。	0.8583	
	5. 鑒察的神明包含「三台星君」。	0.8350	
	6. 鑒察的神明包含「北斗星君」。	0.8360	
	7. 鑒察的神明包含「灶神」。	0.8291	
	8. 鑒察的神明包含「三尸神」。	0.8456	
	9. 每天做三件善事，三年不間斷，老天爺一定會降福。	0.8536	
	10. 每天做三件惡事，三年不間斷，老天爺一定會降禍。	0.8537	
社會倫理觀	1. 做人不應「損人利己」。	0.9486	0.95
	2. 做人不應「破壞他人家庭和樂」。	0.9497	
	3. 做人不應「侵占他人妻女」。	0.9503	
	4. 做人不應「破壞他人婚姻」。	0.9467	
	5. 做人不應「破壞他人成功的果實」。	0.9519	
	6. 做人不應「無故剪裁花木」。	0.9549	
	7. 做人不應「無故烹宰牛、羊」。	0.9566	
	8. 做人不應「搶奪他人財產」。	0.9462	
	9. 做生意不應「偷斤減兩」。	0.9475	
	10. 做生意不應「販售假的商品」。	0.9485	
	11. 做人不應「破壞他人耕種的成果」。	0.9473	
	12. 做人不應「浪費五穀」。	0.9538	

構面	項目	Cronbsch α 係數	
		分量表	總量表
家庭倫理觀	1. 在家中不應「骨肉相爭」。	0.9403	0.95
	2. 在家中不應「男不忠良」。	0.9379	
	3. 在家中不應「女不柔順」。	0.9538	
	4. 在家中不應「丈夫不疼愛妻子」。	0.9357	
	5. 在家中不應「妻子不尊敬丈夫」。	0.9405	
	6. 在家中不應「媳婦對姑舅沒禮貌」。	0.9373	
	7. 在家中不應「家人彼此妒嫉」。	0.9345	
	8. 在家中不應「傷害孩子、胎兒」。	0.9392	
政治倫理觀	1. 當官不應「欺上瞞下」。	0.9702	0.97
	2. 當官不應「對上司拍馬屁」。	0.9720	
	3. 當官不應「虐待下屬」。	0.9685	
	4. 當官不應「胡亂賞罰」。	0.9681	
	5. 當官不應「傷害賢能之人」。	0.9682	
	6. 當官不應「不遵守法律」。	0.9691	
	7. 當官不應「是非不分」。	0.9686	
	8. 當官不應「接受賄賂」。	0.9728	
	9. 當官不應「蔑視人民」。	0.9707	
	10. 當官不應「擾亂國政」。	0.9680	
宗教倫理觀	1. 做人不應「怨天尤人」。	0.9165	0.91
	2. 做人不應「對北方吐痰或便溺」。	0.9042	
	3. 做人不應「對灶火哭泣」。	0.8998	
	4. 做人不應「拜拜時用灶火燒香」。	0.9025	
	5. 做人不應「手指流星、日月、星辰」。	0.9024	
	6. 做人不應「面對北方惡罵」。	0.8969	
	7. 做人不應「無故殺死龜蛇」。	0.9012	
	8. 做人不應「呵風罵雨」。	0.8957	

構面	項目	Cronbsch α 係數	
		分量表	總量表
修道觀	1. 實踐儒家人倫道理就是修道。	0.9185	0.92
	2. 善待昆蟲草木就是修道。	0.9095	
	3. 個人潔身自好就是修道。	0.9122	
	4. 幫助別人是修道。	0.9134	
	5. 幫助鰥寡孤獨是修道。	0.9123	
	6. 隱惡揚善是修道。	0.9192	
	7. 不道人長短是修道。	0.9087	
	8. 不說己長是修道。	0.9101	
	9. 受辱不怨是修道。	0.9118	
	10. 受寵若驚是修道。	0.9270	
	11. 施恩不求報是修道。	0.9088	
	12. 不後悔幫助別人是修道。	0.9078	
成仙觀	1. 累積許多「道德」就可以成仙。	0.8474	0.88
	2. 累積許多「功德」就可以成仙。	0.8447	
	3. 做善事的人會得到老天爺保佑。	0.8799	
	4. 行三百個善事可成為「地仙」。	0.8344	
	5. 行一千三百個善事可成為「天仙」。	0.8359	
	6. 做善事上天會給福、祿。	0.8765	
	7. 做善事妖魔鬼怪不敢靠近。	0.8729	

構面	項目	Cronbsch α 係數 分量表	Cronbsch α 係數 總量表
惡有惡報觀	1. 神明會根據人做多少壞事，奪人壽命。	0.9189	0.9260
	2. 做許多壞事，人容易夭壽。	0.9140	
	3. 做過多壞事，死也無法償還時，會殃及子孫。	0.9258	
	4. 做很多壞事，如果沒有死亡，也會有病痛。	0.9126	
	5. 做很多壞事，如果沒有死亡，也會碰到水災、火災等凶事。	0.9109	
	6. 做很多壞事，如果沒有死亡，也會碰到強盜、小偷等凶事。	0.9111	
	7. 殺人者也容易被殺。	0.9228	
	8. 心有惡念者，凶神如影隨形。	0.9227	
	9. 取非義之財者，容易死亡。	0.9167	
社會穩定觀	1. 人人潔身自好，社會容易穩定。	0.8762	0.8977
	2. 為官清廉正直，社會正義容易展現。	0.8792	
	3. 在家父慈子孝，家庭容易和樂。	0.8814	
	4. 在家兄友弟恭，家庭容易和樂。	0.8782	
	5. 尊敬神明就不容易做壞事，社會容易穩定。	0.8889	
	6. 人相信神明會鑒察人的行為功過，社會容易穩定。	0.8867	
	7. 人相信惡有惡報，善有善報，社會容易穩定。	0.8877	

高雄意誠堂首部善書《龍圖奇書》之探析

高雄師範大學副教授　陳韋銓

壹、前言

從古代發展以來的扶鸞或鸞堂活動，[1]主要的活動包括扶鸞、著書、濟世與道德宣化（宣講勸化）等，鸞堂組織與宗教信仰的活動，對於人們或信仰者的道德生活，起著某些部分的影響。人們透過這些扶鸞活動的參與而認為，可培養其在宗教服務上或道德修養上都成長，而宗教最大的長處就是發揮道德的熱忱，指導著人們「守善」、「懲惡」、「完善」。幫助人們「完善」的扶鸞活動，或之後奉旨著造的鸞書，[2]或進行道德倫理的勸化（具選擇性的，非具逼迫性的教化），都是希望藉由此近似宗教活動的神聖性、權威性與經典性，以完整善性與善行，尤其是奉旨著造的鸞書，要具備權威性與神聖性，以證實文本具價值性，如此才能有利於對信眾的勸化與宗教傳播。而在鸞堂或善社中活動的人，通常都是士紳文人、宗教人員、富豪商人（如陳中和），[3]這些人多為地方菁英，能參與相關鸞堂活動也是顯示其社會地位表徵的方法之一。

鸞書藉由神人之交感，將神靈所要宣講勸化的內容書寫下來，鸞生在神人交感的特殊狀態中，[4]被藉體書寫下來的內容各有不同，大致上有仙佛序文、寶誥、咒語、行述故事、詩歌賦等訓文，如高雄意誠堂，鸞文以詩歌為主。鸞書為善書的一種，既然是勸善書，其中的勸善思想，自然與傳統學術主流的儒家思想脫離不了關係，而我們從很多扶鸞降筆的內容上看來，確實與儒家經典有著「互文性」（Intertextuality）的關係。從儒家經典的傳播來看，鸞書或善書中勸人為善的儒家道德思想，也可說是儒家宗教化的象徵，故楊明機稱之為「儒宗神教」。[5]

高雄意誠堂奉祀三恩主（關聖帝君、孚佑帝君、諸葛武侯），後來在陳中和進入意誠堂並引進扶鸞之後，高雄意誠堂才開始有扶鸞活動，並奉旨著造鸞書與進行宣講勸化。至於為何陳中和想引進扶鸞活動？是為了真的要幫大家戒鴉片？還是只是為了幫助陳氏家族積功累德以維持家族不敗？我想這些說法都有，如高雄意誠堂持戒鴉片的說法，[6]又如王見川持為家族不敗的說法，[7]筆者認同王見川的說法。此外，「扶鸞群體此種『勸世』的自我要求，從宗教的角度來說，就是希望藉由『勸世』的努力，提升自己『走向理想處』的可能性，甚至還可以達到『不必走』的境界。」（楊晉龍，2011：202）

依據《高雄意誠堂關帝廟沿革史》當中提到的，高雄意誠堂從1923年到目前共奉旨著造刊刻出版8本善書與鸞書，其中，包括在大正12年（1923）「奉旨著造《龍圖奇書》，陳中和翁時為本堂堂主。」又大正15年（1926）「陳中和翁發起組織成立宣講社（同善社），[8]開始舉辦宣講與勸善活動。」又昭和4年（1929）「奉旨著造《齊家準繩》」，又昭和8年（1933）「陳啟清翁繼任同善社社長及本堂堂主（陳中和於1930逝世）。同年奉旨著造《警鐘醒夢》。」又民國65年（1976）「奉旨著造《意誠明道》。同善社更名為慈善社。」又民國92年（2003）「奉旨著造《揚善意誠》。」又民國97年（2008）「奉旨著造《揚儒意誠》。」又民國100年（2011）「奉旨著造《揚道意誠》。」又民國104年（2015）「奉旨著造《揚釋意誠》。」（高雄意誠堂，2018：270-273）在上述8本中，《龍圖奇書》、《齊家準繩》與《警鐘醒夢》都在早期先刊印出版，但其中的《警鐘醒夢》原本有四部，目前只現存秋冬二部外（春夏二部未見，非常可惜）。《龍圖奇書》與《齊家準繩》二書目前完整存世，如被收錄在李見川、李世偉等主編的《民間私藏台灣宗教資料彙編第二輯：民間信仰·民間文化》中。而《齊家準繩》與《警鐘醒夢》中的內容是研究陳中和家族在宗教信仰方面的直接資料來源。[9]

本論文著重在高雄意誠堂首部善書《龍圖奇書》的分析。《龍圖奇書》一書出版的理由為陳輕清（即陳中和）於1923年在《龍圖奇書·序》中曾提到的：「時至今日，人心變幻，世道遷移，奸淫之輩偏尋邪徑以爭趨，巧詐之徒每舍正道而不履，甚至壞倫常，亂綱紀，以致蒼天震怒，疊降災殃，刀兵水火無甯歲，疫癘飢荒無虛日，如此慘狀，目擊心傷。」在如此壞亂的綱常倫理，人心世道不古，天災人禍頻繁的情況下，故蒙受「聖神仙佛不忍生民沉於苦海，會同奏請 玉階 天顏喜悅 皇恩浩蕩准啟善門，著書格言。」又取名為《龍圖奇書》，是因為其內容上「篇篇奇文，字字金玉，如神龍出沒，變化無窮，取其名曰《龍圖奇書》。」又曰「溯自上古之世，三皇五帝，君聖臣良，民安國泰，故『龍馬負圖』。」（高雄意誠堂，1983：5-8）故在太平盛世時的狀況即是「龍馬負圖」，故曰「龍圖」。

若有人認為《龍圖奇書》是高雄意誠堂扶乩出來的鸞書，似乎不正確。[10]《龍圖奇書》在1923年出刊，其內容與後來的《齊家準繩》與《警鐘醒夢》，在內容風格上有很大的不同。《齊家準繩》與《警鐘醒夢》在內容上，比較清楚的記錄了與扶鸞時相關的人員與時間等，且當中多數的鸞文，皆與陳中和家族有關。而《龍圖奇書》在內容上，則與前面兩部書完全不同，沒有任何記錄扶鸞相關的人員（鸞生職務與名錄）與時間等，也只有一篇陳中和的序文，而且都是古文式的勸善文與歷史人物。筆者認為在《齊家準繩．卷一父部》：「龍飛歲次已巳年菊月重九日」，此日為1929年10月11日（農曆9月9日），此日當為高雄意誠堂有史以來的第一次扶鸞。故《龍圖奇書》一書，非高雄意誠堂扶乩的鸞書，而只是一般的宣化善書。而且《龍圖奇書》在內容上有16篇格言，與明代善書《明心寶鑑》相同。因此，本論文試從「《龍圖奇書》內容形式上之編排」、與「明代善書《明心寶鑑》[11]之淵源」、「以儒為宗的道德宣化」等三方面來做一番探討。

「鸞是為一種降神的方法，是神與人、聖與凡的合化造功。扶鸞進行時，先是誦咒『請鸞』，藉以運用的工具有手輦、小輦、大輦等，最為常見的是特製的『鸞筆』。鸞筆效仿鸞飛展翼之狀，作『Y』或『人』字型，兩端手握處為鸞翼，取桃枝製成；寫字的筆端處為鸞喙，由柳木製成，誠禱神以降靈，自通靈而飛鸞。古來也認為桃木為陽、柳木為陰，亦稱『桃枝柳筆』，鸞筆正象徵了調和陰陽、溝通人神的神聖功能。鸞筆常書於沙盤或布墊等之上，由『鸞生』執筆揮動成字，這些接受神聖訊息所速記寫下的符號文字，在匆促間往往字跡較為潦草，因稱為『飛鸞草書』，再經『唱鸞』、『錄鸞』、『效勞生』等執事人員，依字跡宣唱、一一抄錄、工整轉寫、再經謹慎校正後，方為『鸞文』、『鸞詩』、『鸞草』、『鸞示』，日積月累後刊印成書流傳佈道，稱『鸞書』、『善書』、『道書』。鸞書內容多樣，風格不拘，有散文、歌謠、小說、說唱、語錄、對話、詩文等。人們敬讀鸞書，深入體會其中精妙玄思，用以導修身心，稱為『參鸞』，發疑請教鸞示稱為『問鸞』。綜合一切關於鸞的演繹、修執等內涵的學術，可稱為『鸞學』。」（林翠鳳，2017.1：17）。又「清末日據初期，台灣的鸞堂，至少有三大系統。一是由宜蘭喚醒堂分香而出的新竹宣化堂、淡水行忠堂系統。二是新竹復善堂。三是澎湖一新社系統。這些鸞堂雖然淵源各不一樣，但其性質卻有共同之處。最明顯的共同點是：當時的鸞堂都是由士子，讀書人所組成的。這批知識份子，認為扶鸞活動是孔子聖道的表現，他們藉著鸞書，宣揚儒家倫理道德，以補宣講之不足。由於扶鸞的目的是借神道力量，誘勸老百姓服膺傳統的倫理道德，因此，鸞書中宣揚的行為，基本上是儒家價值系統所認可的。準此理路來看，當時的扶鸞活動，可以說是儒家通俗化、宗教化的表現。」（王見川，1996：187）又「扶鸞，又稱扶乩，原是中國古老的道術，明清時期成為士大夫文人之間的遊藝活動，或用以猜科考題目，或用以斷訟、問事等。台灣的扶鸞活動在清代中葉前便出現，不過仍不脫士人遊藝性質，清末之後才出現許多以扶鸞為主要儀式的宗教團體，鸞堂，其參與成員（鸞生）大多為士紳文人，他們所崇拜的主神為恩主（包括關聖帝君、孚佑帝君、九天司命真君、岳飛、豁落靈官王天君等），因此也有學者稱為「恩主公崇拜叢」，而日本警察調查報告則稱之為『降筆會』。……從清光緒中葉到日據末期的 60 年間，台灣設立的鸞堂當在 150 所以上，鸞堂所扶出的鸞書近 200 本，換言之，平均每年就有 3 所以上的鸞堂設立，其數量眾多可說是台灣鸞堂的第一個特色。台灣鸞堂的第二個特色是大多由地方士紳所組成的。……成員多為雅好儒教思想的士紳外，鸞堂所宣揚的教理與鸞書所刊載的內容也多是儒家的倫理道德，由此也可觀照出，清末以來台灣儒家宗教化的現象。」（李世偉，2003：160－161）又「鸞堂雖然有類似宗教的形式，其本質實際上應是民間的一種教養運動，接近於善堂或善會形式，以宗教的運動形態，積極地推動其所謂的『代天宣化』運動，來輔助王法之不足，收化民成俗的功效，『作善書』是用來凝聚其成員，也達到宣傳與運動的效果。」（鄭志明，1998：23）。又「鸞堂的宗教活動，主要是以扶乩宣教來整合鸞生的奉教熱忱，共同以神佛的顯化開示來教化民眾。鸞堂較重視對鸞生或信徒的道德教化，一般設有堂規來約束信眾，共同體天行道，比如要求遵守國法，體認神道設教的目的，在個人道德上要求安分守己，嚴戒奸淫賭盜，登鸞時不可喧嘩，必須聚精會神來代天宣化。鸞堂不同於一般神廟，不只是祭神的場所，更重視對信眾的道德教化，要求彼此勸善規過與患難相助，加強修道的意志，使人性與天命得以融合，體證生命存在的價值意義。」（鄭志明，2011：70）

2 「鸞書的寫作意圖，根據其原初的設定，本就定調在『勸一世之人，可以用口舌；但勸百世人，就須用書』等宣講與刊刻並行的基本立場上。從教育傳播的角度仔細推敲分析，就可以了解創製鸞書的群體，原先就有非常明確的『聽覺教育』與『視覺教育』，雙重『教化』任務的自我認知與承擔。鸞書既然有為宣講功能而設的考慮，必然具備有宣講解說的本質，宣講的前提是聽眾願意聽，如果寫得太白，則群眾會認為『沒學問』或『不過爾爾』；寫得隱諱而非一般群眾所能立即了解，則不僅會有『有學問』或『比我還行』的認知，同時還具有增強解說空間的強大功能，這就是所謂宣講性的問題，亦即提供在解說過程中，填充加入自己見解的可能性與必要性，以便達到自己當初寫作之際預設的目的。」（楊晉龍，2011：229）。又「鸞書就是勸人『固守善行及除惡向善』之書，『懲惡』不是要消滅惡人，而是基於悲憫原則，希望引導惡人『向善』，因此『守善』固是為了『善』，『懲惡』同樣也是為了『善』。一般鸞書大致都是為了『善』的原始積極目的而創作，是以鸞書自可以理所當然的歸入『善書』之行列。鸞書為了『完善』預設的終極目的，於是透過或創作詩文、或訓話告誡、或使用事例等教誨及證明，以取信閱聽的群眾，增強其主張的確信度。」（楊晉龍，2015.6：117）

3 「鸞書雖以仙佛降靈著作為其宣導重點，但是又恐被人誤以為假神怪之名而傳迷信之實。因此許多鸞書都會藉當時頗具聲望的士紳之輩的加入，並且虔誠信仰從事該鸞堂的著作，作為擺脫迷信誤人的聲明。」（鍾雲鶯，1999.6：72）

4 「李亦園（1931-2017）從現代科學立場推論的『童乩作法時的精神現象，是一種習慣性的人格解離（personality dissociation），在這一精神狀態下，童乩本人平常的人格，暫時解離或處於壓制的狀態而不活動，並為另一個人格所代替，這另一人格，也就是他所熟識的神的性格』那般，是以鸞書乃是鸞生脫離平常人格，自認為係『神明』附身而完成的創作。」（楊晉龍，2015.6：112）又「處在這個『特殊狀態』時刻的人，既然僅是代書的工具，自然也就不可以，甚至不可能有『自我意識』的存在。就神靈附身於人的狀況來看，鸞書乃是感應者在某種『特殊狀態』下的發言或寫作。就宗教的角度來看，這種『特殊狀態』乃指一個人消除一切『自我意識』的束縛，回復到『無我無執』的自然寧靜本真狀態，因而可以不帶私意的傳達或解讀神明的意旨，或者讓神明附身後由神明直接創作。就一般心理層面來說，這或者是一種特殊的『失神』狀態。然而，無論是『無我無執』或『失神狀態』，都指向一個相同的狀況，就是這個時候當事者的『顯意識』必然比較弱，『潛意識』因而增強，在這種狀態下應該最能表現作者『潛意識』下不自覺的實然狀態。」（楊晉龍，2016.12：34）「經由扶鸞大談神旨，就宗教現象而言，近於巫術的薩滿信仰；但就神旨的內容，強調神明的完滿人格，經由神道設教，輔助道德教化的推展，又近於倫理宗教。尤其以福禍報應勸人為善，利用宗教儀式維護社會秩序的和諧，以神靈旨意安頓徬徨心靈，改善社會風氣，提昇人們清明虛靈的本性，重組民間的倫常制度，又非單純的薩滿信仰。或者可說，民間信仰在重視巫術的神媒宗教活動中，加入道德文化的復振理念，是傳統社會在人文精神涵化下的產物，也是民間文化的特色之一。」（鄭志明，1986：291292）又「『薩滿』（shaman），一詞源自西伯利亞通古斯民族用語，指的是兼差的宗教專家，只在壓力和焦慮時刻才被諮詢。就跨文化的意義而言，『薩滿』泛指扮演預言家、治病者、靈媒和魔術師等角色，以換取禮物、報償、聲望和權力的人。」（Marvin Harris，2000：414）又「被神靈附體，則是薩滿最常見的迷幻形式。陷入迷幻狀態的手段，可藉由吸菸、嗑藥、擊鼓、單調的舞步、或簡單地閉目凝神。而迷幻開始的徵兆，則是身體變得僵硬、冒汗、呼吸沉重。處於迷幻狀態的薩滿，可以扮演靈媒，傳達祖先的訊息。在友善精靈的幫助下，薩滿也可以預測未來、找尋失物、指認病因、開據治病處方、建議求助者如何保護自己躲過惡靈威脅。」（Marvin Harris，2000：416）又「幾乎任何一個社會，都會有一些人受過特殊的訓練、或是具有特殊的人格特徵，或是兩者皆俱；他們比起一般常人來，很容易接觸到超自然神祇、受超自然的影響。對於這些人來說，當一個群體或個人遭遇到極大的困難時，唯有藉助於他的力量，才能得到幫助。這樣子的宗教執行人，通常是職業性的，稱之為僧侶或者是祭師（priest）；業餘性質的大多稱為巫師或薩滿（shaman）。」（宋光宇，1991：380）。又「早期鸞堂扶鸞的主要功能不在著書，而是扮演著神媒的角色，為信徒治療疾病、解決疑難、卜問吉凶、求財尋物等，其主要功能在滿足個人的心理與物質的需求，扶鸞著書則是附帶的宗教活動，提昇信徒的宗教情操與信仰境界，層次較高，其對象是鸞堂的基本信徒，即鸞下生。」（鄭志明，1988：425）。

「儒宗神教」一詞的出現始於民國8年，此後儒宗神教便在楊明機等人的推動下逐漸將其他鸞堂整合進此法門之下。（王志宇，1997：164）又「高雄意誠堂雖為奉祀道教神明的廟宇，但是自百餘年前建廟闡教時，即以大成至聖先師 孔聖夫子之『以仁義、三綱、四維及五倫為本，克己復禮，求兼善天下』及『有教無類』的精神為宗旨與原則。是故，本堂實以儒教為宗，並融入釋教之『願渡盡眾生，求普救蒼生』及『有救無類』的理念與精神，故而實為力主『匡正世風警醒夢三教一心救迷濛』之以飛鸞闡教教化，並救渡眾生之儒宗神教的鸞堂聖殿。」（高雄意誠堂，2018：14）

6 「高雄意誠堂扶鸞著書及濟世的起源，據本堂耆老口述，乃是本堂先賢陳中和翁聘請專人，自中國前來教授扶鸞，並上疏敬稟天庭金闕，乃正式設置鸞台，成為鸞堂。陳中和翁並於1926年（歲次丙寅年，大正15年，昭和元年，民國15年）發起組織成立宣講社「同善社」，開始從事公開性的宣講與勸善活動。」（高雄意誠堂，2018：15）。又「何以陳中和翁欲自中國聘請專人前來本廟傳授扶鸞儀式?據本廟耆老回憶本廟先賢的說法，其乃是因當時有相當多的人，沉迷於吸食洋菸（鴉片煙），且鴉片煙於日治時期係由總督府專賣，總督府為了牟取暴利而並未嚴禁吸食鴉片煙，造成當時有相當多人皆沉迷於此，家中尚有餘財者為此家破人亡、散盡家財，而家徒四壁者則多為此流落街頭。陳中和翁於心不忍，故而自中國聘請專人，前來本堂傳授扶鸞儀式，並開設『同善社』從事宣講勸善的活動，其目的便是在於使先民得以借助本廟聖帝祖恩主及眾神恩師的顯赫神威，來戒除鴉片煙癮。」（高雄意誠堂，2018：81）但筆者認為，陳中和引進扶鸞，剛開始是為了他們陳氏家族，因為《齊家準繩》與《警鐘醒夢》中的鸞文，絕大多數皆與陳中和家族有關。

7 「陳福謙家族的迅速沒落，是促使陳中和家族做善事，參加鸞堂的原因之一。」又「陳春光（即陳中和）死後成神且家族不敗的例證，顯示了為善和個人未來、家族事業的維持，有密不可分的關聯。只有多做善事，廣行陰騭，累積功德，才能使個人不朽，家業永續不墜，這是陳中和及其家族，奉行的理念，亦是他們從陳福謙家族沒落中學得的教訓。」（王見川、李世偉，2007：134）又「陳中和是因為道德因素才參加鸞堂的，也就是說，他藉著鸞堂善舉補充道德與功德方面的不足。而吸引他親近鸞堂的似乎與宣講活動有關。」（王見川、李世偉，2007：128）。又「陳家兄弟中，陳啟清最熱衷扶鸞，在意誠堂同善社著作《齊家準繩》期間，他幾乎全程參與，因此堂中神聖說他最殷勤加十公。資料記載，陳啟清在堂中除藉扶鸞與亡父溝通外，亦常求問未來休咎之事。」（王見川、李世偉，2007：132）

8 「善社與鸞堂均以勸善為志業，其宗教性質頗為相近，有些原先是純粹宣講的善社，後來也會採用扶鸞的方式著作鸞書，善社遂變成為鸞堂，……日治時期，有自清末以來即存在的非宗教性善社，亦有不少是鸞堂另外設的善社，作為宣講或慈善事業的專門單位，也有不少善社是附設在寺廟裡。」（李淑芳，2010：96）

9 「昭和初期著造的鸞書《齊家準繩》和《警鐘醒夢》，可以說是理解陳中和家族宗教信仰最重要的史料。」（王見川、李世偉，2007：127）又「關於陳中和家族宗教信仰的史料，筆者掌握到的主要是「意誠堂同善社」於昭和4～5（1929～1930）扶鸞著作的鸞書《齊家準繩》（八冊）、昭和8年（1933）著作的《警鐘醒夢》（二冊）和該堂所收藏的大正丙寅年『英文雄武』匾額。」（王見川、李世偉，2007：124）

10 王見川認為「大正12年（1923）該堂曾扶鸞著作《龍圖奇書》一書。」（王見川、李世偉，2007：125），又認為「當時該堂出版或贈送的善書有《明聖經註解》、《灶君經》、《陰騭文》、《警鐘醒夢》、《齊家準繩》和《龍圖奇書》，前三書是一般常見的善書；而後三書則是意誠堂扶鸞著造的鸞書。」（王見川、李世偉，2007：130）（李世偉也是這麼認為）

11 「《明心寶鑑》的編者可能有兩人：明初的范立本或韓國高麗朝的秋適。」（李本華，2011：9；周晧旻，2018：96）。又「其內容收錄了共774條名言警句，分別從經書、史書、蒙書和善書等中選編而成，書目包含《禮記》、《尚書》、《史記》、《論語》、《孟子》、《景行錄》、《太公家教》、《顏氏家訓》、《太上感應篇》等等。從其援引書目中，可見其內容雜揉了儒、釋、道三家的思想。自明代以後，此書成為通俗讀物，亦是民間流行的啟蒙教材之一。其影響力更擴至中國以外地區，流行於東亞文化圈，其譯本也廣為流傳。」（周晧旻，2018：95-96）。又「《明心寶鑑》一書，大量徵引歷代格言警語的內容來看，實有欲以此書為垢盡嗜慾之鑑戒的意涵。在實用功能上，是欲藉由人倫之實踐，開拓學子在心性上對天理、至善之體認，最後臻至『智明則欲惡不生』、明善復初、窮理盡性的至善之境。」又「《明心寶鑑》乃是宋儒倡言心性修養下的產物，其書兼融三教思想，分門別類的彙輯各類文獻，在嚴謹的組織編排下，由天理落實於人倫日用實際操作的知識與德行寶典，其義在明善復初、窮理盡性，且特別強調於初學入得之門的『明心見性』之道德要求。」（周安邦，2008.06：54）

貳、《龍圖奇書》內容上之編排

《龍圖奇書》在一開始的頭幾頁，並沒有註明相關參與鸞堂的鸞生職務與名錄，惟有一篇名為陳輕清（陳中和）在大正12年（1923）的序文，其餘皆無，這與鸞書的著造不同。因此，筆者開始懷疑此書應該只是善書而已。

《龍圖奇書》在內容上分為八部，其中包括「孝」、「悌」、「忠」、「信」、「禮」、「義」、「廉」、「恥」等八部，並在介紹每個歷史人物之後以及每則格言之後，附一張簡單的繪圖，總計有55張繪圖。當中有些圖會直接標明該圖之主旨為何，如孝與不孝、正己與不正己、忠與不忠、立教與不能立教、安份與不安份、不存心與存心、戒性與不戒性、訓子與不訓子、勉學與不勉學、察己與不察己、治政與不治政、省心與不省心、居家與不居家、婦行與不婦行、省身與不省身、交友與不交友等，此類圖共有32張。另有3張圖，是同善社宣講勸化的行教圖，有張圖對聯曰「**善士臨壇皆信仰，惡人到此盡驚心**」，又有張圖對聯曰「**同登道岸坐春風於泗水，善指迷津詠舞雩乎尼山**」，此聯之開頭指出「同善」二字，意指同善社，由此對聯中也可看出，其宣講教化是以儒家思想為主。在對聯「善士臨壇皆信仰，惡人到此盡驚心」的這張圖中，有標示出非賣品善書發行。其中，有擺設出來的善書有《明聖經註解》、《灶君經》、《警鐘醒夢》、《齊家準繩》、《陰騭文》、《龍圖奇書》，書架共有4排，由最上往下擺放善書，最上排所擺放之善書為《明聖經註解》，其次擺放《灶君經》、《警鐘醒夢》，再次排擺放《齊家準繩》、《陰騭文》，最下排（與人最接近，最容易拿取）所擺放之善書為《龍圖奇書》。[12]

《龍圖奇書》中所列舉的歷史人物與正反面評價一覽表：

NO.	《龍圖奇書》中的歷史人物	《龍圖奇書》對左列歷史人物的正反面評價
1.	曾子	能修身
2.	盆成括	不能修身
孝部		開基延平郡王 鄭〈造錄修身格言〉
3.	趙	能修身
	太上	亦強調修身
		南天文衡聖帝〈修身格言〉
4.	張公藝	能居家
5.	鄭武姜	不能居家
		紫陽夫子〈居家格言傳倫〉
6.	呂希哲	能治家
7.	齊桓公	不能治家
		歐陽夫子〈治家格言要旨〉
8.	周文王	能治國
9.	梁惠王	不能治國
悌部		亞聖孟子〈治國要旨論〉
10.	孔子	身修家齊國治
11.	魯桓公	身不修國不強
		程夫子伊川先生〈修身治國綱領要旨〉
12.	李世熊	善士
13.	原壤	不為善士
		文昌梓潼帝君〈戒士子格言〉
14.	晉獻公	不能治家
15.	茅信卿	能治家
		大魁夫子〈訓治家格言〉
16.	東漢黃香	孝
17.	匡章	不孝
忠部		朱衣星君〈孝行格言〉

18.	東漢王烈	正己
19.	楊朱墨翟	不正己
		宗聖曾子〈正己格言〉
20.	三國孔明	忠
21.	崔杼	不忠
		西伯上佑 聖尊〈治家格言〉
22.	孟子	立教
23.	許行	不能立教
		程明道先生〈立教格言〉
24.	江草	安分
25.	韓宣子	不安分
信部		述聖子思〈安分格言〉
26.	秦始皇	存心不好
27.	楊震	存心
		孚佑帝君〈存心格言〉
28.	孔汲	戒性
29.	子路	不戒性
禮部		復聖顏夫子〈戒性格言〉
30.	司馬光	訓子
31.	瞽叟	不訓子
		太白金星〈訓子格言〉
32.	蘇秦	勉學
33.	原壤	不勉學
		苓雅寮庄 李府千歲正主席 代天宣化〈勉學格言〉
34.	曾參	察己
35.	曹操	不察己
		〈察己格言〉
36.	鄭子產	治政
37.	季桓子	不治政

義部		苓雅寮過田仔 協天大帝副主席〈治政格言〉
38.	晉唐和	省心
39.	明末李闖	不省心
		韓文公〈省心格言〉
40.	富弼	居家
41.	齊桓公	不居家
		〈居家格言〉
42.	張堪	治國
43.	秦檜	不治國
廉部		〈治國格言〉
44.	周宣姜	婦行
45.	妲己	不婦行
		苓雅寮庄　天上聖母〈婦行格言〉
46.	漢明帝	敬師
47.	原壤	不敬師
		〈敬師格言〉
48.	趙	省身
49.	共叔段	不省身
恥部		〈省身格言〉
50.	管仲與鮑叔牙	交友
51.	王治與周榮	不交友
		〈交友格言〉

《龍圖奇書》一書總共分為八部（孝、悌、忠、信、禮、義、廉、恥），在「孝」部中所談論的主題，是以「修身、居家、治家」與否為主。在「悌」部中所談論的主題，是以「治國、善士、治家」與否為主。在「忠」部中所談論的主題，是以「孝、正己、忠」與否為主。在「信」部中所談論的主題，是以「安分、存心」與否為主。在「禮」部中所談論的主題，是以「戒性、訓子、勉學、察己」與否為主。在「義」部中所談論的主題，是以「治政、省心、居家」與否為主。在「廉」部中所談論的主題，是以「治國、婦行、敬師」與否為主。在「恥」部中所談論的主題，是以「省身、交友」與否為主。八部將「修身」放在首位，又以曾子為開頭的歷史人物（曾子能三省吾身且又可能是《孝經》的作者），代表《龍圖奇書》重視孝之修身，因為「百善孝為先」。但上述八部在內容上的安排，似乎與八部主題的關聯性不是很直接，同樣的主題會在不同的八部中出現，如有關「居家、治家」與否的主題，也在「悌」部、「義」部中出現，所以筆者認為八部在內容上的安排是隨意的。

《龍圖奇書》一書總共有26篇格言，其中20篇格言前面，均有標明神明的稱號，如開基延平郡王鄭〈造錄修身格言〉、南天文衡聖帝〈修身格言〉、紫陽夫子〈居家格言傳倫〉、歐陽夫子〈治家格言要旨〉、亞聖孟子〈治國要旨論〉、程夫子伊川先生〈修身治國綱領要旨〉、文昌梓潼帝君〈戒士子格言〉、大魁夫子〈訓治家格言〉、朱衣星君〈孝行格言〉、宗聖曾子〈正己格言〉、西伯上佑德聖尊〈治家格言〉、程明道先生〈立教格言〉、述聖子思〈安分格言〉、孚佑帝君〈存心格言〉、復聖顏夫子〈戒性格言〉、太白金星〈訓子格言〉、芩雅寮庄 李府千歲正主席 代天宣化〈勉學格言〉。另有6篇格言的前面均無標明神明稱號，如〈察己格言〉、〈居家格言〉、〈治國格言〉、〈敬師格言〉、〈省身格言〉、〈交友格言〉。

在這26篇的格言前面，會各列舉兩位在歷史上具備正面與負面的人物故事，來做為說教立論的例證（援古證今），總共有49位正面與反面的例證。[13] 如在開基延平郡王 鄭〈造錄修身格言〉前，舉「曾子能修身」與「盆成括不能修身」為例證。在南天文衡聖帝〈修身格言〉前，舉「北宋趙槩（996－1083）能修身」為例證。在紫陽夫子〈居家格言傳倫〉前，舉「唐代張公藝（578－676）能居家」與「鄭武姜不能居家」為例證。在歐陽夫子〈治家格言要旨〉前，舉「北宋呂希哲（1036－1114）能治家」與「齊桓公不能治家」為例證。在亞聖孟子〈治國要旨論〉前，舉「周文王能治國」與「梁惠王不能治國」為例證。在程夫子伊川先生〈修身治國綱領要旨〉前，舉「孔子能身修家齊國治」與「魯桓公身不修國不強」為例證。在文昌梓潼帝君〈戒士子格言〉前，舉「李世熊為善士」與「原壤不為善士」為例證。在大魁夫子〈訓治家格言〉前，舉「晉獻公不能治家」與「茅信卿能治家」為例證。在朱衣星君〈孝行格言〉前，舉「東漢黃香為孝」與「匡章為不孝」為例證。在宗聖曾子〈正己格言〉前，舉「東漢王烈能正己」與「楊朱墨翟不正己」為例證。在西伯上佑德聖尊〈治家格言〉前，舉「孔明之忠」與「崔杼之不忠」為例證。在程明道先生〈立教格言〉前，舉「孟子能立教」與「許行不能立教」為例證。在述聖子思〈安分格言〉前，舉「江草能安分」與「韓宣子不能安分」為例證。在孚佑帝君〈存心格言〉前，舉「秦始皇不能存心」與「東漢楊震能存心」為例證。在復聖顏夫子〈戒性格言〉前，舉「孔汲能戒性」與「子路不能戒性」為例證。在太白金星〈訓子格言〉前，舉「司馬光能訓子」與「瞽叟不能訓子」為例證。在苓雅寮庄 李府千歲正主席 代天宣化〈勉學格言〉前，舉「蘇秦能勉學」與「原壤不能勉學」為例證。在〈察己格言〉前，舉「曾參能察己」與「曹操不能察己」為例證。在苓雅寮過田仔 協天大帝副主席〈治政格言〉前，舉「鄭子產能治政」與「季桓子不能治政」為例證。在韓文公〈省心格言〉前，舉「晉唐和能省心」與「明末李闖不能省心」為例證。在〈居家格言〉前，舉「富弼能居家」與「齊桓公不能居家」為例證。在〈治國格言〉前，舉「東漢張堪能治國」與「秦檜不能治國」為例證。在苓雅寮庄 天上聖母〈婦行格言〉前，舉「周宣姜能婦行」與「妲己不能婦行」為例證。在〈敬師格言〉前，舉「漢明帝能敬師」與「原壤不能敬師」為例證。在〈省身格言〉前，舉「北宋趙槩能省身」與「共叔段不能省身」為例證。在〈交友格言〉前，舉「管仲與鮑叔牙能交友」與「王治與周榮不能交友」為例證。

在這些正反面的例證中，有些例證反覆出現，如在正面的例證中，以曾子能「修身」亦能「察己」、北宋趙槩能「修身」亦能「省身」，各出現2次。又如在負面例證中，以齊桓公不能「治家」亦不能「居家」、原壤不能為「善士」亦不能「勉學」與「敬師」，齊桓公被舉2次，原壤被舉3次，孔子的學生原壤被罵最凶。

[12] 「善書的製造者顯然是社會的菁英份子，而善書的讀者及對象，是跨社會階級的一般民眾。所以善書所提倡的『民眾道德』，很顯然的是指社會大眾所應該遵行的道德規範。在此意義下，我將『民眾道德』定義為跨社會地位之『公共道德』。」（李豐楙、朱榮貴主編，1996：68）又「善書不單是勸善教化的工具而已，其內隱藏著民間整體的文化意識與價值體系，經由善書不斷地刊印與流通的形式，企圖獲得民眾的支持與認同，轉而也成為民眾集體共有的價值意識。善書在民間的流通，無形中成為神聖的象徵，具有引導民眾向上歸善的作用。台灣鸞堂利用善書的神聖性，以『作善書』的宗教儀式，來吸納民間各種文化資源，讓鸞堂成為民間新的精神中心，且以仙佛的著造來抬高其神聖性，要求民眾要完全接受善書的指導，以共同傳承這樣一套文化體系。要讓善書成為民間唯一的教化書，則必須滿足民眾的各種需要，除了救災濟貧與勸善行德外，也教導眾生如何養生保命與延年益壽，甚至收集了不少民俗醫療的資料，提供給民眾日常生活的參考或備用。」（鄭志明，1998：23）

[13] 「鸞堂所宣講的內容多是闡明修身齊家、行善忌惡的儒家道德教化。不過，單是如此容易失之刻板單調，對一般識字有限的庶民百姓，也不易吸引其興趣。於是，宣講者經常加上許多相關的因果報應故事，以強化其教化作用。」（李世偉，1998.6：69）又「只要遵照著善書中所規定的儒家倫常道德要求，便可得到神明的感應協助，獲得獎賞。而這些獎賞多是現世性的，如中舉人或進士、得子、長壽等。更重要的是善書中所規定的善事，多是一些具體貼近生活的事，諸如與人為善、敬存愛心、救人危急、施財作福、敬重尊長、愛惜生命等。這些可以因行善以求得現世報的行為，較之儒家所要求『內聖外王』的高理想聖賢人格顯得容易得多。」（李淑芳，2010：99）

參、與明代善書《明心寶鑑》之淵源

明代善書《明心寶鑑》，是古代第一本被翻譯成西方文字的書籍，其內容為雜引眾人格言或書籍的著作，[14]引述的內容包括儒家、道家等經典以及史學著作、蒙書、善書等，亦有歷代名人佳句格言警句，總共有774條，在內容上雜糅儒、釋、道思想，著重從個人的品德修養以至齊家、治國。全書共分20篇，包括「繼善、天理、順命、孝行、正己、安分、存心、戒性、勸學、訓子、省心、立教、治政、治家、安義、遵禮、存信、言語、交友、婦行」，上述這些內容不僅是勸善書的內容亦為蒙書的內容，此書流傳甚廣，甚至海外。

在《龍圖奇書》中的26篇格言，有16篇格言的內容與明代善書《明心寶鑑》相同，如下表所示：

NO.	《龍圖奇書》之格言	《明心寶鑑》之篇名
1.	朱衣星君〈孝行格言〉	〈孝行篇〉
2.	宗聖曾子〈正己格言〉	〈正己篇〉
3.	西伯上佑 聖尊〈治家格言〉	〈治家篇〉
4.	程明道先生〈立教格言〉	〈立教篇〉
5.	述聖子思〈安分格言〉	〈存心篇〉
6.	孚佑帝君〈存心格言〉	〈存心篇〉
7.	復聖顏夫子〈戒性格言〉	〈戒性篇〉
8.	太白金星〈訓子格言〉	〈訓子篇〉
9.	苓雅寮庄 李府千歲正主席 代天宣化〈勉學格言〉	〈勸學篇〉
10.	（無神明在前）〈察己格言〉	〈正己篇〉
11.	苓雅寮過田仔 協天大帝副主席〈治政格言〉	〈治政篇〉
12.	韓文公〈省心格言〉	〈省心篇〉
13.	（無神明在前）〈居家格言〉	〈訓子篇〉
14.	苓雅寮庄 天上聖母〈婦行格言〉	〈婦行篇〉
15.	（無神明在前）〈省身格言〉	〈省心篇〉
16.	（無神明在前）〈交友格言〉	〈交友篇〉

（一）《龍圖奇書・訓子格言》[17]與《明心寶鑑・訓子篇》內容之比較表

《龍圖奇書》之太白金星〈訓子格言〉	《明心寶鑑》之〈訓子篇〉
昔司馬溫公曰：「養子不教父之過，訓導不嚴師之過。父教師嚴兩無外，學問無成子之罪。暖衣飽食居人倫，視我笑談如土塊。攀高不及下品流，稍遇賢才無語對。勉後生，力求誨。投明師，莫自昧。一朝雲路果然登，姓名亞等呼先輩。室中若未結親姻，自有佳人求匹配。勉旃爾等名早脩，莫待老來徒自悔。」蓋自「父母養其子而不教，是不愛其子也。雖教而不嚴，亦不愛其子也。父母教而不學，是子不愛其身也。雖學而不勤，是亦不愛其身也。是故養子必教，教則必嚴，嚴則必勤，勿以溺愛而生喜，勿以嚴督而生悲。得乎勤，則必成者矣。學則庶人之子為公卿，不學則公卿之子為庶人。」是深謂後世戒也。	司馬溫公曰：「養子不教父之過，訓導不嚴師之惰。父教師嚴兩無外，學問無成子之罪。暖衣飽食居人倫，視我笑談如土塊。攀高不及下品流，稍遇賢才無語對。勉後生，力求誨。投明師，莫自昧。一朝雲路果然登，姓名亞等呼先輩。室中若未結姻親，自有佳人求匹配。勉旃汝等各早修，莫待老來徒自悔。」柳屯田勸學文：「父母養其子而不教，是不愛其子也。雖教而不嚴，是亦不愛其子也。父母教而不學，是子不愛其身也。雖學而不勤，是亦不愛其身也。是故養子必教，教則必嚴，嚴則必勤，勤則必成。學則庶人之子為公卿，不學則公卿之子為庶人。」

《龍圖奇書》之太白金星〈訓子格言〉	《明心寶鑑》之〈正己篇〉
昔元君戒諭曰：「福生於清儉，德生於卑退。道生於安靜，命生於和暢。害生於多慾，禍生於多貪。過生於多慢，罪生於不仁。戒眼莫視他非，戒口莫談他短，戒心莫恣貪嗔，戒身莫隨惡伴。無益之言莫妄說，不干己事莫妄為。默默默，無限神仙從此得；饒饒饒，千災萬禍一齊消。忍忍忍，債主冤家從此盡；休休休，蓋世功名不自由。尊君王，孝父母，敬尊長，奉有德，別賢愚，恕無識。物順來而勿拒，物既放不追。身未遇勿望，事已過勿思。聰明若暗昧，算計失便宜。損人終自失，倚勢禍相隨。戒之在心，守之在志。為不節忘家，因不廉失位。勸君自警，於平生可懼可驚而可畏。上臨之天神，下察之地祇。明有王法相繼，暗有鬼神相隨。惟志守心不可欺。察己者，戒之！戒之！」	紫虛元君戒諭心文：「福生於清儉，德生於卑退。道生於安樂，命生於和暢。患生於多欲，禍生於多貪。過生於輕慢，罪生於不仁。戒眼莫視他非，戒口莫談他短，戒心莫恣貪嗔，戒身莫隨惡伴。無益之言莫妄說，不干己事莫妄為。默默默，無限神仙從此得；饒饒饒，千災萬禍一齊消。忍忍忍，債主冤家從此盡；休休休，蓋世功名不自由。尊君王，孝父母，敬尊長，奉有德，別賢愚，恕無識。物順來而勿拒，物既放而勿追。身未遇而勿望，事已過而勿思。聰明多暗昧，算計失便宜。損人終自失，倚勢禍相隨。戒之在心，守之在志。為不節而亡家，因不廉而失位。勸君自警，於平生可懼可驚而可畏。上臨之以天神，下察之以地祇。明有王法相繼，暗有鬼神相隨。惟正可守，心不可欺。戒之！戒之！」

在上表的比對中，我們可以發現，《龍圖奇書》之太白金星〈訓子格言〉與《明心寶鑑》之〈訓子篇〉，《龍圖奇書》之太白金星〈訓子格言〉與《明心寶鑑》之〈正己篇〉在內容大致相同，只有少數幾個字稍微不一樣。因此，我們可以推斷《龍圖奇書》與明代《明心寶鑑》，在某些內容上是相同的，所以《龍圖奇書》並非是鸞書而是善書，若有鸞書的部分也屬少數。

14 「所採古今格言，概分三類：一為古群經諸子，一為宋儒語錄，一為道家勸善文，如《梓潼》、《陰騭》之類。因疑為宋、元之間道徒所輯著。其於古諸子引太公之說最多，劉會（亦作到會）、劉通之說，亦徵引不少。敦煌所出小類書，有《新集文詞九經鈔》一種，獨引劉會、劉通說，是書當為元明間據《新集文詞九經抄》增輯而成者。」（王重民，1984.12：364）又「詳核《明心寶鑑》所援引的佳言粹語，發現其顯然不是直接取自各書之原著，而是由當時流行的通俗類書、蒙書與善書等，纂輯抄撮而成的。其主要乃根據唐五代民間盛行的《新集文詞九經抄》與《文詞教林》一類的讀物，加以增刪纂輯而成，其纂輯改編的時代，當在南宋末期，並隨傳播而時有增刪。尤其明代善書盛行，此書屢有改編校印，其後流傳至韓國、日本、越南等地，復有翻刻，且有刪削簡編。在韓國奎章閣中藏有《明心寶鑑抄》3本，其中2本有刊記，一作『崇德2年丁丑季夏開刊』；一作『崇禎後甲辰春泰仁孫基祖開刊』。『抄』有『節本』之意，崇德二年即韓國李朝仁祖15年；崇禎後甲辰，則為李朝顯宗5年，足知其時《明心寶鑑》早已普遍行流於韓國，且有『抄』之出現。」（鄭阿財，1989.07：135）。又「《明心寶鑑》徵引書籍之內容來看，計有10大類、143種典籍，涵蓋經史子集、家訓鄉約、儒釋道三教、醫學養生等內容，除了文集外引用最多的是家訓、鄉約、誡子類之文句，《顏氏家訓》、《童蒙訓》、《溫公家儀》、《袁氏世範》也都是傳統經常出現的童蒙書籍。而《景行錄》、《近思錄》、《益智書》、《小學》等內容，更是蒙書經常徵引的條目。故就內容而言，將其歸類於蒙書之列並無不當之處。然而，蒙書為了適合於兒童記憶背誦所需，在形式上常採用韻文的形制，句式整齊，合轍押韻，使之易學易記，能琅琅上口。然綜觀《明心寶鑑》之文學體式，卻通篇以散文編寫，徵引名人格言嘉句，又不拘於押韻及對偶，故在形式上，實與蒙書有明顯之區別。」（周

15 安邦，2008.06：60）

「《明心寶鑑》編輯形式上屬於雜抄類，內容共分為20篇。其中，〈繼善篇第一〉至〈訓子篇第十〉為上卷，〈省心篇第十一〉至〈婦行篇第二十〉為下卷。根據篇目的排序，可見編者如何看待各個篇目的重要性。從各篇的內容中，可以大致分為6個面向說明：一是警世勸善，包含〈繼善篇第一〉、〈天理篇第二〉、〈順命篇第三〉，這部分是本書的主要核心內涵；二是孝順，包含〈孝行篇第四〉1篇，說明孝順的重要性；三是修身，包含〈正己篇第五〉、〈安分篇第六〉、〈存心篇第七〉、〈戒性篇第八〉，順應著「勸善」的核心內涵，透過這些內容教導如何從自身做起；四是勸學訓子，包含〈勸學篇第九〉及〈訓子篇第十〉，內容開始從自身的修養轉向傳承，除了使自己更上一層樓之外，也應當讓「運」能夠傳接下去。五是處事原則，內容包含〈省心篇第十一〉、〈立教篇第十二〉、〈治政篇第十三〉、〈治家篇第十四〉、〈安義篇第十五〉、〈遵禮篇第十六〉、〈存信篇第十七〉、〈言語篇第十八〉、〈交友篇第十九〉，下卷的內容，幾乎包含在第四部份當中，編者從倫理、待人處世等不同面向，整理出面對不同的人事物，人們能夠如何應對的方式；六是婦行，即為〈婦行篇第二十〉，特別針對婦女獨立一篇，雖然內容很短，卻對婦女的德行有所指導。」（周皓旻，2018：99-100）

16 「《明心寶鑑》，是中國翻譯史上，第一部翻譯成西方文字的漢文古籍，它比1662年科斯達（P.Ignatio a Costta Lusitano）和殷鐸澤（Intorcetta）合譯的拉丁文《論語》還要早出72年，該書目前收藏於西班牙馬德里國家圖書館中。除了西班牙文外，現今可見的尚有韓文本、越文本等，在研究中還可見到俄人翻譯的紀錄。現存該書的本，可概分為全本、抄略本、節本、重輯本、譯本五大類。全本：以洪武26年（1393）范立本輯的《新刊校正大字明心寶鑑》最具代表性。抄略本：多以《明心寶鑑抄》為名，普遍流傳於韓國與日本。節本：可見者為《明心寶鑑．附三聖經》，分別有昭和9年（1934）台南蘭記書局刊本與民國68年6月台中瑞成書局刊本。重輯本：有明．萬曆30年重刊《御製重輯明心寶鑑》二卷。譯本：有西班牙傳教士Juan cobo的《Beng sim po cam》，韓國則以秋適著、（韓）金鍾國譯，成鈞館大學出版的《國譯增補明心寶鑑》最為完整，越南譯本則以越南孔學會編譯的《明心寶鑑》最具代表性，版本眾多，普遍流傳於與中國關係密切之地區。」（周安邦，2008.6：54）

17 參見《龍圖奇書》，頁171-173。

18 參見《龍圖奇書》，頁191-193。

肆、以儒為宗的道德宣化

鸞書與儒家經典的互文性關係，其呈現的方式，依據楊晉龍的分類有9種：

引述儒家經典的方式，則大致可歸納為：（一）稱引經典書籍的引述；（二）稱引儒家相關理想追求的引述；（三）稱引儒家或經學人物的引述；（四）稱引儒家經典篇章名稱的引述；（五）稱引儒家人物及其發言文本的引述；（六）篇章及其文句同時稱引的引述；（七）儒家經典文本的整句引述；（八）簡化融合儒家經典文本內事件與文句的引述；（九）截取儒家經典文本內文句的引號。（楊晉龍，2011：227）

在《龍圖奇書》中的26篇格言，全都以儒家之「修身」、「齊家」、「治國」為主要宣化之內容，而又以「修身」更為主要。《龍圖奇書》一書，總共有26篇格言，包括開基延平郡王 鄭〈造錄修身格言〉、南天文衡聖帝〈修身格言〉、紫陽夫子〈居家格言傳倫〉、歐陽夫子〈治家格言要旨〉、亞聖孟子〈治國要旨論〉、程夫子伊川先生〈修身治國綱領要旨〉、文昌梓潼帝君〈戒士子格言〉、大魁夫子〈訓治家格言〉、朱衣星君〈孝行格言〉、宗聖曾子〈正己格言〉、西伯上佑德聖尊〈治家格言〉、程明道先生〈立教格言〉、述聖子思〈安分格言〉、孚佑帝君〈存心格言〉、復聖顏夫子〈戒性格言〉、太白金星〈訓子格言〉、芩雅寮庄 李府千歲正主席 代天宣化〈勉學格言〉、〈察己格言〉、芩雅寮過田仔 協天大帝副主席〈治政格言〉、韓文公〈省心格言〉、〈居家格言〉、

〈治國格言〉、苓雅寮庄天上聖母〈婦行格言〉、〈敬師格言〉、〈省身格言〉、〈交友格言〉。其中的〈察己格言〉、〈居家格言〉、〈治國格言〉、〈敬師格言〉、〈省身格言〉、〈交友格言〉等6篇前未標出神明。

在26篇格言中，直接與儒家相關者有9篇，如紫陽夫子〈居家格言傳倫〉、歐陽夫子〈治家格言要旨〉、亞聖孟子〈治國要旨論〉、程夫子伊川先生〈修身治國綱領要旨〉、宗聖曾子〈正己格言〉、程明道先生〈立教格言〉、述聖子思〈安分格言〉、復聖顏夫子〈戒性格言〉、韓文公〈省心格言〉。其餘雖為宗教人物與歷史人物，但其格言的內容都還是以儒家之道德倫常為宣講勸化的重點。又《龍圖奇書》中，所列舉的49位正反面例證之歷史人物，亦有為數不少的儒家人物，如孔子、孟子、曾子、孔汲、子路、司馬光、原壤、匡章等。此外在《龍圖奇書》最後，有讚許孔子的〈孔子圖說〉、批判異端邪說的〈楊朱墨翟圖〉、大成至聖先師孔夫子作（顏子代筆）〈傷麟嘆鳳吟〉等3篇。下分別論述之：

一、〈孔子圖說〉

孔子，魯人也。字仲尼，周遊列國，不得行其志，乃歸魯著書，刪詩書，定禮樂，贊周易，修春秋。一字之褒，榮於華衰；一字之貶，嚴於斧鉞。繼而設教杏壇，弟子三千，賢人七十，於侍側几席之間，彬彬濟濟，一堂萃三代之英，誠萬世之師表，百代之儒宗，故至今稱為聖人。（高雄意

誠堂，1983：291–292）

此段內容從孔子之生平、著書（刪詩書，定禮樂，贊周易，修春秋）、教學（設教杏壇，弟子三千，賢人七十）等，來讚頌孔子聖人確實為「萬世之師表，百代之儒宗」。

二、〈楊朱墨翟圖〉

自來倡異說，起異端者，莫如楊墨。楊朱、墨翟之言盈天下，天下之言，不歸楊，即歸墨。楊氏為我，墨氏兼愛。為我是無君也，兼愛是無父也。無父、無君是禽獸也，故孟子曰「能言距楊、墨者，聖人之徒也」。（高雄意誠堂，1983：294）

以儒家修己治人之道為主流的勸善宣化，故對於除儒家之外的其他學說可能會被歸為異端邪說。如孟子對楊朱與墨翟二人的批判，《孟子．滕文公下》：「楊朱、墨翟之言盈天下。天下之言，不歸楊則歸墨。楊氏為我，是無君也。墨氏兼愛，是無父也。無父無君，是禽獸也。……楊墨之道不息，孔子之道不著，是邪說誣民、充塞仁義也。仁義充塞，則率獸食人，人將相食。吾為此懼，閑先聖之道，距楊墨、放淫辭，邪說者不得作。……能言距楊墨者，聖人之徒也。」孟子的好辯，是由於異端邪說興起，其「欲正人心、息邪說、距詖行、放淫辭，以承三聖者」為志向，而楊朱的為我（無君），墨翟的兼愛（無父）都是異端邪說，拒絕異端邪說，提倡正統儒家思想是孟子的志業。

三、援古證今

在《龍圖奇書》中，每篇格言前會有一正一反的兩則歷史人物的例證，以輔助說明，26篇格言總共羅列49位歷史人物。[19] 以下試舉5例（三正兩反）以資說明：

（一）孔子之能「身修家齊國治」

孔子，魯人也。一生行為，忠恕二字，其於持己接人，莫不以禮義為重，自修之功至矣！嗣後，相於魯，綱立紀陳，三月而稱大治，足見身修而后家齊，家齊而后國治，理固然也。（高雄意誠堂，1983：56）

此段內容在程夫子伊川先生〈修身治國綱領要旨〉之前。上述內容，在讚許孔子能以忠恕與禮義修身，故能修己以治人，由修身→齊家→治國。

（二）孟子之能「立教」

戰國時，有孟子正天民之先覺者也。當其群雄競起，只重干戈，誰知禮讓，而孟子獨以一人說仁義、說罷兵，雖無人聽，而善種已萌芽也。孟子故曰「當今之世，舍我其誰也?」（高雄意誠堂，1983：120）

此段內容在程明道先生〈立教格言〉之前。此言孟子在戰國時能以仁義之說諸侯，雖成效不佳，但此義利與性善之說已立教萌芽。而其中的「當今之世，舍我其誰也?」來自《孟子．公孫丑下》。

（三）曾參之能「修身」與「察己」

> 曾子，孔門高弟也。質魯而好學，卒以傳道。嘗曰：「吾日三省吾身：為人謀不忠乎？與朋友交而不信乎？傳不習乎？」蓋平日以修身為本，於此三事，始終如一，故聞性與天道所由未也。（高雄意誠堂，1983：10）

此段內容在開基延平郡王鄭〈造錄修身格言〉之前。此言曾子能每天自我省察三件事，以作為自己修身的根本。而句末的「聞性與天道所由未也」，是來自《論語．公冶長》中子貢對孔子的看法，子貢曰：「夫子之文章，可得而聞也；夫子之言性與天道，不可得而聞也。」又曾子之能「察己」，曰：

> 曾參，孔子高弟也。「吾日三省吾身」，凡與人接一物，行一事，必返求諸己，己所不欲，勿施于人，故為聖、為賢，都以察己為入德之門。孔子曰：「參也！吾道一以貫之。」是其察己之功，有以致之。（高雄意誠堂，1983：188）

此段內容在〈察己格言〉（無神明在前）之前。此亦讚許曾子在待人接物上均能以察己之道來修身省身。句末之「孔子曰：『參也！吾道一以貫之。』」是來自《論語．里仁》，是孔子對曾子說，孔子之道是一以貫之的，但其他門人不懂，曾子就說，孔子之道就是忠恕二字。

（四）原壤之「不為善士」、「不勉學」、「不敬師」

原壤，孔子之故人也。為士者，當禮賢下士，相見如賓，緣何遇孔子而踞傲若斯，宜乎孔子責之曰：「『幼而不孫弟，長而無述，老而不死，是為賊。』以杖叩其脛。」由此觀之，原壤不知改過遷善，幾不堪為士矣。（高雄意誠堂，1983：68）

此段內容在文昌梓潼帝君〈戒士子格言〉之前。此言為士者宜禮賢下士與相見如賓，然而，孔子的故人原壤，從小到大幾乎無可取之處（幼而不孫弟，長而無述）也不知道要改過遷善，所以原壤不值得被稱為士。「『幼而不孫弟，長而無述，老而不死，是為賊。』以杖叩其脛。」此段內容來自《論語．憲問》。又原壤之「不勉學」，如曰：

原壤，孔子之里人。母死而歌，自放于禮法之外，見孔子來，蹲踞以待。孔子見而責曰：「『幼而不遜弟，長而無述焉，老而不死，是為賊。』以杖叩其脛。」是原壤少時不學詩書，致禮法莫從循守，為聖人所擯斥也。（高雄意誠堂，1983：178）

此段內容在苓雅寮庄 李府千歲正主席 代天宣化〈勉學格言〉之前。此言原壤之所以如此的自放于禮法之外，是因為其年少時不勤學詩書而導致如此。又原壤之「不敬師」，如曰：

孔子，世之賢師也。原壤常請其教，時遇孔子，踞膝以俟。孔子見其無禮斥曰「『幼而不孫弟，長而無述焉，老而不死，是為賊。』以杖叩其脛。」其不敬師有如此。（高雄意誠堂，1983：254）

此段內容在〈敬師格言〉（無神明在前）之前。此言孔子是萬世師表，原壤常請教孔子。然而，有次卻以蹲踞之姿來等待孔子，此種動作是非常不尊敬老師的。

（五）齊桓公之不能「治家」與「居家」

齊桓公，五霸中之翹楚也。善治國，雄稱一世，諸侯懾其威，奉為盟主。惜其治家無方，死後羣子爭位，置桓公之尸於不顧，及位定，始思收斂，而尸蟲已出戶外，是皆不能治家，有以致之。（高雄意誠堂，1983：42）

此段內容在歐陽夫子〈治家格言要旨〉之前。此言春秋時的第一位霸主齊桓公，晚年不得善終，雖其治國稱霸一時，但卻治家無方，公子們一直在爭權奪位，導致死後，無人替齊桓公收屍。又如齊桓公之不能「居家」，曰：

齊桓公，霸諸侯，一匡而有天下，治國有餘，而治家不足。及其卒也，同室操戈，群子爭位，遂致父屍三日不殮，蟲死戶外。是其生時，居家庭之間，不能立賢立長，尤不能施教垂訓。有以致之。（高雄意誠堂，1983：222）

此段內容在〈居家格言〉（無神明在前）之前。此亦言齊桓公治家無方，其在居家時，不能立賢立長，尤其不能對群子施教垂訓，所以才導致同室操戈及父屍三日不殮。在《龍圖奇書》中提到的古代君王，還包括「周文王」（能治國）、「梁惠王」（不能治國）、「魯桓公」（身不修國不強）、「晉獻公」（不能治家）、「秦始皇」（存心不好）、「漢明帝」（敬師）等，其中「周文王」與「漢明帝」都是正面的例證。

四、以儒家修己治人之道為宣化

善書以儒家文化主流為其主要的內容，此誠如楊晉龍所言：

> 文化「主流」就理所當然具有學習認同的價值，以及不言自明的特殊學術「典範」地位；具備「學習認同」與「典範地位」的經學，於是理所當然成為學習的首要，因而也就成為傳統中國統一般知識人最早接觸與最熟悉的學術內容，「典範」地位與「嫻熟」狀態，很自然就成為寫作時，自覺或不自覺引述應用對象，「經學」就是在這樣的狀況下，逐漸滲透進入傳統中國的各種學術領域與論著中，「經學」對其他領域或論著的滲透，自也就是經學傳播與致用的表現。（楊晉龍，2016.12：31）

在《龍圖奇書》中的26篇格言，在內容上均以儒家修己治人之道為宣化重點。因此，本小節以南天文衡聖帝〈修身格言〉、歐陽夫子〈治家格言要旨〉與亞聖孟子〈治國要旨論〉3篇來進行探討。

（一）南天文衡聖帝〈修身格言〉

蓋人生處世，良知良能，開化之一端。匹夫匹婦皆出于蔓草者，素非我願也。何為修者？靜身寡慾，神清氣爽，克明峻德，獨懷三綱領、八條目之稽由。當夫孩提之童，入聖之中，切宜灑掃應對，飲食起居，必成大器之浩然。嚴懲牆茨中冓之貽羞，肯然化育，居心禮義之邦。夫義，路也。禮，門也。由是觀之，修身者不出先行其言而後從之。況日居月諸，篤敬慎言，可以感天機之精氣，謀未雨之綢繆，磋立大雅之芳名。超羣五者而談今。眇然德行政，皆出胸中之心身者乎！慨然益者三友，損者三友，是一生自分之修性，正所謂人過也。各于其黨，又曰「見賢思齊焉！見不賢而內自省也。」設令風塵擾攘之中，為富不仁，為仁不富，須當心田把定，勿謂貧而生諂，富而生驕，當執顏子簞（簞）瓢陋巷之樂，與人無患，與世無爭。修身者，豈謂是與！嗚呼！出真妙法格言，修身之至寶者也。為世之人可謂戒哉！（高雄意誠堂，1983：25–28）

依孟子之言，「人之所不學而能者，其良能也。所不慮而知者，其良知也。」《孟子．盡心上》可見人皆有與生俱來的良知良能，人若能從小依此良知良能好好培養與發揮，他日必成大器。然而，修身之道當「靜身寡慾，神清氣爽，克明峻德，獨懷三綱領（明明德、親民、止於至善）、八條目（格物、致知、誠意、正心、修身、齊家、治國、平天下）之稽由」。人一生中有益友有損友，當「見賢思齊焉！見不賢而內自省也。」也不要「貧而生諂，富而生驕」，當如「顏子簞瓢陋巷之樂，與人無患，與世無爭」。

（二）歐陽夫子〈治家格言要旨〉

嘗讀書曰：「一家仁，一國興仁。」何為哉？心正身脩而後家齊。何謂齊家者？上老老而民興孝，上長長而民興悌，上恤孤而民不倍，此乃公卿之治也。況自古居家之法，不出乎三綱五常之候由，故曰「徒善不足以為政，徒法不能以自行」，此之謂也。噫！此際也。乾綱不振，表記枕唆之貽羞。坤厚益興，登龍斷而獨專。行之而不著，習矣而不察，或弄出機變之巧者，無所用恥矣。士君子之見識，何家期之不顧？只云坐井觀天而待斃。吁！世之能克繩祖武者，何不推廣其本源，以仰岑彭二姓之規鑑也。吾聞之《易》曰：「慢藏誨盜，冶容誨淫」居乎風塵繞膝之中。治家者量此奧旨之大義，必宜揣度蘊意之格言也夫。（高雄意誠堂，1983：43-45）

當人能修身之後，宜漸次推己及人，修身→齊家→治國→平天下。引述儒家經典《禮記．大學》：「一家仁，一國興仁；一家讓，一國興讓；一人貪戾，一國作亂。其機如此。此謂一言僨事，一人定國。」又《禮記．大學》：「上老老而民興孝，上長長而民興弟，上恤孤而民不倍，是以君子有絜矩之道也。」在上位者能孝養自己的親老、尊敬自己的長輩、憐憫救助孤弱的人，老百姓也會跟著學習效法，上行下效，而使風俗淳化。落實三綱（君為臣綱、父為子綱、夫為妻綱）五常（父子有親、夫婦有別、君臣有義、長幼有序、朋友有信），使人倫關係和諧圓融。

（三）亞聖孟子〈治國要旨論〉

大凡歷代諸帝王之基，惟有德者居之，故云受命于天。何幸今之人莫由堯、舜、禹、湯之治者何也？夫堯有讓國之至仁，舜有孝道之無虧，禹有治水三過之傷感，湯有盤銘日新以自警。當是時也，物阜年豐，萬民永賴，共效熙皞之康寧，耕食鑿飲，長享太平之宏福，道不拾遺，男女分別有序，讓畔而耕，沾枯骨之深仁，此誠治國之遺芳也。何云今之賢士何獨不然？自謂期期艾艾之捫談，見利忘義，政煩賦重，勞民傷財之至矣！盡矣！寰區宇宙，冥冥之中，何只一二國祚衰者！何哉？皆賢聖之君不作，學校之政不修，厭態萌芽，正所謂「聞義不能徙，不善不能改，是吾憂也」。治國者，豈謂是與！但望改過以自新，使免生民塗炭，自古云「惻隱之心，人皆有之」，只振「邦家之光，樂只君子」，正然「仰不愧于天，俯不怍于人」，「得天下英才而教育之」，「然而不王者，未之有也」。今蒙天恩浩蕩，望成龍圖未有之奇書，感動大成，命出宮牆，以付梨棗之罕觀也。欣逢一筆，以耀盡東都之慶就也夫。（高雄意誠堂，1983：51-54）

此強調有德者有其位，在堯、舜、禹、湯時有良好的風俗與環境，「物阜年豐，萬民永賴，共效熙皞之康寧，耕食鑿飲，長享太平之宏福，道不拾遺，男女分別有序，讓畔而耕，沾枯骨之深仁」，所以能造就聖賢們的「堯有讓國之至仁，舜有孝道之無虧，禹有治水三過之傷感，湯有盤銘日新以自警」。而今卻是「見利忘義，政煩賦重，勞民傷財」，是因為「賢聖之君不作，學校之政不修，厭態萌芽」，這樣的狀態正所謂「聞義不能徙，不善不能改，是吾憂也」《論語．述而》。

19 「善社原是指實現宣講善書的理想場所，並伴隨著各種社會事業與慈善行為。台灣在清代便有許多肩負社會教化之責的士紳文人組織善社，進行宣講勸善。其宣講的內容，除了聖諭之外，更主要的是加上具有因果報應故事的善書，期以故事性、趣味性、通俗性的內容，來吸引群眾聽講。」（李世偉，2003：159）

伍、結論

本論文對高雄意誠堂《龍圖奇書》一書的分析，有得到以下的結論：

1. 大正12年（1923）刊印出版《龍圖奇書》，當時陳中和（化名陳輕清）為《龍圖奇書》寫序文。
2. 《龍圖奇書》之書名由來，即「君聖臣良，民安國泰，故『龍馬負圖』。」又「篇篇奇文，字字金玉，如神龍出沒，變化無窮，取其名曰《龍圖奇書》。」
3. 《龍圖奇書》目前完整存世，如有被收錄在李見川、李世偉等主編的《民間私藏台灣宗教資料彙編第二輯：民間信仰．民間文化》。
4. 《龍圖奇書》在內容上分為八部，其中包括「孝」、「悌」、「忠」、「信」、「禮」、「義」、「廉」、「恥」等八部，並在介紹每個歷史人物之後，以及每則格言之後附一張簡單的繪圖，總計有55張繪圖。當中有些圖會直接標明該圖之主旨為何，如孝與不孝、正己與不正己、忠與不忠、立教與不能立教、安份與不安份、不存心與存心、戒性與不戒性、訓子與不訓子、勉學與不勉學、察己與不察己、治政與不治政、省心與不省心、居家與不居家、婦行與不婦行、省身與不省身、交友與不交友等，此類圖共有32張。另有3張圖是同善社宣講勸化的行教圖，有張圖對聯曰「**善士臨壇皆信仰，惡人到此盡驚心**」，又有張圖對聯曰「**同登道岸坐春風於泗**

水，善指迷津詠舞雩乎尼山」，此聯之開頭指出「同善」二字，意指同善社，由此對聯中也可看出其宣講教化是以儒家思想為主的。

5. 在《龍圖奇書》序文前有張宣化圖（疑似民國72年再出刊時所附），其中發行非賣品的善書有《明聖經註解》、《灶君經》、《警鐘醒夢》、《齊家準繩》、《陰騭文》、《龍圖奇書》，書架共有4排，由最上往下擺放善書，最上排所擺放之善書為《明聖經註解》，其次擺放《灶君經》、《警鐘醒夢》，再次排擺放《齊家準繩》、《陰騭文》，最下排（與人最接近，最容易拿取）所擺放之善書為《龍圖奇書》。

6. 《龍圖奇書》一書總共分為八部（孝、悌、忠、信、禮、義、廉、恥），在「孝」部中所談論的主題，是以「修身、居家、治家」與否為主。在「悌」部中所談論的主題，是以「治國、善士、治家」與否為主。在「忠」部中所談論的主題，是以「孝、正己、忠」與否為主。在「信」部中所談論的主題，是以「安分、存心」與否為主。在「禮」部中所談論的主題，是以「戒性、訓子、勉學、察己」與否為主。在「義」部中所談論的主題，是以「治政、省心、居家」與否為主。在「廉」部中所談論的主題，是以「治國、婦行、敬師」與否為主。在「恥」部中所談論的主題，是以「省身、交友」與否為主。八部將「修身」放在首位，又以曾子為開頭的歷史人物（曾子能三省吾身且又可能是《孝經》的作者），代表《龍圖奇書》重視孝之修身，因為「百善孝為先」。但上述八部在內容的安排上，似乎與八部主題的關聯性不是很直接，同樣的主題會在不同的八部中出現，如有關「居家、治家」與否的主題也在「悌」部、「義」部中出現，所以筆者認為八部在內容上的安排是隨意的。

7. 《龍圖奇書》一書總共有26篇格言，其中20篇格言前面均有標明神明的稱號，如開基延平郡王 鄭〈造錄修身格言〉、南天文衡聖帝〈修身格言〉、紫陽夫子〈居家格言傳倫〉、歐陽夫子〈治家格言要旨〉、亞聖孟子〈治國要旨論〉、程夫子伊川先生〈修身治國綱領要旨〉、文昌梓潼帝君〈戒士子格言〉、大魁夫子〈訓治家格言〉、朱衣星君〈孝行格言〉、宗聖曾子〈正己格言〉、西伯上佑德聖尊〈治家格言〉、程明道先生〈立教格言〉、述聖子思〈安分格言〉、孚佑帝君〈存心格言〉、復聖顏夫子〈戒性格言〉、太白金星〈訓子格言〉、苓雅寮庄 李府千歲正主席 代天宣化〈勉學格言〉。另有6篇格言的前面均無標明神明稱號，如〈察己格言〉、〈居家格言〉、〈治國格言〉、〈敬師格言〉、〈省身格言〉、〈交友格言〉。在這26篇的格言前面會各列舉兩位在歷史上具備正面與負面的人物故事來做為說教立論的例證（援古證今），總共有49位正面與反面的例證，如有曾子、盆成括、趙槩、張公藝、鄭武姜、呂希哲、齊桓公、周文王、梁惠王、孔子、魯桓公、李世熊、原壤、晉獻公、茅信卿、東漢黃香、匡章、東漢王烈、楊朱、墨翟、三國孔明、崔杼、孟子、許行、江革、韓宣子、秦始皇、楊震、孔汲、子路、司馬光、瞽叟、蘇秦、曹操、鄭子產、季桓子、晉唐和、明末李闖、富弼、張堪、秦檜、周宣姜、妲己、漢明帝、共叔段、管仲與鮑叔牙、王治與周榮。在正面的例證中以曾子能「修身」亦能「察己」、北宋趙槩能「修身」亦能「省身」，各出現兩次。又如在負面例證中以齊桓公不能「治家」亦不能「居家」、原壤不能為「善士」亦不能「勉學」與「敬師」，齊桓公被舉2次，原壤被舉3次，孔子的學生原壤被罵最凶。

8. 《龍圖奇書》是善書而非鸞書或部分為鸞書，其內容與後來的《齊家準繩》與《警鐘醒夢》在內容風格上有很大的不同。《齊家準繩》與《警鐘醒夢》在內容上，比較清楚的記錄了與扶鸞時相關的人員與時間等，且當中多數的鸞文皆與陳中和家族有關。而《龍圖奇書》在內容上則與前面2部書完全不同，沒有任何記錄扶鸞相關的人員（鸞生職務與名錄）與時間等，只有一篇陳中和（陳輕清）的序文，而且內容都是古文式的勸善文與歷史人物。又依據《齊家準繩．卷一父部》：「**龍飛歲次已巳年菊月重九日**」，此日為1929年10月11日（農曆9月9日），此日當為高雄意誠堂有史以來的第一次扶鸞。

9. 《龍圖奇書》在內容上有16篇格言與明代善書《明心寶鑑》相同，如《龍圖奇書．孝行格言》同於《明心寶鑑．孝行篇》、《龍圖奇書．正己格言》同於《明心寶鑑．正己篇》、《龍圖奇書．治家格言》同於《明心寶鑑．治家篇》、《龍圖奇書．立教格言》同於《明心寶鑑．立教篇》、《龍圖奇書．安分格言》同於《明心寶鑑．存心篇》、《龍圖奇書．存心格言》同於《明心寶鑑．存心篇》、《龍圖奇書．戒性格言》同於《明心寶鑑．戒性篇》、《龍圖奇書．訓子格言》同於《明心寶鑑．訓子篇》、《龍圖奇書．勉學格言》同於《明心寶鑑．勸學篇》、

《龍圖奇書・察己格言》同於《明心寶鑑・正己篇》、《龍圖奇書・治政格言》同於《明心寶鑑・治政篇》、《龍圖奇書・省心格言》同於《明心寶鑑・省心篇》、《龍圖奇書・居家格言》同於《明心寶鑑・訓子篇》、《龍圖奇書・婦行格言》同於《明心寶鑑・婦行篇》、《龍圖奇書・省身格言》同於《明心寶鑑・省心篇》、《龍圖奇書・交友格言》同於《明心寶鑑・交友篇》。

10. 《龍圖奇書》以儒為宗的道德宣化，其中與儒家經典的互文性關係，其呈現的方式有9種，如（1）稱引經典書籍的引述；（2）稱引儒家相關理想追求的引述；（3）稱引儒家或經學人物的引述；（4）稱引儒家經典篇章名稱的引述；（5）稱引儒家人物及其發言文本的引述；（6）篇章及其文句同時稱引的引述；（7）儒家經典文本的整句引述；（8）簡化融合儒家經典文本內事件與文句的引述；（9）截取儒家經典文本內文句的引號。

參考書目

一、古代典籍

〔明〕范立本編，2012，《新刊校正大字明心寶鑑》，收於域外漢籍珍本文庫編纂出版委員會，《域外漢籍珍本文庫》（子部第3輯），重慶：西南師範大學出版社。

二、現代專書

〔日〕酒井忠夫，2010，《中國善書研究》，江蘇：江蘇人民出版社。

王志宇，1997，《台灣的恩主公信仰：儒宗神教與飛鸞勸化》，台北：文津出版社。

王見川，1996，《台灣的齋教與鸞堂》，台北：南天書局。

王見川、李世偉，1999，台灣的宗教與文化》，台北：博揚文化出版。

王見川、李世偉，2000，《台灣的民間宗教與信仰》，台北：博揚文化出版。

王見川、李世偉，2004，《台灣的寺廟與齋堂》，台北：博揚文化出版。

王重民，1984.12，《中國善本書提要》，台北：明文書局。

王萬清，2016，《台灣鸞堂賦的社教功能：以勸戒為主軸》，台南：國立台南大學。

李世偉，2011，〈台灣儒教的文字信仰與鸞書崇拜〉，頁1－12。收錄於佛光大學歷史學系編，《歷史、儀式與文獻：民間信仰與地域社會國際學術研討會》，宜蘭：佛光大學歷史學系。

李見川、李世偉等編，2010，《民間私藏台灣宗教資料彙編第二輯：民間信仰．民間文化》，台北：博揚文化出版。

邱延洲，2016，《台灣鳳邑儒教聯堂的飛鸞勸化與其社會網絡》，高雄：高市史博館。

高雄意誠堂，1983，《龍圖奇書》，高雄：財團法人意誠堂。
張二文，2015，《台灣六堆客家地區鸞堂與民間文化闡揚之研究》，台北：博揚文化出版。
梁淑媛，2014，《飛登聖域：台灣鸞賦文學書寫及其文化視域研究》，台北：五南出版社。
陳　霞，1999，《道教勸善書研究》，四川：巴蜀書社。
游子安，1999，《勸化金箴：清代善書研究》，天津：天津人民出版社。
焦大衛（Jordan, David K.），1986，《飛鸞：中國民間教派面面觀》，香港：中文大學出版社。
楊永智，2011，《清季（1890–1913）台閩鸞書出版傳播考述》，台北：里仁書局。
楊晉龍，2011，〈神仙佛的經學傳播：台灣地區民國前扶鸞賦經學訊息探論〉，頁199–236。收錄於國立政治大學中國文學系編，《第七屆中國經學國際學術研討會論文集》，台北：國立政治大學中國文學系出版。
鄧立光，2015，《經學與善書：經學之根本精神及其通俗之教化形態》，北京：中國人民大學出版社。
鄭志明，1988，《中國善書與宗教》，台北：台灣學生書局。
鄭志明，1989，《台灣的鸞書》。台北：正一善書。
鄭志明，1998，《台灣扶乩與鸞書現象：善書研究的回顧》，嘉義：南華管理學院出版。

三、學位論文

（一）博士論文

林偉文，2013，《台灣鸞堂宗教醫療文化研究》，北京：北京中醫藥大學中醫醫史文獻博士論文。

張禕琛，2010，《清代善書的刊刻與傳播》，上海：復旦大學中國古代史博士論文。

（二）碩士論文

尹可嘉，2014，《鸞堂與現代社會－以宜蘭地區二個鸞堂為例》，宜蘭：佛光大學樂活生命文化學系碩士論文。

王麗娟，2005，《明清勸善書的社會教化思想研究》，吉林：東北師範大學教育史碩士論文。

何筱松，2014，《中國古代鸞鳥文化流變論》，山東：中國石油大學（華東）中國古代文學碩士論文。

吳宗明，2013，《鸞堂建構與家族經營：以指南宮為例》，台北：國立政治大學民族研究所碩士論文。

李本華，2011，《《明心寶鑑》研究》，台北：中國文化大學文學院中國文學研究所碩士論文。

李淑芳，2009，《清代以來台灣宣講活動發展研究－以高雄地區鸞堂為例》，高雄：國立高雄師範大學台灣歷史研究所碩士論文。

周怡然，2007，《終戰前苗栗客家地區鸞堂之研究》，桃園：國立中央大學客家社會文化研究所碩士論文。

周皓旻，2018，《晚明善書及其教化作用研究》，台北：國立台灣師範大學教育學系碩士論文。

林玉聰，2017，《由德修道院看鸞堂信仰的人文演繹》，嘉義：國立嘉義大學應用歷史學系研究所碩士論文。
林見成，2012，《宣講活動對傳統鸞堂發展的現代意義－以台中重生堂為例》，嘉義：南華大學宗教學研究所碩士論文。
邱延洲，2013，《鳳山地區鸞堂信仰及其社會網絡之研究－以鳳邑十一鸞堂為中心》，高雄：國立高雄師範大學台灣歷史文化及語言研究所碩士論文。
張有志，2006，《日治時期高雄地區鸞堂之研究》，台南：國立台南大學台灣文化研究所碩士論文。
陳金星，2018，《台灣鸞堂信仰與儒學之研究》，台南：嘉南藥理大學儒學研究所碩士論文。
陳瑞霞，2007，《從書院到鸞堂：以苗栗西湖劉家的地方精英角色扮演為例（1752–1945）》，新竹：國立交通大學客家社會與文化教師碩士在職專班碩士論文。
陳碧苓，2000，《台灣鸞書的死後世界觀—以天堂遊記與地獄遊記為例》，嘉義：南華大學生死學研究所碩士論文。
劉智豪，2008，《傳統與現代－論台灣鸞堂扶鸞儀式及其變遷因素》，新北：真理大學宗教文化與組織管理學系碩士論文。
戴淑珍，2004，《新竹鸞堂善書《化民新新》研究》，新竹：玄奘大學中國語文學系碩士班碩士論文。
羅偉嘉，2013，《後堆地區鸞堂信仰之道德復振》，高雄：國立高雄師範大學客家文化研究所碩士論文。

四、期刊論文

于國慶，2014.4，〈道教善書「以德養生」思想略論〉，《宗教學研究》。

于國慶，2020.1，〈明清時期道教善書的繁榮盛行及顯著特徵〉，《老子學刊》。

王志宇，1995.11，〈台灣鸞堂研究（1）：儒宗神教的形成與發展〉，《史學彙刊》，頁207–222。

王志宇，1997.6，〈儒宗神教統監正理楊明機及其善書之研究〉，《台北文獻（直字）》，頁43－69。

王見川，1995.8，〈台灣鸞堂研究的回顧與前瞻〉，《台灣史料研究》，頁3－25。

王見川，2011.6，〈同善社早期的特點及在雲南的發展（1912~1937）：兼談其與「鸞壇」、「儒教」的關係〉，《民俗曲藝》，頁127–159。

包筠雅，1993.9，〈明末清初的善書與社會意識形態變遷的關係〉，《近代中國史研究通訊》，頁30－40。

安　榮，2006.3，〈道教勸善書中的倫理思想及其教育方法〉，《中國道教》。

朱新屋，2014.1，〈20世紀以來中國善書研究的回顧與展望〉，《西華師範大學學報（哲學社會科學版）》。

江志宏，2002.12，〈善書與社會控制－以清代台灣社會為例〉，《台灣歷史學會會訊》，頁56－66。

何斯琴，2011.12，〈試論晚明善書文獻的流通〉，《福建論壇（社科教育版）》。

宋光宇，1994.12，〈關於善書的研究及其展望〉，《新史學》，頁163–191。
宋光宇，1995.3，〈眾善奉行・諸惡莫作－有關台灣善書的研究及其展望〉，《台北文獻（直字）》，頁25－58。
宋光宇，1995.6，〈綜論台灣日據時代的五本善書〉，《國立台灣大學考古人類學刊》，頁127–162。
宋光宇，1998.03，〈清末和日據初期台灣的鸞堂與善書〉，《台灣文獻》，頁1－20。
宋光宇，1998.7，〈書房、書院與鸞堂－試探清末和日據時代台灣的宗教演變〉，《國家科學委員會研究彙刊．人文及社會科學》，頁373–395。
李世偉，1997.3，〈日治時期台灣的宣講勸善〉，《台北文獻（直字）》，頁111–135。
李世偉，1998.06，〈日據時期鸞堂的儒家教化〉，《台北文獻（直字）》，頁59－79。
李世偉，2005.06，〈飛鸞濟世：儒教傳承〉，《心鏡宗教季刊》，頁26－29。
李為香，2008.2，〈明末清初善書風行現象解析〉，《東北師大學報（哲學社會科學版）》。
周安邦，2008.6，〈試析《明心寶鑑》一書的定位〉，《逢甲人文社會學報》，頁53－87。
林翠鳳，2017.1，〈談扶鸞的起源與沿革〉，《東海大學圖書館館刊》，頁16－25。
邱延洲，2015.12，〈「鳳邑儒教聯堂」與台灣南部鸞堂運動的開展（1950~1979）〉，《高雄文獻》，頁109–134。
段玉明，2006.3，〈論道教善書的當代價值〉，《宗教學研究》。

洪櫻芬，2002.4，〈談儒家的宗教觀與鸞書思想〉，《永達學報》，頁47－54。

孫茜，2019.8，〈儒釋道的融合：明清時期的道教勸善書〉，《中國宗教》。

張有志，2007.6，〈日治時期高雄地區的鸞書與鸞堂初探〉，《台灣宗教研究通訊》，頁125–194。

張家麟、劉智豪，2010.03，〈宗教儀式變遷與當代社會－論台灣扶鸞儀式的型態及其形成原因〉，《宗教哲學》，頁69–110。

張褘琛，2009.8，〈明清善書研究綜述〉，《理論界》。

梁淑媛，2011.8，〈傾聽神諭：台灣「宣化」鸞賦的倫理向度探析〉，《台灣文學研究集刊》，頁39－70。

郭文、李凱，2008.2，〈道教善書的「和諧」觀及其當代價值〉，《南京林業大學學報（人文社會科學版）》。

陳　霞，1998.3，〈道教勸善書的界定及主要特徵〉，《宗教學研究》。

陳文瀾，2002.7，〈善書－諸神的吟哦與所許諾的未來〉，《文化視窗》，頁86－89。

陳瑞霞，2009.9，〈從書院到鸞堂：以苗栗西湖劉家的地方精英角色扮演為例（1752~1945）〉，《苗栗文獻》，頁136–159。

陳麗蓮，2007.5，〈傳統詩文與鸞書之關係－以［集體創作］《渡世慈帆》李太白詩文為例〉，《蘭陽學報》，頁88－99。

游子安，2010.1，〈敷化宇內：清代以來關帝善書及其信仰的傳播〉，《中國文化研究所學報》，頁219–253。
黃忠天，2013.5，〈清末民初台灣鸞書中的易學訊息〉，《經學研究集刊》，頁127–142。
楊晉平，2015.6，〈台灣鸞堂的特殊性研究〉，《宜蘭文獻雜誌》，頁2－48。
楊晉龍，2014.11，〈台灣光復前竹塹地區詩文應用《詩經》探論－－以現存古典詩集和鸞書為對象的觀察〉，《東吳中文學報》，頁271–306。
楊晉龍，2015.6，〈民國肇建前新竹地區鸞書使用《詩經》表現探論〉，《清華中文學報》，頁107–152。
楊晉龍，2016.12，〈正續《道藏》收錄的鸞書及其引述《詩經》述論〉，《當代儒學研究》，頁27－85。
廖武林，2009.6，〈勸善書教化的思想內容及其方法〉，《湖南工業職業技術學院學報》。
劉莉美，2005.3，〈當西方遇見東方－從《明心寶鑑》兩本西班牙黃金時期譯本看宗教理解下的偏見與對話〉，《中外文學》，頁121–131。
鄭志明，1996.10，〈台灣善書研究的回顧〉，《東方宗教研究》，頁213–231。
鄭志明，1996.10，〈台灣善書研究的現況與展望〉，《宗教哲學》，頁155–176。
鄭志明，2011.4，〈民間善書的形成與教化－－以《太上感應篇》為例〉，《鵝湖》，頁19－33。

鄭寶珍，2008.3，〈台灣島內扶鸞戒煙法的傳入及發展〉，《台史珠璣》，頁1－33。

鍾雲鶯，1999.6，〈台灣扶鸞詩初採－一種民間創作的考察〉，《台北文獻（直字）》，頁67－86。

蘇哲儀，2016.8，〈宗教勸善書的社會教育及其方式之考探〉，《嶺東通識教育研究學刊》，頁117-147。

蘇哲儀、邱一峰，2010.2，〈道教勸善書的道德思想及其教化方式析探－－以《太上感應篇》、《文昌帝君陰騭文》、《關聖帝君覺世真經》為例〉，《嶺東通識教育研究學刊》，頁55－78。

第二章

鸞堂與鸞務

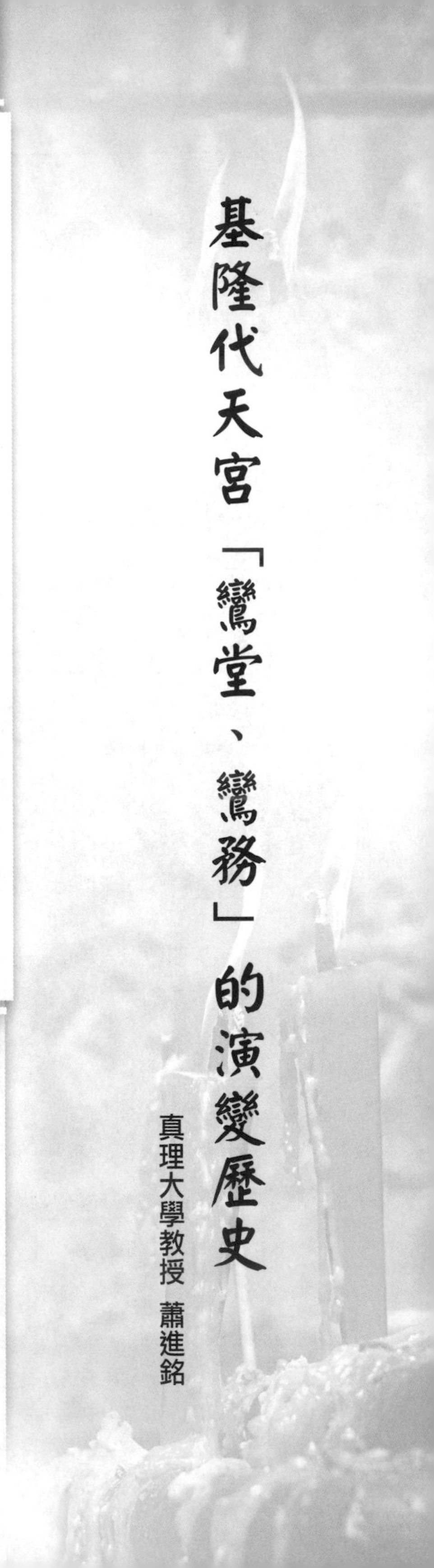

基隆代天宮「鸞堂、鸞務」的演變歷史

真理大學教授　蕭進銘

壹、代天宮的主要殿堂及祀神

座落於古名「大竿林」一地，今基隆市中山區中和路 138 號的代天宮，因主祀呂洞賓、關羽、張單、岳飛、王善五聖恩主中的呂洞賓一神，所以宮內及基隆當地皆直接稱之為「大竿林仙公廟」。代天宮不僅是大竿林一帶的信仰中心及最重要廟宇，而且也是基隆地區首屈一指的代表性鸞堂。

現今代天宮的廟體建築，主要是由仙公殿、武聖殿及尚在建築當中的太歲殿所組成。創建於 1933 年、落成於 1937 年的仙公殿，是代天宮的始創及核心殿堂。此殿中央神龕內部主祀孚佑帝君，其外最初供奉孚佑帝君、關聖帝君及司命灶君三聖恩主，後來再增祀岳飛、王天君二神而成為五聖恩主。代天宮之所以會以孚佑帝君為主祀神，和其本由呂瑞乾（1886-1951）的顯恆堂及由許梓桑（1874-1947）等人組成之正心堂合併而成有關。此二鸞堂，原先皆尊奉呂洞賓為降鸞主神。仙公殿除主要奉祀的五聖恩主外，另於正殿左右兩側的神龕和側殿當中，分別供奉目講祖師（正殿左側神龕）、福德正神（正殿右側神龕）、觀音大士（正殿左側殿觀音殿）、地藏王殿菩薩（正殿右側殿地藏王殿）等佛、道教及民間神祇。

緊接在仙公殿之後的武聖殿，係於 1959 年由當時的住持王標宗（1914 - 1975）發起興建，1975 年落成。該殿的祀神分上下二層，下層為傳統玉帝所在的「凌霄寶殿」，中央神龕主祀玉皇大天尊玄穹高上帝，配祀三官大帝及關、呂、張、王、岳等五聖恩主。左右兩側神龕當中，另有三教聖人、觀音佛祖、南北斗星君、文昌帝君、註生娘娘、天上聖母及文財神比干等神靈的供奉。如是的祀神，實顯示代天宮和許多鸞堂一般，具有三教同尊的傳統和特質。

武聖殿上層神龕主祀關聖帝君，配祀關平、周倉二神。代天宮為何在 1959 年發起興建武聖殿，並將關帝一神設置在「凌霄寶殿」之上，其主因和該宮當時的主要鸞手、執事人員如潘聯登、王標宗、杜爾瞻、林六善等人在二戰前後，即開始接受同善社等民間教派視關聖帝君為十八代玉皇——玄靈高上帝的信仰有關。

座落在仙公殿左側的太歲殿，創建於 2013 年，其內供奉眾道教星斗之母斗姆元君、五斗星君及六十甲子太歲神。此殿未來將會進一步增建。

貳、代天宮的由來及創建

1933年創建的代天宮，若追溯其源頭，主要是呂瑞乾的顯恆堂及許梓桑所屬的正心堂合併而成。故以下分別介紹此二鸞堂的由來及與代天宮的關係。

一、呂瑞乾、顯恆堂與代天宮

顯恆堂堂主呂瑞乾，1886年出生於金山，年少時曾讀過三年的漢學。1905年至金瓜石水湳洞當礦工，並加入當地由連新孚所創設的鸞堂，且因其能讀書識字，故被新孚委任為該堂的副鸞手。此鸞堂所奉祀的主神為呂洞賓，最初源自宜蘭頭城的喚醒堂，在水湳洞提供信徒問事及治病的服務。其後，連新孚因中風無法再扶鸞，呂瑞乾乃繼任為正鸞手。1923年年底，因水湳洞礦業衰落，礦工及住戶散去，呂瑞乾在請示呂恩主後，遂舉家遷至基隆，以經營協發商號為生，並於其中設立鸞堂，繼續為信眾服務，（賴俊雄，2009：24-27）「顯恆」之堂號，即開始於此時。1931年，呂瑞乾獲呂祖指示在基隆西方建廟，便偕地理師在大竿林臥虎山覓得一風水寶地，並蒙地主蕭發的允諾，願意無條件獻地。當時的日本殖民政府因1915年西來庵事件的發生，對於寺廟的新建，皆採取相當嚴格限縮的政策。為求建廟順利，呂瑞乾經由姻弟游勝發的牽線，而請出許梓桑主持代天宮建廟事宜。許梓桑出身儒學，為清末基隆舉人江呈輝的及門弟子。日治以後，曾長期擔任基隆街長等公職，與官方關係相當良好，除被日人推舉為基隆首紳外，對於基隆當地的靈泉禪寺、慶安宮、城隍廟、中元祭典等佛教、民間寺廟的發起興建或經營管理，亦極為熱衷、參與甚深。代天宮建廟一事，在許梓桑的出面號召及大力推動下，得到基隆顏家之顏國年、顏雲年等重要紳商的支持，終於在1933年秋天完成初胚，當年12月6日正式舉行神明安座儀式。（佚名，1933.12.6：8版）此後再經四年的精雕細琢，最後於1937年完成今日之仙公殿主體建築，同時舉行慶成醮典以謝神。（佚名，1937.3.30：夕4版）

完工後的代天宮，主要是由帶領建宮的許梓桑、呂瑞乾等等董事輪流擔任管理人。宮內設置鸞堂，名為「德馨堂」，由許梓桑任職堂主，呂瑞乾擔任正鸞兼住持工作。（賴俊雄，2009：296）完工後的代天宮，香火相當鼎盛，更有不少來自九份、金瓜石礦區，曾受呂祖指示而掘得金礦的礦業人士蒞宮參拜、寄附及問事。（佚名，1934.10.17）不過，這樣的情況，在1937年以後，因著盧溝橋事件的發生，台灣開始進入戰爭動員時期，再加上「皇民化運動」的積極推行，而受到極大的打擊。直到1944年春，台北覺修宮正鸞杜爾瞻（1897-1968）及其弟子林六善（1914-1972），受邀在代天宮扶鸞撰作《醒夢金鐘》一書，代天宮才又重新恢復鸞務及種種活動。戰後，國民政府播遷來台，取代日本統治台灣，台地的政治、社會、宗教情勢，亦因此而經歷一段相當劇烈的變化。此時的代天宮重要頭人如許梓桑、蕭發及呂瑞乾等人，亦分別於1945年及1951年相繼過世。1946年起，曾加入同善社、道教會等宗教組織，對內丹具有濃厚興趣的王標宗開始出任住持一職，代天宮的宮務及鸞務，亦由是而進入一個大異於以前的嶄新時代。

二、許梓桑、正心堂與代天宮

正心堂為基隆地區第一個創立的鸞堂，時間為1900年。此鸞堂的創設，係源自喚醒堂分堂新竹宣化堂的黃錫祉、陳子貞二人，於1900年秋天至基隆的贈送鸞書。[1] 成立後的正心堂，主祀呂、關、張三恩主，堂主為陳文貴，許梓桑則總理其務，堂址初設於新店街鹽務總館背面，（佚名，1901.7.27：3版）後來遷至城隍廟當中。正心堂除為信眾提供開方治病及問事決疑的服務外，亦沿襲喚醒堂一系鸞堂的傳統，向上天請旨著書，以教化眾生，由是而有1901年所刊行的《挽世金篇》一書。

遷至城隍廟的正心堂，直到1932年都依然留在此處。1933年，代天宮初建完成，身為該宮第一任管理人及鸞堂堂主的許梓桑，乃將顯恆、正心二堂所奉祀之神靈，合祀於代天宮當中。目前代天宮仙公殿中所奉祀的呂、關、張三恩主及目講禪師一神，都應當是源自正心堂。正心堂的融入代天宮，其所帶來的影響，不僅在於祀神，更在於鸞務。相對於呂瑞乾的顯恆堂，正心堂的鸞務除提供施方濟世及問事服務外，更著重在著作善書及代天宣化，此和宜蘭喚醒堂及淡水行忠堂等系鸞堂的情況較為類似。1944-1945年之際，雖值戰爭非常時期，但該宮仍投入《醒夢金鐘》一鸞書的撰著，便是重要例證。此方面的工作，並非呂瑞乾所專擅，所以許梓桑便邀請大龍峒覺修宮的鸞手杜爾瞻及林六善二人來負責。由此來看，在鸞務的發展方面，新建的代天宮受到原正心堂傳統的影響，實要比顯恆堂來的大。如是的影響，實一直延續至戰後王標宗長期主持宮務及鸞堂的時代。

1 新竹宣化堂係分香自宜蘭喚醒堂，至各地發送善書及推廣鸞堂的作法，乃喚醒堂一系鸞堂所常見。（王見川，2018：283）

參、代天宮各期的鸞務及信仰內涵的變遷

在代天宮近 120 年的歷史當中，因著台灣歷史、政治、社會在清末、日治、戰後及解嚴所歷經的幾個巨大轉折，代天宮的宮務、鸞務及信仰內涵，亦隨之相應產生重大的變化和調整。由是應可將該宮的歷史、鸞務及信仰發展，分成創建期、戰後初期及解嚴前後至今等三大時期。

創建期的代天宮，其宮務、鸞務及信仰內涵，主要是延續及融合顯恆、正心二堂原來的鸞務工作和信仰內涵，由是，其自然也和清末創立的許多北台鸞堂一般，具有較為濃厚的儒學、三教並崇或宗教混融合一的色彩，以及學者所謂「三相代天宣化，神人共架救生船」之末劫救世的信

仰內涵。（范純武，2015：7）此時期主要的代表或主導性人物為許梓桑和呂乾瑞二人，其信仰內涵則見於《挽世金篇》一鸞書。

到了二戰之後，至 1975 年武聖殿建成的戰後時期，因著政權的交替及時代、政治、社會的劇烈變遷，代天宮的鸞務及信仰內涵，亦明顯受到當時國民政府之宗教政策、戰後成立之台灣省道教會等組織，以及對岸移入之同善社等教派思想的影響。《醒夢金鐘》及林六善所扶大量鸞書的刊印出版、王標宗本人對於丹道的崇信及其所發起之代天宮武聖殿和修身聖域等山門的建設，都在反映出該宮此時期同時混融著同善社、玄靈高上帝、道教丹道及三期普度等迴異於創建時期的獨特信仰內涵及特質。此時期主要的代表人物為杜爾瞻、林六善及王標宗；特別是擔任住持將近 20 年的王標宗，對於此時期之代天宮的影響尤其深遠，故此期以 1975 年他的過世及其所倡建之武聖殿的完工為分界線。

最後的解嚴前後至今一時期，由於 1960、1970 年代以後，對岸中共政權開始發動類似大躍進及文化大革命等運動，台灣主政的國民政府為凸顯其承繼中國歷史文化正統的地位，乃在全台各界發起「中華文化復興運動」，對於台灣的漢人宗教，影響頗深。及至軍事解嚴、政治民主化、宗教信仰自由化及資本主義市場經濟全面開放之後，由文建會、內政部等政府單位所推行的社區整體營造、獎勵宗教團體舉辦公益慈善及社會教化事業等政策，以及嶄新的政治、經濟、社會環境，代天宮的宮務、鸞務、宗教認同及信仰內涵，亦呈現出向道教傾斜、鸞堂功能弱化、積極推廣公善社教活動及由管理委員全權負責經營管理廟務等幾個重要特色及內涵。以上即是代天宮各期的重要發展概要。下文，即根據如上的分期，進一步分析探討代天宮各期之宮務、鸞務及信仰內涵的重要發展演變。

一、創建時期（1900-1945）

1944-1945年之際，由杜爾瞻、林六善等鸞手所著造及校對出版的《醒夢金鐘》一書，以及戰後數年許梓桑、蕭發及呂瑞乾等代天宮老一輩的鸞手或創辦人的相繼死亡，實是代天宮宮務、鸞務及信仰內涵發展的一個重要分水嶺。儘管《醒夢金鐘》的宗教思想內涵，主要還是延續自正心堂時期所造作的《挽世金篇》一書，並未有太大的變化，但在宗教觀、神靈信仰等方面，已開始出現類似三期普度和玄靈高上帝等前所未見的內涵，由是而使其和新鸞手林六善及新一代住持王標宗的出現，同樣成為區隔代天宮初、中期發展的幾項重要標誌。而此時的台灣，其實也正好經歷著來自對岸的國民黨政權取代日本殖民政府統治的重大轉變。是以，代天宮從創建期至戰後期所歷經的重大轉變，一方面乃是源自內部人事自然或人為的更替，在另一方面，更有來自外在大環境劇烈變化所帶來的連動影響。

創建時期的代天宮，最主要的領導或代表人物乃是許梓桑和呂瑞乾。正如正心、顯恆二堂的鸞務重心及信仰內涵本有不同一般，許、呂兩人在知識、社會背景及鸞堂的信仰和經營理念上，其實也存在不少的差異。大體來說，呂瑞乾出身礦工，雖曾讀過幾年的漢學，但並不算專精。其後與雙溪游吳氏查某結婚，而成為一大地主。離開水湳洞搬遷至基隆後，則經營與採礦有關的商行。是以，呂實具有礦工、地主及企業主等多重的經歷和背景，其顯恆堂的扶鸞活動，則主要是以提供信徒治病、問事等濟世服務為主，完全未涉及善書著作，也較少從事勸善教化等工作。該堂的信徒，亦以來自基隆、九份、雙溪、金瓜石一帶的漁民、礦工、平民、礦業主和工人為主。（賴俊雄，2009：24-26）至於正心堂，其本源自文人性格極強的喚醒堂系列鸞堂，其參與成員，亦多以文人、士紳及政府公職人員居多，故在鸞務上，除開方、問事等濟世服務外，更著重在勸善書籍的著作、發送及宣揚教化等工作。由是其信眾及管理人士，除一般平民百姓外，更有文人、士紳及識字階層。是以兩堂的合併成為代天宮，在宮務、鸞務、管理人員及信眾分佈上，實有相互濟補的作用。正心堂重要的領導人物如陳文貴、許梓桑等人，除具有較多的知識學問背景外，亦多半具有公職身分及相當不錯的社會聲望和地位。代天宮在日治統治中期後段，得以順利興建，且在宮務、鸞務的發展上，並沒有受到日本官方太多的干涉及影響，即和許梓桑的大力奔走及其與日本官方的良好關係密不可分。（賴俊雄，2009：7）也正因如此，代天宮在創建後，許梓桑不僅成為第一任的管理人，而且在宮務、鸞務的推展上，亦較居主導地位。不過，從 1933 年建成至 1944 年的這段時間，代天宮並未再撰作新書，在鸞務上，主要還是以由呂瑞乾所提供的濟世問事為主。但到了皇民化運動及戰爭時期，代天宮的宮務及鸞務，應和當時台灣許多廟宇一般，都同樣受到不少衝擊和影響。（佚名，1937.7.8：7版）特別是最後的戰爭動員時期，代天宮的宮務及鸞務，則出現中止停頓，甚至是遭受挫折和打壓的情況。

二、戰後初期（1945-1975）

戰爭末期的代天宮，由於外在局勢的動蕩緊張，以及該宮許梓桑、呂瑞乾及蕭發三個主要創辦人或其家人，恰好同時遭遇各種不同的厄運，而使宮務陷入停頓的情況。為祈求轉化該宮內外所遭逢的這些厄運，由是而有重新開鸞以請示神靈，同時著作善書增添福報的舉措。於1944年6月完成、1946年8月付梓刊行的《醒夢金鐘》一書，其創作因緣，即植基於此。（賴俊雄，2009：58-59）

由許梓桑總理鸞務、林六善擔任正鸞手、杜爾瞻擔任錄校之《醒夢金鐘》一書的出版，無論是在代天宮，還是在台灣鸞堂或戰後民間宗教的歷史當中，都有其相當重要的地位。對代天宮來說，該書是第一本由玄靈高上帝所諭旨敕令著作的鸞書，故此書的著造出版，自然也代表該宮對於戰後開始傳入台灣之玄靈高上帝及其下屬神靈信仰的接受。這樣的接受，不僅顯現在其後由林六善於宮中所陸續扶造的《玄靈玉皇經後五品》（1947）等等鸞書，（王見川，2018：291）[2]而且還體現在武聖殿的建造上。至於對台灣鸞堂或戰後民間宗教的發展來說，《醒夢金鐘》也有可能是戰後台灣最早傳播玄靈高上帝信仰的第一本鸞書，也因此，此書和林六善後來陸續扶出之與玄靈高上帝有關的《玄靈太子真經》、《玄靈玉皇懺》、《南天周恩師真經》等經書，而成為戰後台灣鸞堂及民間宗教信仰宣揚玄靈高上帝的重要開端。

杜爾瞻、林六善二人在《醒夢金鐘》一書出版後，還繼續在代天宮從事扶鸞著書活動，先後扶出《玄靈玉皇經後五品》、《南宮孔星君學道真經》（1948）、《慈音佛三期普渡救劫經》（1949）、《玄光寶鏡》（1952）等部和同善社及玄靈高上帝信仰有關的經書。1948年，林六善和王標宗結識戰後來台的同善社成員朱鳴皋，由是而一起加入該社，並和朱在基隆獅球嶺創建奉祀關聖帝君的啟化堂。[3] 至於代天宮，則是在蕭發、許梓桑二人相繼過世後，於1946年由王標宗接手葉川田成為該宮的新住持，直到1973年才卸任。

擔任住持一職長達17年之久的王標宗，可說是對戰後代天宮之發展及信仰，影響最為深遠的一位領導人物。標宗字秋潮，號玄慧，於1941年加入代天宮。標宗平日主要任職於基隆碼頭工人工會，工作之餘，對於宗教事務相當感興趣，也相當的投入。1950年，標宗在自家設立以孚佑帝君為主祀神的「積德堂」，和林六善一起在家中從事扶鸞降神法事。[4] 1954年，由同善社發起推動的「中國孔學會」，討論在基隆地區成立分會，王標宗、林六善二人皆共同參與籌建工作，該會會址亦設置於啟化堂。加入同善社對於王標宗最大的影響，除了玄靈高上帝及該社創始人彭迴龍信仰的接受外，也在於該社所重視的內丹修持。本為先天道之一支的同善社，於1917年由姚濟蒼向當時的北京政府正式申請立案。立案後的同善社，承襲原先天道重視內丹修煉的傳統，除在教內從事修煉外，也相當積極對外推廣內丹教法。由該社分別在北京及上海所創立的天華印書館及明善書局，（王見川，1997：65）即曾印售類似《太一金華宗旨》、《性命法訣明指》等明、清以降的重要丹經，對內丹教法在近代海內外的傳播，影響頗大。儘管同善社在 1924 年開始接受玄靈高上帝的信仰後，已和一貫道一般，開始朝向「儒壇」的方向轉化與發展，（湯偉俠，2017）但該社於 1947 年傳入台灣以後，仍然延續早先的傳統，在台灣印送類似柳華陽的《金仙證論》等丹書，對於內丹教法在戰後初期之台灣的傳播及推廣，多少產生一些作用。[5] 正因王標宗相當重視內丹的修持，所以在他擔任住持以後，也在宮中大力推廣內丹教法，教導信徒打坐，甚至此時期代天宮扶鸞鸞文的主要內容，亦皆以闡述內丹修持為主。他在 1958 年所修築的代天宮山門，及此年之後仙公殿左右側殿重新整修後的門額及楹聯，確實都具體體現其對於內丹修持的重視。比如，山門門額所題寫的文字為「修身聖域」四字，山門樑柱前後楹聯文字分別是「**仙境異塵寰寶洞堪稱無上地 / 玄門通大道金丹專度有緣人**」、「**登此門得窺大道 / 由斯户便識玄關**」。如是的文字，皆在在呈顯出他對於內丹的重視及強調。這樣的重視及強調，直到 1997 年所出版之《基隆市中正中山區誌》，仍然是以「**道教丹鼎派居士修鍊道場**」這樣的文字來描述代天宮。（基隆市政府，1997：115）

二戰及擔任住持以後的王標宗，除了加入同善社外，亦同時加入由63代天師張恩溥於 1950 年成立的台灣省道教會，獲道教會聘任為丹鼎派大居士，同時也成為該會之理事。1959 年，王標宗並出任省道教會基隆辦事處的主任。（李麗涼，2012：101-108）由此可見，王標宗與當時之道教會的關係相當密切。事實上，戰後的代天宮，於 1953 年以後由內政部下令規定、台灣省政府所執行的「寺廟總登記」當中，該宮於「宗教類別」一項，所登記者為「道教」，和日治時期所登記的「儒教」，已有所不同。（佚名，1953.11.22：4 版）[7] 如是的寺廟登記及教派認同，再加上王標宗本人與當時之台灣省道教會的密切關係，自然也導致代天宮開始往道教的方向強調和傾斜。這樣的傾斜，除表現在對呂洞賓一神之道教出身及相關道教教法（如內丹）的強調和詮釋外，也表現在道教「復禮傳度」皈依儀式 [8] 及各種與丹道、道教經典相關之研習班的舉辦、禪和派及道法自然道士、法師的駐宮施行各種道法儀式、各種道教科儀的舉行等等。由上文的分析探討論可知，戰後的代天宮，由於主事者的思想觀念及受到官方強制推行之寺廟登記政策的影響，在宗教認同上實較趨向道教，不過，清代以降鸞堂所強調三教一家或三教同源的信仰傳統，還是相當程度的被保存下來，顯示鸞堂向來的傳統，依然相當深固。只是，隨著主事者觀念認知及認同方向的不同，其走向也會有所不同。

三、解嚴前後至今（1976～）

戰後初期蕭發、許梓燊及呂瑞乾等三位代天宮最為重要的創辦人，皆在數年當中相繼過世，這樣的現象，如前所述，實標誌著代天宮一個嶄新時代的到來。同樣的，1975 年王標宗的過世及當時新管理方式和階層的出現，也代表著代天宮另一個全新時期的到來。前兩個時期，由於有鄭如松、呂瑞乾、林六善這樣傑出、重要鸞手的存在，是以扶鸞一法，對於正心堂和代天宮之教務及俗務的影響極為深遠。無論是正心堂時期的《挽世金篇》，還是由林六善所扶出的《醒夢金鐘》一書，我們都可清楚看到，藉由扶鸞的方式，除傳播各種神靈信仰及教化道理外，而且也常會據以決定二堂宮之人事的選擇及運作方式。是以，我們實可說，此二時期都可概括稱呼為鸞治或神治主導的時期；不過，兩時期鸞治或神治的情況或程度，亦有所不同。相對於創建時期，戰後初期由王標宗所主導的時代，由於林六善的離開代天宮、官方宗教政策（如寺廟登記政策）的影響，以及王標宗本人的宗教經歷和信仰認同，所以鸞治或神治的色彩，實要淡化一些；在扶鸞之外，王標宗本人的思想信仰及意志決策，亦發揮相當重要的作用。及至王標宗過世，由於鸞手及鸞務的傳承，出現斷斷續續、青黃不接的情況，鸞堂的功能也純以濟世為主，不再著作善書，也不再介入宮中人事，由是扶鸞一法，自然也無法再像戰後或戰後初期，對於宮務和教務的發展，扮演如是關鍵的決定性角色。再加上標宗過世後，代天宮至今未再出現像他一般對於三教思想及內丹教法皆深有所體的領導人物，此外，由於政府寺廟登記等政策的影響，代天宮也隨之制定管理章程、籌組信徒大會及管理委員會，並由如是的管理組織全權來決定各種宮務的推動、經營與發展。由是，我們可以說，王標宗過世後的代天宮至今，實已進入一個由管理委員會主導各項宮務及鸞務發展的「人治」時期。代天宮如是的發展，在戰後許多鸞堂及民間宮廟都可見到。

解嚴前後至今，代天宮最重要的幾項發展演變，應當就是如下四項：（一）鸞堂功能的弱化及管理委員會功能的強化。（二）玄靈高上帝信仰的淡化。（三）向社會教育方向轉化。（四）道教面向的強化。以下依序簡要概述如上四項重要發展。

（一）鸞堂功能的弱化及管理委員會功能的強化：鸞堂功能的弱化可以說是戰後台灣鸞堂普遍存在的現象。到了戰後，由於鸞手的尋找或培訓出現問題、政治社會大環境的丕變、宗教信仰的多元及官方宗教政策的限制和改變等原因，致使台灣許多鸞堂及鸞務的傳承，都出現青黃不接、功能弱化，甚至是完全中斷的情形。該宮在戰後初期及王標宗接手住持初期，由於有林六善這樣傑出的鸞手，所以在這段時間，仍不斷著作各種的鸞典、善書。後來，林六善參與啟化堂的創建及活動，最後獨立創建醒修堂（1962 年），也因此離開代天宮，不再於宮中扶鸞。此後代天宮的鸞務，或斷或續，前後雖有幾位鸞手在宮中扶鸞，但也曾經中斷了幾次。直到 2009 年之後，鸞堂的運作因陳秋琴鸞手的出現，才持續正常運作至今。不過，鸞堂的主要功能，仍是以問事濟世或指點宮內鸞生修持為主。[9]

鸞堂神聖功能的弱化，不再涉入宮中人事的安排，自然也使管理委員會的功能更加的強化，完全擔負起整個宮務和鸞務的決策、推動及發展。代天宮宮務的管理，改採用管理委員制，可能始自 1963 年。如是制度的採用，和解嚴前官方宗教管理政策的要求有關。採用管理委員會制，取消帶有宗教神聖意涵的住持制，改採世俗性的總幹事制，實標誌著此後代天宮的經營與管理，全由管理委員會及總幹事來決定。無論是社教班的開辦、道士、法師的聘任，以及各種儀式活動的舉行，皆由管理委員會及總幹事來決定和執行，是以如是制度的採用，也代表著代天宮宮務的管理，已由早先的神治或神人共治，發展到以人治為主的時代。

（二）玄靈高上帝信仰的淡化：代天宮玄靈高上帝的信仰，主要是二戰前後之際，由杜爾瞻、林六善等人所引入，並藉由扶鸞著書的方式而得到強化。1946 年，王標宗開始接任住持，更將此信仰具體落實體現在代天宮的祀神及各種儀式活動當中，1975 年完成的武聖殿，便是如是信仰最清楚明瞭的展現。不過，這樣的信仰及祭祀活動，至今雖仍一直維持著，但隨著王標宗的過世，後來的管理人員和信眾，並不是很了解玄靈高上帝信仰的由來、詳情，與玄靈高上帝相關的經典也未在宮中傳習，是以，大多數的管理階層和信徒，對於玄靈高上帝的信仰，實有弱化或淡化之情況。劉興逢擔任主委時代（2004-2007）所發行的〈代天宮簡介〉及 2009 年所出版之《代天宮誌》當中，皆將關聖帝君視為傳統的武聖或武財神，完全未述及其被同善社或王標宗等人尊奉為第十八玉皇的演化過程，由此可見，戰後如是一段重要的歷史發展及信仰變遷，在王標宗過世之後，已逐漸被宮內人士所淡忘。

（三）向社會教育及公益慈善方向轉化：代天宮大約在十餘年前，由於受到省府、內政部民政司及文化建設委員會所陸續推行之「台灣省獎勵寺廟捐資興辦公益或慈善事業實施要點」（1976

年8月24日）、「台灣省加強鼓勵寺廟推行中華文化復興運動」（1971年3月2日）、「台灣省各縣市政府推行寺廟興辦公益慈善事業及文化建設獎懲要項」（1982年1月15日）、「內政部辦理宗教團體興辦公益慈善及社會教化事業獎勵要點」（2003年11月13日）、社區總體營造等政策的影響，也開始舉辦類似《易經》、《道德經》、道經班、道義研習、丹道養生、風水、中醫、五術、書法、二胡、舞蹈、武術、太鼓、歌唱等等各式各樣的社教班。如是的各種社教班，皆只收取微薄的清潔費，再加上師資不錯，所以不僅周遭社區及基隆在地人士相當積極參與，更有不少遠從台北、宜蘭而來的學員來上課。也正因社教班的舉辦相當成功，由是亦連帶影響信徒對於代天宮各項祭典活動的參與及宮務的繁榮興盛，代天宮也因此連續九年獲得內政部表揚為「興辦社會公益事業事務績優宗教團體」。代天宮如是成功的社教化轉型，實是戰後台灣鸞堂在傳統的扶鸞教化功能逐漸弱化的潮流趨勢下，一個相當值得觀察和參考的範例。

（四）道教面向的強化：戰後戒嚴時期的台灣，由於官方寺廟登記等政策的強力推行及63代天師張恩溥、中國道教會（後改名為中華民國道教會）及省道會的大力呼籲和拉攏，（佚名，1956.6.16）因此，大多數的民間寺廟及鸞堂，皆登記，抑或被迫登記認同為道教。代天宮本以道教出身的呂洞賓為主祀神靈，儘管另有配祀關張二恩主及佛教的觀音菩薩，但在沒有儒教、儒宗神教或其他教派選項的情況下，再加上主事者的認同及支持，該宮也自然登記為道教。如是的登記及認同，自然也會導致代天宮從原來的鸞堂三聖恩主或三教同宗的信仰，開始向道教的方向傾斜及轉化。如是的轉化，在王標宗時代，由於玄靈高上帝信仰的接納及扶鸞活動的盛行，所以還沒那麼明顯；到了標宗過世以後，隨著扶鸞功能及玄靈高上帝信仰逐漸弱化或淡化，再加上管理階層人員較為積極參與道教會或道教團體的相關活動，以及禪和派道士、三重玄聖殿法師的駐宮行法，致使代天宮向道教方向傾斜的情況日益明顯。2015 年在代天宮公開舉行道教復禮傳度及晉升奏職儀式，便是一個相當具有代表性的發展。不過，儘管如此，代天宮做為一個鸞堂，其長期所形成之三教一家或宗教融合思想，仍然相當強固，其各殿祀神，又有三教並崇的色彩，故無法輕易除去，這自然也造就戰後的代天宮，既登記認同為道教，但又崇奉同善社所宣揚的玄靈高上帝，同時又具有鸞堂三教或多教融合思想之錯綜多元的信仰情形。

誌謝：本文之得以順利完成，非常感謝代天宮及李劉傳總幹事熱心提供各種文獻資料！

2 不過，這些鸞書在王標宗過世之後，並未在代天宮內部傳誦。

3 此堂係屬同善社在基隆所設立的第一個分堂，後來為一貫道接手，成為該教基礎忠恕組的佛堂。一貫道在接手啟化堂、並更名為「啟化講堂」之後，仍保存該堂一樓原先所奉祀的關聖帝君及朱天大帝等神靈。

4 現今代天宮當中，仍保存十餘本「積德堂」歷年扶鸞實錄手抄本。

5 筆者手邊擁有一本台灣同善社於 1963 年所發起印送的《金仙證論》線裝書（此書的原版，即是該社於 1925 年，由彭迴龍所諭行、北京天華館所印製之版本），參與印書者，主要是同善社海內外的社員。由此可見，即使已轉向為儒壇，但同善社對於內丹的修持（至少在台灣是如此），還是相當重視。

6 在代天宮當中，尚保存一本1960年（庚子）扶鸞降文手抄本-《鸞稿拾遺》，其扶鸞內容幾乎全以內丹為主。

7 根據當時寺廟登記的宗教類別，並無儒教或儒宗神教之選項，故代天宮亦不可能像日治時期一般，登記為「儒教」。

8 代天宮曾於2015年，在中華民國道教總會的協助下，在該宮當中舉辦過一次的復禮傳度皈依、道職晉升及奏職法職的聯合儀式，參加者總共1百多人。

9 有關此時期扶鸞內容，皆見於代天宮所編印的《鸞音寶典》二冊。（代天宮，2015）

參考書目

王見川，2018，〈許梓桑、林六善與近代台灣北部鸞堂（1900～1961）：兼談杜爾瞻的角色〉，《歷史、藝術與台灣人文論叢》（14），台北：博揚文化。

王見川1997，，〈同善社早期歷史（1912～1945）初探〉，《民間宗教》第1輯，台北：南天書局，頁65。

代天宮，2015，《鸞音寶典》二冊，基隆：代天宮。

佚名，1901.7.27，〈基隆降筆〉，《台灣日日新報》，3版。

佚名，1933.12.6，〈舉安座式〉，《台灣日日新報》，8版。

佚名，1934.10.17，〈基隆仙公廟 香客絡繹〉，《台灣日日新報》，昭和八年。

佚名，1937.3.30，〈基隆代天宮落成建醮期日決定〉，《台灣日日新報》，夕4版。

佚名，1937.7.8，〈基隆の金亭取毀し　あつけなく終る　危ぶまねてゐた紛糾もなく同風會內訌も落着〉，《台灣日日新報》，7版。

佚名，1953.11.22，〈省府下令縣市舉辦寺廟登記　限于三月內完成〉，《台灣民聲日報》，4版。

佚名，1956.6.16，〈張天師抵中爭取道教會供中國神像廟宇均應列入道教會〉，《中國日報》。

李麗涼，2012，《　代天師－張恩溥與台灣道教》，台北：國史館，頁101–108。

范純武，《清末民間慈善事業與鸞堂運動》，台北：博揚文化，2015，頁7。

基隆市政府，1997，《基隆市中正中山區誌》，基隆市政府。

湯偉俠，2017，〈從先天道、同善社到儒壇－師尊彭先生榮泰對於先天道的轉化初探〉，《第三屆「台灣道教」學術研討會－台灣的丹道與全真道」學術研討會》論文集，真理大學宗教文化與組織管理學系。

賴俊雄主編，2009，《代天宮誌》，基隆：大竿林仙公廟代天宮管理委員會。

為何代天宣化：三芝智成堂的鸞務變遷

銘傳大學助理教授　蔡秀菁

壹、前言

扶鸞為台灣地區的鸞堂主要代表性的宗教儀式，它源於中國大陸，在清朝傳入台灣。它在不同的時間，傳入本地的不同地區。最早，在康熙40年傳入高雄鳳山，咸豐3年（1853）由福建泉州傳入澎湖，同治7-9年間（1868-1870）澎湖許太老到廣東學扶鸞後返回澎湖為庄民治病。同治9年（1868）廣東的扶鸞再傳入澎湖勸導鄉民戒菸，光緒19年（1893）宜蘭吳炳珠、莊國香到廣東貴州陸豐縣學扶鸞科儀，帶回台灣勸鄉民戒鴉片。在清朝年間，扶鸞從中國大陸傳入的過程中，被化約為宜蘭新民堂系統、澎湖一心社系統、彰化三興堂系統、新竹系統較具代表性。日據時期，又出現埔里懷善堂系統、育化堂系統。戰後，則以台中聖賢堂系統，較為突出。（王志宇，1997：30-48）其中，三芝智成堂就在大環境中孕育而生。

北台灣宜蘭新民堂於光緒16年（1890）創堂，是淡水、金瓜石、九份、台北等地鸞堂的根源。淡水行忠堂於1899年分香設立，再由它分出三芝智成堂（1900）、金瓜石勸濟堂（1900）、文山指南宮（1900）、大稻埕普化堂（1901）、台北覺修宮（1918）。（宋光宇，1998.3：4）

從清季到國府，台灣出現這麼多的鸞堂，不免讓人好奇，為何諸多優秀人才投入鸞堂從事鸞務？[1] 過去學界殊少討論這項議題，更別說探索三芝智成堂的鸞務及鸞務組織。日據中期，在全台各地公學校報告書中，也未見三芝智成堂的紀錄。[2] 大部分學者對智成堂的研究，也都點到為止，聚焦於：「探索鸞堂系統的淵源」時，它屬於宜蘭新民堂淡水行忠堂派下的鸞堂；（王見川，1995：55-59）或是作「恩主公信仰」系統時，提及智成堂鸞手楊明機（1899-1985）對「儒宗神教」的貢獻；亦或是從善書義理的爬梳，理解「儒宗神教」的創立與發展，（王志宇，1997：51-71；1997.6：43-69）凸顯楊明機創立的儒宗神教法門，當作「台灣儒教」的一支。（李世偉，1999.6：146-152）只有日籍學者三浦國雄從智成堂的歷史、恩主公崇拜及扶鸞創造出的善書，作系統性、描述性的個案介紹。（三浦國雄，2013）

本研究團隊於2018年接受「三芝錫板智成堂文武聖廟」的委託，投入《智成堂《智慧源於孔子．成聖始於關帝 - 三芝智成堂文武聖廟120週年志》的委託研究，歷時1年，爬梳該堂文獻及訪談該堂耆老（參閱附件1），獲得次級與原級資料。聚焦處理下列幾個問題：1.創堂至今約120年，不同階段的鸞務現象？2.解讀不同階段的鸞務組織與運作？3.最後，解讀在不同時期為何會有鸞生投入鸞務，其宗教、心理、社會的動機為何？希望能對此個案作相對深刻的理解，解讀各階段「鄉紳」、「鸞手」推動鸞務的角色。

1 恩主公信仰的鸞堂又稱「乩堂」，其主要的鸞務包含扶乩著造經典、出版善書、扶乩濟世、宣講、神明聖誕法會、日常課誦、禮斗、普施、慈善救濟等，與乩生有關係的宗教活動聚焦於著造經典、出版善書、扶乩濟世等三項，而這也是本文討論的重點。其餘的乩堂活動，暫且擱置不論。

2 1915 年日本政府派全台各地公學校校長在當地調查宗教現況，其中，小基隆地區只調查了福德正神、三官大帝、大眾爺及民主公王的信仰及廟宇，尚未計錄位於錫板的智成堂。（台北廳，1915）估計日本政府在 1915 年前調查，三芝錫板智成堂正興建中，因此未被列入〈小基隆公學校長報告〉。

貳、著造鸞書

一、郭石定時期：三芝老街創堂鸞務及組織

明治33年（1900），日本據台第5年，三芝在地鄉紳在郭石定倡議下，得到張子清、江盛元的協助，協同楊峻德（1869-1937）、郭木生、曾瑞樹、曾石岳、郭明德、黃見龍、張維城、張迺爵、

蔡成金等人，前往淡水行忠堂請領「五聖恩主」香火，在三芝老街曾林甘娘宅開堂。

創堂後，請郭石定擔任首任堂主，奉關聖帝君、孚佑帝君、司命真君、豁落靈官、岳武穆王等恩主公的「神主牌」，供鄉民參拜。著手訓鸞，用扶鸞造經、濟世救人，贏得鄉民的認同，並皈依於恩主公門下。開堂之初，即成立組織、分工嚴謹的扶鸞團體。計有堂主郭石定、董事曾瑞樹、副董事曾石岳、堂務張子清等人，負責鸞堂的事務處理。而在扶鸞時，由正鸞生郭木生負責通神降鸞，副鸞生楊維城、左鸞生張維塗與郭明德，協助鸞手操作鸞筆。由謄稿冊兼請誦黃見龍、右鸞生兼請誦楊藻鑑負責請神臨壇；神降文時，由抄錄生楊峻德負責抄寫；為了禮敬神明，由司香生兼右鸞郭淇水、司茶生兼請誦曾四海、香茶生江萬城、迎送生兼理堂務曾人祥、迎送生張廼爵、郭鍛鍊等人負責迎送、敬神。另外，尚有堂內供役江立進，負責臨時的雜務，扶鸞完畢後再由蔡成金校對鸞文；合計共有「奉派鸞生」19名。

扶鸞的鸞文經常還要由人來宣講，設正宣講生江傳鳳、副宣講生江啓專各1名，效勞生曾波臣、理聖蹟李丙到堂裡服務；[3] 這4名被列為「效勞生」。而對建堂有貢獻的「鸞下」計有26名；偶爾來堂服務，尚待神明認可的信徒稱為「候用生」，計有96名；全部合計約140名。（智成堂文武聖廟，2010：29-30）

由此看來，智成堂建堂之初的扶鸞儀式參與的信眾相當多，陣容相當完整，且有「鸞生」、

「效勞生」、「建堂鸞下」及「候用生」等不同職務的分工。在鸞生部分，是指扶鸞儀式的主導者，他們處於鸞堂內殿，又可分為堂務、扶鸞的鸞手、請神的誦經生、迎送神、敬神的香生茶生、抄錄鸞文的筆生、謄稿校對的鸞生。在效勞生部分，將宣講鸞文的傳統傳承下來，設正、副宣講生，在儀式結束後，於外殿重新詮釋神明的旨意給一般信徒理解。而為了肯定創建智成堂有功的在地人士，特別臚列了建堂鸞下的名單，他們部分人員也親身投入了鸞務。最後，列有候用生約百名，他們是平時投入鸞務的親人或朋友，參與的頻率不像前三類仍高，只有在碰到個人問題時，偶爾投入扶鸞活動。依鸞堂的傳統，神明降乩時，會判定候用生的虔誠度，而將他們升格為效勞生或鸞生。

過去研究顯現，清領時期台灣地區宜蘭新民堂、喚醒堂、碧霞宮等鸞堂，是由具有功名的李望洋、楊士芳等讀書人創立。他們用扶鸞「代天宣化」，開方濟世，創造經文，教化子民。（宋光宇，1998.7：373-395）

而在三芝智成堂創堂時，也出現類似的現象，由三芝在地的讀書人主導鸞務，書寫經典。堂主郭石定擁有深厚的漢學底蘊，又在三芝行醫，曾前往泉州取得秀才的功名。其弟郭木生在家學淵遠、熟悉漢學的背景下，為正鸞生，通靈寫出《節義寶鑑》。左鸞郭明德也是郭石定之弟，協助正鸞，操作鸞筆。鸞堂中非常重要的是抄錄生，在正鸞手開口說書鸞文後，由抄錄生聆聽計錄仙佛詩詞歌賦，當時就由漢學老師楊峻德擔任，他也是日據時代的保正、協議員。同為漢學家庭出生的楊峻德之弟-楊維城，擔任副鸞生，協助郭木生扶鸞。楊峻德之子楊藻鏈，擔任誦經生兼右鸞，在扶鸞時，由他課誦經典請神。類似的工作是由當時的漢學老師黃見龍擔任，他除了誦經請神外，也在扶鸞結束以後，將鸞文重新謄寫。最後一名鸞生為郭淇水，在其父郭石定的影響下，也投入了鸞務，擔任司香生與右鸞。（附表1）

與宜蘭的新民堂相比較，智成堂的創堂與扶鸞的頭人，擁有士人及商人兩類的背景。在讀書人部分，郭石定擁有清朝秀才的功名，楊峻德為光緒年間的貢生。不像楊士芳、李望洋，分別擁有進士、舉人或縣官的身份。他們兩人及其家屬、後代，撐起智成堂的鸞務；都具有漢學背景，不是私塾老師、就是生長在漢學背景下家庭的子弟。在生意人部分，曾石岳、張維塗為在地經商有成的生意人，他們參與創堂及鸞務甚深。由此看來，三芝智成堂得以創堂，是由本地最優秀的讀書人及生意人攜手合作的成果。他們期待將恩主公的信仰，以神道設教的鸞務，通神降筆書寫鸞書，達到「移風化俗」及宣揚儒教的效果。（李世偉，1998.6：66-72）

二、郭石定晚期：錫板立廟的鸞務及組織

明治33年（1900）位於小雞籠埔頭街曾林甘娘宅創設的智成堂，由郭木生扶出《節義寶鑑》，深受信眾的賞識。之後，雖然暫停書寫鸞書，依舊用降筆濟世度化蒼生13年，吸引諸多信徒，堂

務興隆。原有民宅已經不敷使用，乃有建堂之舉。於大正2年（1913）堂裡頭人決議分家、清算基金，一派選擇留在小基隆，另一派由郭石定、楊峻德、楊元章主持，由楊元章看風水尋找廟地，決議選擇在三芝錫板海尾溪畔，具有風水學上「香螺吞肉，兩獅相馳走，龜蛇把水口」的寶地建堂。[4] 大正3年（1914）竣工，同年11月16日安奉五恩主神位。

大正2至6年（1913-1917）郭石定接任堂主，為了發展堂務，於大正4年（1915）選擇楊元章之子－16歲的楊明機，進入鸞堂接受正鸞的培訓。[5] 郭石定在大正6年（1917）將堂務交給楊峻德，由他擔任堂主，此時楊明機依舊投入鸞訓。經歷前後4年的培訓，僅有漢學私塾背景的楊明機，竟然可以獨當一面，成為智成堂第二代鸞手。（附表2）

依現有的資料顯現，與楊明機同時培訓的鸞生尚有楊峻德之弟楊善慶，只有楊明機得到神明的教導而通靈。[6] 他在楊峻德及楊元章的支持下主持鸞務，而且在訓鸞期間得到宜蘭碧霞宮陳登第及頭圍喚醒堂呂啟迪的指導。乃決議於大正8年（1919）7月請旨扶鸞著造《救世良規》，僅耗時百餘日，即書寫完成。然而受到「西來庵事件」[7] 的影響，直到大正10年（1921）才正式出版。（智成堂管理委員會，2008：102）

與創堂時郭木生擔任正鸞書寫《節義寶鑑》的鸞生班底相較，楊明機並沒有像他一樣，擁有組織分工嚴謹、規模龐大的鸞生、效勞生、候用生群。他僅憑一己之力，「孤獨的」書寫《救世良規》。書成之後，他就離開三芝錫板，到台北發展。

三、楊峻德時期：與贊修堂合作的鸞務及組織

楊峻德在1917-1938年擔任三芝智成堂堂主，其間楊明機於1919年著造《救世良規》後，鸞生各自經商，暫停鸞務。（智成堂管理委員會，2008：103）此時，楊明機轉往台北，於昭和3年（1928）開「贊修堂」，（宋光宇，1998.3：4）但仍與楊峻德往來，各自召集兩堂的鸞生，共同投入鸞書著造。

楊明機（顯達）自述他在離開三芝後，足跡遍及桃園、雲林、南投等地鸞堂。他在（1921）先到桃園龜山省躬堂降筆書寫《茫海指南》，1928年書寫《因果循環》，得到家鄉前輩楊峻德、楊元章、楊夷狄的肯定，也獲得竹山克明宮的張靜深、林有章的贊助。他們共同支持、參與他於昭和4年（1929），請神降筆著作《清心寶鏡》的鸞務。（三芝智成堂，1996：卷1－5）而卷首的執事名冊，紀錄鸞生與效勞生的名單中，三芝智成堂的堂主楊峻德、副堂主楊夷狄分別擔任鸞務的抄錄兼校閱、總理及謄正生盧炳文；楊明機的父親任贊修堂堂主，兼誦經生、宣講生。竹山克明宮的張靜深擔任正膳真兼誥誦，林有章協助贊襄堂務兼校正。書成之後，則由三芝智成堂與台北贊修堂共同編輯刊行。

此外，楊明機也召集了校閱生林斗山、副鸞生兼誥誦宣講生楊輝煌、司香茶迎送兼供役江白佑、司茶菓迎送兼供役張海、司茶菓迎送兼供役陳尚志、司香兼迎送黃媽為與詹寬等人，投入扶鸞工作。另有兼理雜事鸞生3名、效用（勞）生12名，來贊修堂服務。（附表3）

四、杜家齊時期

在1950年代，三芝智成堂堂主-杜家齊再次恢復鸞務，敦請當時聲望正隆的儒宗神教最高領袖「統監正理」楊明機返回故鄉主持鸞務[8]。楊接受邀請後，在杜家齊堂主、杜麗水副堂主支持下，召集台北、三芝的鸞生組成龐大的鸞生團隊，於1956年4月到6月底，歷經3個月通靈寫出《六合皈元》。（智成堂文武聖廟，2008：100）當年，楊明機57歲，擔任正鸞生以來的第10本作品，在智成堂第三次造書，也是他畢生的最後一本鸞書。[9]

三芝智成堂邀請三芝在地頭人杜家齊、杜麗水叔姪擔任正董事主席、副董事主席，他倆先後擔任淡水鎮長，擁有甚高的政治聲望。返鄉後，在智成堂服務，為了重振堂務，恢復著造鸞書的傳統，召集在地政治領袖、結合本堂的鸞生，與楊明機搭配，成立扶鸞組織。大部分為已經卸任的在地政治領袖擔任鸞生：例如蘇汀波（三芝鄉第1-2屆鄉民代表）、楊宇宙（日據時代古庄保長；古庄村1-3屆村長、4-5屆鄉民代表）、陳燈城（第3屆鄉民代表）、林本源（海尾村第

7屆村長、第2屆鄉民代表）、楊光堯（第4屆鄉民代表）、張九連（第1-2屆鄉民代表）；部分為當任的政治領袖擔任鸞生：例如鄭火旺（小坑村第5-7屆村長）、陳金萬（第6屆鄉民代表）、洪金土（第5-6屆三芝鄉民代表）。少數為本堂的效勞生兼鸞生：如張添財擔任筆錄生，楊善慶擔任副鸞生兼誦經生，盧習孔負責濟世的正鸞生。（附表4）

這些政治人物與本堂鸞生成為扶鸞儀式的主要人物，約佔當時所有鸞生、效勞生的三分之一，可說是三芝鄉地區「群賢畢至」於智成堂。在楊明機統理下，計有鸞生29名、效勞生21名，對《六合皈元》作出貢獻。其中，也有16名效勞生稱為「贊勷堂務」，應屬出錢協助扶鸞的信眾，而這是過去鸞書上未曾出現過的名詞，楊明機特別將之單獨列出，以為致謝。（智成堂文武聖廟，2008：6-7）

3 理聖蹟的「聖蹟」是指神明降筆後，抄錄生書寫文字於紙上，此字紙稱為「聖蹟」，「理聖蹟」指負責焚燒字紙於「敬字亭」、「聖蹟亭」的效勞生。

4 在風水學上稱為「田螺穴」，應該是「田螺吐肉」，而非「香螺吞肉」，智成堂背倚小圓丘，類似田螺，廟地位於田螺「吐肉」的位置，吐出的肉與前面錫板溪蜿蜒而過形成小水塘相連，是田螺穴的共同特徵。

5 根據楊明機在1974年書寫〈儒宗神教法門歷史〉的回憶，他在16歲自願成為智成堂的鸞生，參與培訓，培訓成功後感動了擔任基督教長老會傳道士的父親楊元章，改宗信仰恩主公，而且成為智成堂的「總理」，投入堂務工作。（王志宇，1997：51-52；贊修宮，1937：88）論者認為三芝智成堂竣工也是《救世良規》完成，應屬誤解；（王志宇，1997：52）應該是智成堂完工於1914年，完工後楊明機參與訓鸞，約4年，在他20歲時，大正8年（1919）才完成《救世良規》。

6 根據《救世良規》中〈建堂造書記〉，楊明機自述20年前智成堂書寫《節義寶鑑》，之後鸞務萎縮。而在大正3年（1914）智成堂竣工，才有造書之舉。參與鸞訓的鸞手包括楊善慶及他自己。然而楊善慶並未訓成，只有他得到神明的教化，而得以扶鸞造書。（智成堂，2004：卷一 16-17）

7 西來庵事件發生於大正4年（1915），促使日本政府決定整治台灣民間宗教，並請學者主持，派學校人員、警察、各地主管宗教人員投入全台的宗教調查。（丸井圭治郎，1993）

8 楊明機為鸞生訂定階級，造書5次以上的正鸞生稱「統監正理」，3次以上稱「正理鸞務」，1次以上稱「正鸞生」。造書5次以上的堂主稱「統監堂事」，3次以上稱「掌監堂事」，1次以上稱「堂主」。造書5次以上的抄錄、謄真、校正稱「掌監書事」，3次以上稱「掌書事」，1次以上稱「抄錄生」、「謄真生」、「抄錄生」。造書5次以上的總理、董事稱「總經理堂務」，3次以上稱「總理堂事」，1次以上稱「總理」、「董事」。造書5次以上的司香茶、迎送者，稱「典禮生」，3次以上稱「司禮生」，1次以上稱「司香生」。（智成堂，2008：27-28）

9 楊明機於1919年首次於智成堂著造《救世良規》，1936年編寫《儒門科範》，1956年扶出《六合皈元》。（智成堂，2008：99）

參、濟世與出版鸞書

一、濟世

（一）郭木生時期（1900-1913）

鸞堂除了著造鸞書，弘揚儒教道德律之外，尚有運用扶鸞為信眾解決迷津，或是為村內公共議題作出決定的功能。早在曾林甘娘民宅中，在短短6個月期間完成《節義寶鑑》後，被在地鄉親及信者認為神蹟顯赫、恩主公非常靈驗，而使得堂內香火鼎盛。當時的鸞手郭木生每週扶鸞一次，服務信眾。（三芝忠義宮，2013：25）根據信徒的問題，鸞生在神靈的指使下，用鸞筆書寫「靈符」，香爐中「爐丹」分別或一起使用；也有用「刈金」與「符」在門口焚化，化解災厄；比較慎重者，恩主公會降筆書寫鸞文，甚至開藥方給信者服用。當信眾的各種疑難雜症獲得化解時，他們用添油香的方式回報恩主公。

可以想像當時狹小的智成堂每逢鸞期濟世時間，擠滿了鄉民前來問神。原有的「民宅式」的鸞堂已經不敷使用，當時的頭人乃決定將堂務及基金分家，以郭石定為主的領袖乃前往錫板立廟，以張子清為首的頭人則暫時奉五聖恩主牌位於小雞籠自宅。

（二）郭淇水時期（1951-1975）

智成堂在錫板立廟後，郭石定等人知道，鸞手對鸞務推廣、鸞堂發展及儒教聖道宣揚的重要性。在立廟後，積極培育楊明機。在楊峻德接任郭石定為堂主後，楊明機通靈著造《救世良規》。然而，楊明機對「儒宗神教」的創設有其遠大的志向，乃告別家鄉，四處扶鸞代天宣化。此階段，智成堂的鸞務中斷約36年之久。

直到二次戰後，1951-1956年起才由創堂時期的第一代鸞生，擔任右鸞兼司香生的郭淇水帶領，與盧習孔、楊孫金順、陳明修、楊光堯、盧志等人承擔鸞務。（2018.5.9 社會調查）其中，郭淇水走動於智成堂與智成忠義宮兩間宮廟，他也是智成忠義宮的主鸞手。盧習孔在陽明機書寫《六合皈元》時，名列為「濟世正鸞生」，他與楊光堯，皆與郭淇水一樣，往來於前述兩廟擔任鸞生。盧習孔、楊光堯則在郭淇水之後，先後擔任智成忠義宮的主鸞，當時的副鸞手分別為張添財、張九連、盧水交、戴聘等人。（智成忠義宮，2013：230）

從智成堂留下的四支鸞筆來看，他們採取雙人Y字型龍頭的鸞筆，[10] 因此當主鸞手持鸞筆時，應該有副鸞手協助扶持鸞筆，但未留下濟世信徒的資料及扶鸞的時間。（附表5）根據後來的扶鸞鸞手宣稱，大部分採取隨到隨辦的方式服務信徒。（2018.5.7 社會調查）

（三）楊孫金順、蔡合綱、葉雲清時期（1978-2018）

在杜家齊、張添財分別擔任第3－4屆管理人後，就由楊寬裕接任第5屆管理人（1975-1984）在1984年楊彩南來到智成堂將管理人制改為管理委員會，他連任委員會1－3屆主任委員（1984-1996），楊寬裕則接棒為第4屆主任委員（1996-2000）。向政府登記合法後，由楊信男接任改制後的第1－4屆主委，（2000-2010）在由楊順復接任第5－7屆主任委員（2010-2019）。

在長達37年間，由第1代開廟之頭人楊峻德的孫婿楊孫金順接棒，在廟內擔任廟祝兼鸞手，他單獨拿著雙人鸞筆，逐字書寫鸞文。也採取隨到隨辦的方式，解決信徒的問題。

在楊孫金順90歲之際，甫拿真理大學宗教碩學位的蔡合綱在2007-2011年間來到智成堂。他得到前輩的認可及堂主楊信男的同意後，成為智成堂的正鸞手。由於他先前在桃園真佛心宗崇心堂擔任鸞生期間，只習得「金指妙法」，因此，他每週末下午前來智成堂用此法服務信徒。（2018.5.7社會調查）

2011年後，楊孫金順年老退休，蔡合綱另謀他就，智成堂鸞務幾乎暫停，直到2017年楊順復主委邀請葉雲清法師及其班底前來服務。葉原本是淡水行忠宮、台北丹天善堂的正鸞手，年輕時則拜淡水行忠宮、台北保安宮、智仁堂的正鸞手張其年為師，向其學習鸞堂道法。之後，跟隨其師在台北智仁堂、面天壇扶鸞，作其副手。從2017年至今，葉雲清（正鸞）、許浩堯（副鸞）、陳俊龍（校正生）、潘宗仁（禮誦生）、溫惠燕（抄錄生）、吳珮綾（抄錄生）、葉時助（抄錄生）、鄭蓁宥（抄錄生）、李氣（迎送生）、歐寶鳳（迎送生）、林勝弘（傳宣生）等鸞生，與本堂江貴真（司香生）、楊秋子（茶果生）、李鳳朱（茶果生）、陳月亮（茶果生）、葉麗卿（茶果生）、葉麗雯（效勞生）、張君健（效勞生）、彭梅英（效勞生）、鄭季淑（效勞生）結合，組成約20人的扶鸞團隊；選擇每月月底的週日上午扶鸞。分為「仙佛降筆」及「濟世」兩類，前者是神明對諸位效勞生整體或個人的訓勉詩文或對聯；後者則是神明對效勞生、信徒個別問題的化解。在儀式結束後，採取電腦化的繕打，立即校對並將鸞文印出，分送給在場的鸞生及信徒體悟。（附表6）

二、出版鸞書

台灣地區的鸞堂在著造鸞書後，其頭人常召集信眾鳩資刊印鸞書，廣為發行。就儒教的弘揚來看，鸞書具有傳達儒學、教義；就鸞堂的發展來看，刊行鸞書有助於堂務的正面形象及贏得信徒認同；再就刊印者來看，每助印一部鸞書，將可記在「功德簿」上，未來為考校升天成神的根據。[11]

在漢人功過格的宗教思想敦促下，三芝智成堂不但由鸞手著造鸞書，鸞書完成後，再由頭人號召信徒，共同出錢出力刊印鸞書，既「為自己積功」，也可「超度先人」，或是「祈求闔家平安」、「祈求為子娶媳婦」，及祈求「自己或雙親延壽」。（智成堂文武聖廟，2010：217-222）

而在重刊鸞書之前，恩主公透過鸞手降筆書寫詩文肯定鸞生、效勞生、後用生等信徒的功勞。例如1996年重刊《清心寶鏡》，而在1995年4月智成堂主席連降3首詩：「**子爾心專意誠虔，遠道迢迢會眾仙，清心寶鏡世稀少，宏揚文化結善緣**」，書成後再降2首詩讚美門生的功勞。[12]（智成堂，1996：86-87）類似的情形也出現在《救世良規》，重刊前後。重刊前文衡聖帝降旨，期待諸生再版本書；完成後關帝再次降筆詩文6首，贊美諸效勞生的用心。[13]（智成堂文武聖廟，2004：卷首語）

在1900年於三芝老街開堂，首次著造刊行《節義寶鑑》的因緣，到了1983年，由母堂分出的三芝智成堂與智成忠義宮，分由兩堂的主委楊寬裕、董事長張九連共同合作，攜手重新刊印此書，募得16萬餘元。到了2010年，在智成堂楊順復主委帶領下，第3次刊印1200冊。

之後，由智成堂培養的正鸞手楊明機，分別在1919年於本堂扶出《救世良規》，1921年、1928年在桃園龜山省功堂寫出《茫海指南》、《因果循環》兩書，1929年於台北贊修堂降筆《清心寶鏡》，1938年於田中贊天宮與林修平共同扶鸞書寫《迷津寶筏》，1934年於斗南感化堂降乩《覺路金繩》，1936年於台北贊修堂及本堂兩地完成《儒門科範》，1943年在台北士林慎修堂降鸞《覺路金繩》；最後，1956年分別在竹山克明宮及本堂，通靈寫出《茫海指歸》、《六合皈元》等著作。（附表7）

在這10本鸞文中，在楊峻德擔任堂主時，於1919年首次刊行《救世良規》，楊信男任主委時，於2004年再版1000冊。1929年智成堂與贊修堂首度合刊《清心寶鏡》，到楊彩南任主委時，於1996年再版本書1000冊；1934年楊明機書寫《覺路金繩》，而到1959年擔任主委的張添財，為他再版。楊峻德任內，楊明機書寫《儒門科範》，除了本堂為他刊行外，先後於1956、1991、2011年等3次再版，其中，最後第4版由主委楊順復召集會眾共同助印1000冊。而在杜家齊任堂主時，於1956年首次刊印《六合皈元》，1957年再版3000冊，1958年三版4000餘冊，到了2008年，由當時主委楊信男召集募款刊印第6版，共發行1120本。[14]（表1）

由下表可知，三芝智成堂歷任堂主，不只在本堂由本堂鸞手造出的《節義寶鑑》、《救世良規》、《儒門科範》、《六合皈元》出版或再版鸞書，也為楊明機在他堂作的《清心寶鏡》、《覺路金繩》刊印鸞書。每次刊印都得向鸞生或信徒鳩資，才能順利付梓。因此，對三芝智成堂的鸞務來看，出版或再版鸞書，也是堂主重要的鸞務工作。

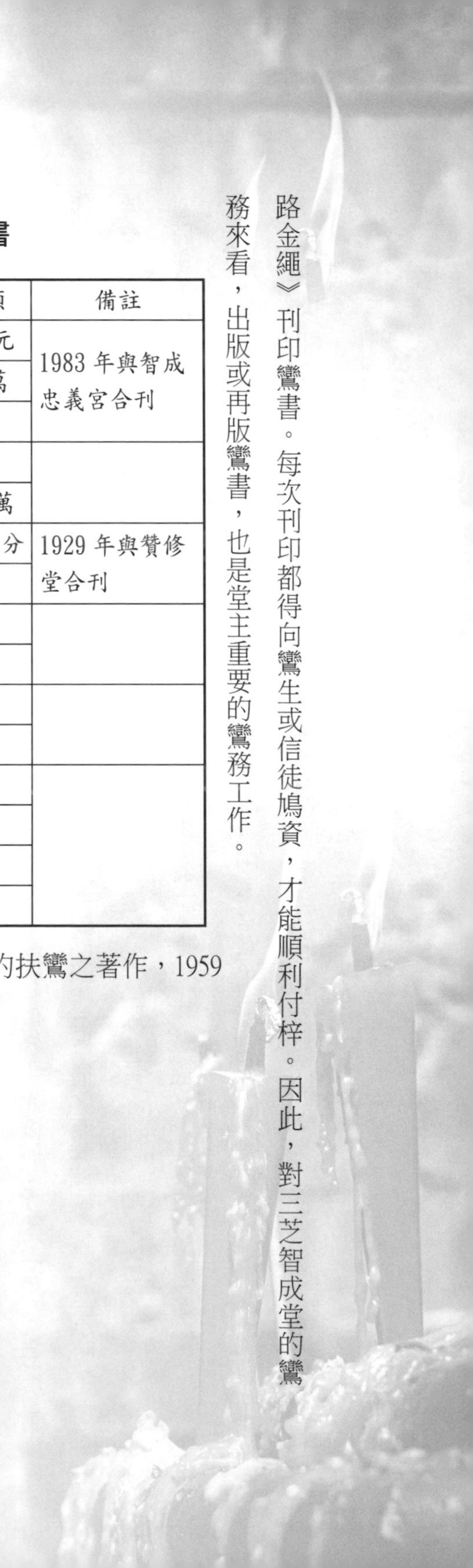

表 1　三芝智成堂文武聖廟出版／再版鸞書

鸞書	鸞手	出版年	堂主	發行量	金額	備註
《節義寶鑑》	郭木生	1901	郭石定	9468	400 元	1983 年與智成忠義宮合刊
		1983	楊寬裕	300	16 萬	
		2010	楊順復	1200	−	
《救世良規》	楊明機	1919	楊峻德	−	−	
		2004	楊信男	1000	9.7 萬	
《清心寶鏡》	楊明機	1929	楊峻德	−	305.9 分	1929 年與贊修堂合刊
		1996	楊彩南	1000	−	
《覺路金繩》＊	楊明機	1934	−	−	−	
		1959	張添財	−	−	
《儒門科範》	楊明機	1936	楊峻德	−	−	
		2011	楊順復	1000	−	
《六合皈元》	楊明機	1956	杜家齊	1000	−	
		1957	杜家齊	3000	−	
		1958	杜家齊	4000	−	
		2008	楊信男	1120	−	

＊《覺路金繩》為楊明機在斗南感化堂的扶鸞之著作，1959 年於三芝智成堂再次出版。

10 目前四支鸞筆中，皆為「長乩」雙人Y字型筆，三支為龍頭，一支為鳳頭。採桃木為「筆身」，柳枝為「筆嘴」，代表陽、陰結合。

11 在郭木生的《節義寶鑑》及楊明機的《六合皈元》例言12則中，皆提及善信印送經文送人，而達宜風化俗者，皆有功德。每部善書可計12功。（智成堂，2010：15）後者提及，刊印善書每部得40功；再版刊行，功同再造。而楊明機在《六合皈元》再加碼，認為刊印善書，再結合終生奉行者，未來死後將「準登果位」，得以成神。（智成堂，2008：23）

12 1995年農曆8月20日「今夜專程駕臨堂，銀色燈光照上蒼，子爾鸞堂緣有份，堅心立志抱心房。子爾遠方到堂來，神人一笑顏開，歷史鍾靈妙奧在，心地善良棟樑才。」；此外在同年的農曆9月25日「門風低落已欲休，諸生致力為此謀，清新寶鏡歷悠久，宏揚濟世表千秋。復繼蘭房將今啟，眾生協力佈動猷，錫地鍾靈芝草蔭，須望曉悟繼長流」；同年農曆12月23日「費盡心機到堂門，帝闕感激佈功勳，貫一丹心神人望，始終貫徹南北奔，鸞曦佳音示眾賢，再版翻印呈玉篇，三界神仙同稱讚，九霄聖佛結良緣。」、「再版告功既立功，慎重細心暫儲藏，靜心養性歲月待，自動傳佈遍大同。」

13 於2004年農曆正月24日聖帝降筆：「今天奉命下堂來，神人會面笑顏開，灼炬輝煌景清彩，程序尊嚴照安排。」、「神道慈悲本好生，揮鸞闡化體群情，砂盤顯出珠璣語，木筆提撕應遵行。」、「人靈萬物道為基，休養身心合際期，救世良歸望再版，特賴諸生力協施。」、「巧逢帝闕開勝會，千載因緣處處宜，南北東西大同贊，降陳事跡啟良機。」；於2004年農曆7月22日聖帝再降旨：「司勞接駕賀眾賢生，禮教一軌遵守行，翻書再版今告竣，眾生協力志虔誠。」、「鄭生為首志勞身，禮儀謙恭篤義仁，始終貫徹勞心血，德行無虧透玉京。」、「今天特假下東瀛，關懷再版示眾生，救世良歸呈繳旨，四九乘數化大明。」、2004年農曆9月5日聖帝再次臨壇讚美：「今天有意下南天，有緣再度會諸賢，救世良規已繳旨，字句無差慶泰然。」、「關懷再版造慈航，果圓鄭生立大功，寶筏度迷垂萬古，神人合一體大同。」、「心書繳旨奉聖尊，帝闕安排各部門，贊天化育風光好，褒功賞善表彰動。」

14 《六合皈元》於1956年初次發行後，分別在1957、1958、1968、1991、2008年，發行2-6版，是智成堂刊行的6本鸞書中，再版次數最多的鸞書。其中，第二版是由台北信士陳建名、花蓮郭信全召集刊行。第3版則由杜家齊、蘇榮華、楊明機、黃俊華、林水來、蘇汀波、楊明儒、杜麗水、陳建名、郭信全共同發起籌募刊行。第4版則由吳獻琛、陳登年、薛順等人召集刊行。

肆、投入鸞務的原因

一、功德與成神

在鸞堂中，扮演正鸞手、鸞生、經理堂務、效勞生、候用生，他們投入鸞務程度，深、淺並不一致。但是，在他們的內心深信，只要虔誠投入扶鸞儀式，或助印鸞書，將獲得神明青睞，記錄他們的「功德」。

鸞堂信徒雖然以儒為宗，但也兼容釋道兩教思想。其中，儒教《尚書》提到「**積善之家，必有餘慶**」，他們接納「行善」的觀念。不僅如此，佛教的「功德」觀進入中土後，也被他們認同，「行善」必有「功」。道教「成仙」觀，也融了進來；認為行善，可積累、計算，最高成天仙，其次為地仙。

這種依行為計算「善功」，祈求「善果」的思想，在「善書」的捐金名冊也可見到。如捐款助印祈求仙佛賜予：「同道、合家平安」、「父母延年益壽」、「家運亨通」、「病情好轉」、「得到子、媳」、「生意興隆」、「先父（母、兄）冥福」、「祖父母得以超度」等項目。具有「助印善書為一善功」，渴望仙佛「賜予善果」的價值體系。甚至，尚有積多少善，可以成仙；作多少惡事，將被奪「紀算」、生命的報應觀。

在楊明機設計的鸞書〈例言〉中，也就隱含這種宗教思想。讓我們得以揣摩過去「沐恩」在恩主公的「門下」，他們投入鸞務的動力。例如：信徒印送、宣講善書或用善書道德律勸化他人，都得計40個功。再版善書，功同再造，終身奉行善書，功德不可限量。

而在善書中，尚有加封現有鸞生的先父母、先祖父母或過去鸞生「成神」的詩文，這已經越了儒教的「敬神如神在」、「敬鬼神而遠之」的「神不可知論」；反而，比較接近道教徒「修行」後，將功德迴向給自己的先人。（王見川、李世偉，2009：202-207；張家麟，2010）因此，當學界論述鸞堂具民間儒教特質時，我們不能忽略鸞生虔誠投入鸞務後，在其身後或其祖先得以成神的宗教想像。而且，此封神的信仰，可能是過去鸞生投入鸞務的重要動力之一。

在《節義寶鑑》直接點名郭石定、郭木生、郭明德三兄弟的先父，已經成為錫板庄的福德正神，楊俊德、楊維城的亡父被晉封為同安灌口的城隍。（智成堂文武聖廟，2010：95、211）在《六合皈元》封杜家齊之先父、杜麗水先祖父為南宮使者；封杜麗水父親杜生材為先天使者；晉升楊善慶先兄楊峻德為南天使者；封蘇汀波、蘇榮華之先父蘇守得為九天使者；封張靜深為靈官文書使者；二水贊修宮黃勝文之先父、許晴港之先父與莊其三之父皆為司禮神；封黃勝文之先母為太元宮觀音侍女封曾永成先母為關渡宮聖母；封嘉義太元宮張文雄先父為嘉義地藏王菩薩文書使者；封盧習孔先祖父、盧炳文先父為福德宮福神；封彰化縣陳錫卿先父為台北松山城隍文判；封楊明機、楊明儒先母，為台北水源地觀音亭觀音菩薩、先父楊元章為上元天官使者；克明宮堂主陳鳳

祥之先父為宜蘭城隍爺。（智成堂文武聖廟，2008：36-64）

由此看來，虔誠參與扶鸞的鸞生，他們自己累積的功德，在身後被後世的鸞手依神的旨意封神；而且，他們的祖先也因此受惠，被神明肯定，加封派任到各地主持廟宇，或由眾神降旨訓勉鸞生。[15]

楊明機為了鼓勵鸞生投入鸞務，尚且訂定〈玉宵奏書真君 儒宗神教法門天職之階級〉，清楚臚列投入鸞務的程度不同，在往生後給予不同的「神職」。如造書5次以上的堂主，上天授「錦衣使者」，3次以上授「傳達使者」，1次以上受「供役使者」。造書5次以上的正鸞生封「正理真人」，3次以上封「化導真人」，1次以上封「傳送使者」。造書5次以上的抄錄、謄真、校正封「司筆吏」，3次以上封掌簿史，1次以上封城隍。造書5次以上的總理、董事封「特加使者」，3次以上封「判任」，1次以上封「福神」。造書5次以上的司香茶、迎送者，授「香官使者」，3次以上授「守衛神」，1次以上授「山神」。

對投入鸞務的鸞生，採取制度性的封神，使他們充滿了對來生升天成神的渴望。對鸞堂中的總理、堂主、正鸞手、抄錄生、迎送生、司香（菓、茶）生等各類性質鸞生，依投入鸞務的深淺程度論功行賞，這應該是當時鸞務得以推動的另一項動力。

二、神道教化

除了上述「功德與成神」的原因外，三芝智成堂在日據、國府時期至今，由不同的堂主，召集鸞生著作鸞書的另外一個動力，應與「神道教化」有關。當儒教的道德律難以在民間社會開展，儒生目睹社會道德淪喪，乃常用象徵神明附體的扶鸞，說出神的旨意教化子民。

在日據皇民化時期，日本學者到三芝智成堂的訪查，而認定它具有濃厚的「儒教」的特質。（增田福太郎，1996：202）然而，指稱鸞堂為「儒教」或「民間儒教」，都不到位。而這些儒生是具有奧秘主義（occultism）、通靈能力，在神明附體後書寫鸞文。（Otto, Rudolf，2009）他們是「巫者」，不像孔子及其門下「去巫」、「非巫」；但是，他們的扶鸞降筆的神明，包含孔教聖賢，也列孔子及其門徒兩個神主牌在正殿敬拜。

從過去智成堂創堂以來，已經出現郭石定、楊峻德、杜家齊、張添財、楊彩南、楊寬裕、楊信男、楊順復幾任堂主，他們相信扶鸞，且願召集、組織鸞生投入鸞務。大部分的堂主及鸞生皆具漢學背景；其中，關鍵的角色為正鸞手，他尚須有通神能力，才能與其他鸞生分別在扶鸞儀式擔任不同角色，共同「代天宣化」，儒教為主、釋道為輔的道德觀及神學觀。楊明機自己認定為「儒宗神教」，是比較合理的教名，可惜，他在戒嚴體制下奮鬥、爭取數十年，始終無法成功。

再仔細看歷任正鸞手書寫的善書，無論是在三芝老街創堂時期，由郭木生主鸞著造《節義寶鑑》，或是在20歲時通靈的楊明機書寫《救世良歸》，還是楊明機到台北創立贊修堂，再與三芝智成堂合作，著造的《清心寶鏡》。最後，59歲的楊明機重新返鄉著造《六合皈元》。在這四本鸞書，皆藉由「神道設教」的扶乩，降下儒教的道德律。在這些書中，隨處可見三教神明降筆訓誡鸞生，接受儒教的誠意、正心、修身、齊家、處世之理與戒律。

由於郭木生及楊明機兩人，都來自漢學背景的家庭。郭木生為郭石定之弟，後者為三芝在地領袖、漢學老師，郭木生在此家族成長，漢學底子紮實。至於楊明機的漢學涵養，應該與其父楊元章有關；他父親是勘輿先生，也是錫板開基的領袖之一。他擇「田螺穴位，左右各有龜蛇把水口」的風水寶地，並為廟地定分金。以楊元章會看風水的背景，應該可推論他也懂漢學，而楊明機即是在此家學中成長。

然而，鸞書著造並非一人之力可成，尚須諸多堂主總理、副鸞生、抄錄生、課誦生、迎送神生、敬香果生、宣講生、謄寫校正生、敬字生等配合。在郭木生主筆時，組成完整的鸞生陣容。從堂主郭石定以降，到鸞生楊維城、張維塗、郭明德、楊德峻、黃見龍、楊藻鑑、郭淇水等，他們不僅是在地的頭人，也都具備不錯的漢學涵養，甚至部分人為漢學老師。幾乎三芝一流的社會經濟地位名人都來到智成堂，也開創之後10年的濟世鸞務，帶來鼎盛的香火。

分家後的智成堂，剛在錫板立廟。郭石定、楊峻德兩人培訓楊明機當主筆。此時，鸞生陣容縮小，只剩輔佐的堂主楊峻德，及其父楊元章及其弟楊善慶等人。楊明機完成《救世良規》，到台北創贊修堂，結合三芝智成堂的楊峻德、楊夷狄、楊元章、林有章、林斗山、張靜深、盧炳文等鸞生，再組堅強的鸞務組織。

再到杜家齊擔任堂主時，他以其既有的政、經聲望，重新邀請楊明機返鄉主乩，召集三芝在地政治領袖及讀書人，如杜麗水、蘇汀波、楊善慶、盧炳文、張添財、盧習孔等人，組成龐大的鸞務組織，再次投入鸞書著造。16 此時，楊明機擔任「儒宗神教」的「統理監正」，光榮的返鄉擔任扶鸞造經最高階職位，統理一切鸞務。

由此看來，三芝智成堂四次扶乩造書，是由一群儒教信徒、讀書人的「集社」。他們以扶鸞「巫儀式」為工具，用「神道設教」的方式，傳達孔教的道德律。如果孔子再復生，應該不會同意這種儒教與巫的結合。然而，在過去清朝、日據、國府初期，台灣民間社會中的恩主公崇拜組織中，卻經常可以見到儒者用扶乩，著作鸞書教化子民的行徑。它看似「民間儒教」，本質則是儒宗神教。當儒者面對西風東漸之際，他們目睹台灣社會道德崩解，面臨二次大戰的危機。憂心忡忡的「儒乩」，乃再次以「神道設教」的扶鸞方式，日以繼夜、揮汗如雨，虔誠禮神、通靈書寫神諭，告誡信徒堅守孔教傳下的信條。17

因此，我們或許可以揣測這批具漢學底蘊儒者的心情，他們應該是日據時期漢學私塾教育下，最後一批的孔教、中華文化的維護者。當漢學私塾不復見，再也無法孕育優質的儒生。目前，雖然仍可見扶乩造經，但是已經難見如此優雅的神諭了！

三、制度化儒宗神教

楊明機是智成堂培育的第二代正鸞生，是該堂最搶眼的乩手之一，為智成堂著造4本鸞書，一輩子書寫10本善書，這些紀錄雖然被其他鸞手超越。在他離開智成堂，奔走台灣各地鸞堂，始認知為了開創未來的「儒宗神教」，他應該更積極的投入鸞務。

他在扶乩書寫《救世良規》時，仍然未明他的使命。到寫出《六合皈元》後，才以倒敘法，回憶應該致力於台灣各地鸞堂的整合，期盼將有些鬆散的「擴散性」恩主公信仰，轉化為「制度性」的宗教。[18]（C.K.Yang：1991）

在他之前，鸞堂已經有些類似的「規矩」。例如，鸞務須有那些人組成，而他將這些職稱定出現世修行及來生果位階級。鸞堂已經有宣講的神諭，他則在此之外，為每本鸞書訂定〈例言〉。（附件2）為了制度化鸞堂信仰，除了命名為儒宗神教外，他決定書寫《儒門科範》，全面的為鸞堂的科儀制度化。無論在神殿中的神位擺設，眾神聖誕的祝聖儀式、祝文、疏文、表文的格式，拜斗的點燈神咒，超度亡魂、祖先的牒文書寫，皆給予規格化。

除了書寫制度性的《儒門科範》外，他離開三芝並未停下腳步，足跡踏遍台北、桃園、南投、彰化、雲林等地。至全台各地鸞堂扶乩，宣傳儒宗神教的理念，自己也開創台北贊修堂，持續投入鸞務代天宣化。到了二次大戰晚期，為避戰火侵襲，乃而將台北贊修堂遷徙到彰化二水贊修宮，持續扶乩、著造經書。此時，他為了避免日本皇民化政策對鸞堂的戕害，首度將鸞書以中、日文並陳的方式出版。而這既為我們華夏兼容三教的鸞堂信仰找出生存的出口，也為鸞書留下珍貴的歷史記錄。

到了戰後，迎來國民政府，看起來楊明機創立儒宗神教的曙光乍現。因為，蔣介石政權號稱自由中國，採取尊重「宗教自由」的政策，並藉此對抗毛澤東的共產中國的「宗教管制」政策。

然而，政治的框架依舊框住恩主公信仰，儒宗神教難以得到政府的尊重，無法登記為宗教。在國民黨政權採取寺廟總登記，新宗教管制的特許制度下，恩主公信仰登記為合法「新宗教」，依舊遙遙無期。明明它的教義是以儒為宗，釋、道為輔，它具獨特的扶乩、祝聖、拜斗、普度儀式，也常出版乩文、經典、善書，鸞生穿著藍色的道衣也異於道士袍。但是，它卻只能依政府規定，登記加入「道教」。

儘管恩主公信仰被政治扭曲為道教，楊明機終其一身，運用扶乩著經立論宣揚「儒宗神教」。從現在回顧他對鸞務的努力，並未白費。因為，在學術界，部分學者經由善書、扶乩的調查研究，已經將它與道教區隔，稱為「恩主公崇拜」，或「民間儒教」。而在宗教界，於解嚴後13年，台灣部分扶乩宮廟，於2000年向政府申請，登記為「中國儒教會」。雖然不如楊明機所願，命名為儒宗神教，但也終於得到部分的「正名」。比較有趣的現象是，並非全台所有恩主公信仰的鸞堂，都加入該會。反而，該會吸引不少非恩主公信仰的宮廟加入，這是明機始料未及之處。

四、滿足社會與贏得認同

並非所有正鸞生皆像郭木生、楊明機一樣，可以通靈、根據神諭造經。但是，大部分的正鸞生及鸞生組成的鸞務組織，皆能書寫詩文，或用扶鸞「濟世」、「辦事」的方式回應信徒問題。當祂足以化解信徒的迷津，不止乩生贏得他們認同，進而被尊為「先生」，也會帶來香火、促進鸞堂發展。在宗教發展理論來看，當它與社會的互動愈綿密，愈能滿足社會的需求，該宗教將愈能發展。依此類推乩堂與社會的關係，如果扶乩滿足社會的需求，乩堂將逐漸趨向發展。反之，扶乩與社會無關，無法化解社會困境時，它將萎縮。

三芝智成堂的乩生郭木生，在《節義寶鑑》中就回應了日據時期台灣社會鴉片煙風潮的問題。神明降筆：

「戒洋煙，戒洋煙，世間別出一樣仙。不食夜不眠，醉不醉、顛不顛，顛顛醉醉盡日然，五更漏已盡，還擬三更天。何太怪、何太偏，數口未曾吃，飲食難下嚥。又非病，洽似癲，骨肉消磨盡，疾病自綿纏。實可惜、實可憐，任他父母，責其奈情意，牽憂百出苦萬千。嗎嗎笑、笑嗎嗎，不忍視不救，為爾解倒懸，速速改，莫遲延，自慎自慎，免旃免旃。」[19]（智成堂文武聖廟，2010：99–100）

警告鴉片成癮的信徒，應速戒、遠離它，才能自救救人。這是當時乩生代表神明的「自覺」，普遍存在於全台各地的鸞堂。（王世慶，1972.9：1-38）形同乩生藉神諭，告誡子民抽鴉片的毒害，實質上，它對抗當時日本鼓勵台民抽鴉片的政策，減少日本政府的鴉片稅收。

乩生代替神明對信徒共同問題的化解，常在善書中指示。另外，他也可透過扶鸞「濟世」的方式，回應信徒的個別問題。在過去沒有全民健康保險、醫師法的年代，信徒生病時問乩，是常見的慣例。乩生是儒者的化身，只要他懂醫藥歧黃之術，就可降筆施方醫治信徒。（李世偉，1998.6：68-69）比較可惜的是，三芝智成堂過去並未留下扶鸞「濟世」，乩生開方行醫的資料。因此，在這裡只能作此推論，遙想當時信徒抱著病痛問神，乩生回應的可能。然而，來到國府時期，通過醫師法、藥師法後，阻擋乩生開處方箋的空間，也限制了當代三芝智成堂乩生扶鸞「濟世」的功能。

在1960年代之後，本堂培養的郭淇水、楊孫金順，及外堂養成至本堂服務的蔡合綱、葉雲清等乩生，他們與楊明機不同。只能透過仙佛降乩，鼓勵信徒刊印鸞文；賜詩降道號給鸞生，鼓勵他們投入修行；或是逐一化解他們的人生困境，降詩、符給予心靈慰藉。從楊孫金順以來至今，三芝智成堂扶鸞濟世的頻率逐漸降低。最近的資料顯現，鸞生之外的信徒前來問乩數量，每次只有個位數。

從這兩個面向來看，可以發現智成堂的乩生用扶鸞濟世的影響力，已經相對減低。本來，乩堂是「代天宣化」的濟世堂，但是，當乩的吸引力降低後，出現了無人或少人可宣教、教化的窘境。因此，當現代的乩堂不能與社會緊密結合時，執事者必須另闢蹊徑，才能在後現代社會生存下來。儘管如此，智成堂的鸞務依舊正在進行，其間的道理何在，著實令人玩味。在筆者看來，大部分參與鸞務的鸞生，把它当作「修行」，藉此提升自己的道行、品德。（張家麟，2010；劉智豪，2009）而主持鸞務的正鸞手，透過扶鸞領導鸞生，也是廟方尊敬的師父。因此，正鸞生除了有「修行」動機外，尚可藉此提升自己的宗教、社會地位[20]。

15 在《節義寶鑑》中，是由眾神降筆勉勵或告誡鸞生，例如：孚佑帝君降鸞戒張子清、郭石定與諸鸞生，並告誡鸞生要守堂規；南宮使者孔勉江勝元、郭木生、楊峻德、諸生，廖將軍勉勵郭木生，豁落靈官勉勵諸鸞生，南天二太子勉諸鸞生守堂規。（三芝智成堂，2010：31-32、43、61、76、103）而在《六合皈元》中，則是由成神的「護世天尊駱」降筆勉訓諸位效勞生、楊明機、杜家齊、杜麗水、蘇汀波、楊善慶、盧炳文、林水來、楊宇宙、陳登城、張添財、蘇榮華、盧習孔、楊明儒、楊有義、陳志銘、楊金東、江欽亮、楊川平、楊港水、郭塗、楊境、楊本藩、蔡乾元、楊德勝、楊玉明、楊學禮、楊勝年、楊添陞、張九連、陽光堯、林南生、楊李哎、楊薔薇、田錦坤、謝泉海、陳炳杉、許晴港、黃騰文、陳戊崑、江瑞裔、李奎璧、郭西霖、鄭木琪、曾木林、陳金萬。（三芝智成堂，2008：40-49）

16 在這些鸞生中除了杜麗水外，幾乎都懂漢學。杜麗水為三芝地區的望族，受新式教育，擔任過三芝淡水國中首任校長及淡水首任鎮長。（資料來源：淡水維基館：http：//tamsui.dils.tku.edu.tw/wiki/index.php/%E6%9D%9C%E9%BA%97%E6%B0%B4，2018.5.11下載）

17 二次大戰期間，楊明機在台中贊天宮用中日文並陳《迷津寶筏》。其中，藉復聖顏回的降詩，書寫〈儒宗神教序〉，批評西方文明傳入台灣後，道德淪喪，戰禍連連，唯有透過儒宗神教能夠拯救世人。（田中贊天宮，1939：5-6）

18 在《節義寶鑑》中，楊明機自敘「各教各有法門，惟神教未有一定。」1919年蒙天帝賜「儒宗神教‧道統克卲真傳法門」，1936年著《儒門科範》，定儒宗神教法門。

19 類似的戒鴉片詩在同一本經書中，天上南宮孔也降下了：「芙蓉流毒遍寰塵，怎賴生民不惜身。外夷別有腐腸草，宇內何多朽骨人。」（三芝智成堂，2010：63）當時的鸞生目睹日本政府為了籌措戰爭費用，用鴉片餵食台灣子民，將帶來民族的戕害。因此，在智成堂或其他的鸞堂，都借扶鸞降筆告誡台灣人民不再吸食鴉片。

20 根據宋光宇的研究，出版善書的主要目標在於累積陰騭，認為刊印善書可以改變命運，而透過善書作教化，就是行善，行善所得到的「累積陰騭」，是一切功名福德的根源。（宋光宇，1998.3：5-7）至於焦大衛提及二次戰後台灣扶鸞的五個個案中，鸞手投入鸞務主要原因在於改變原有的社會地位；正鸞手經由扶鸞成為鸞生的老師，他的社會地位也隨之升高。（焦大衛，2005）

伍、討論

一、延續「造經」及「出版善書」的傳統

以扶鸞降筆書寫「經典」或「善書」是魏晉南北朝以來至今的民間教派的傳統。而在清領時期傳入台灣的乩堂，則也以此傳統吻合。既造《大道真經》、《瑤池金母收圓普渡真經》、《關帝普度聖經》等，出版儒教道德律為經、釋道兩教修行法門為緯，用來勸化世人或引導鸞生修行的善書。

它遠續魏晉南北朝楊羲、陶宏景的《真誥》；（許地山，1986）其次連接宋朝創造出來的《太上感應篇》；到了明末清初，以呂祖為名，扶出《呂祖全書》；或以關帝為名降筆，書寫《桃園明聖經》、《覺世真經》、《忠義經》，抑或以文昌帝君為名，降鸞《陰騭文》。其中，《太上感應篇》、《覺世真經》、《陰騭文》被民間引為教導子弟的三本《聖經》。（游子安，2005）

在清領、日據時期，台灣地區鸞堂持續飛鸞，根據統計，超過200本的經文，被收錄於《台灣宗教資料彙編》兩大套，每套約30冊之多。（王見川、李世偉，2009）

三芝智成堂文武聖廟以郭木生扶鸞著作《節義寶鑑》，楊明機通靈降筆《救世良規》、《清心寶鏡》、《覺路金繩》、《儒門科範》、《六合皈元》等6本善書。另外，楊明機悠遊各地鸞堂，

也留下《茫海指南》、《因果循環》、《迷津寶筏》、《苦海慈航》與《茫海指歸》等5本善書。這兩名鸞手不斷藉通神之能力著書立說，似乎在傳承鸞堂「出善書」的傳統。

二、戒鴉片煙

在日據時期，日本發動大東亞戰爭，為了廣徵戰爭經費，乃以政府之公權力，在台灣銷售鴉片給百姓吸食，藉此課鴉片稅。當時，有識之士期期以為不可。部分鸞堂的鸞生深受儒教教育，也知道百姓吸食鴉片，除了傷害自己外，更是戕害民族命脈的「歹事」。

根據過去中研院王世慶研究員的研究指出，此時期不少鸞堂鸞生降筆，大力疾呼百姓禁食鴉片。（王世慶，1986.12：111-152）由於符合當時社會的需求，參與鸞堂者眾，對恩主公的神靈嘖嘖稱奇。在筆者研究苗栗獅山勸化堂的鸞文，也發現類似的狀況。

不過，在三芝錫板智成堂並未有類似的舉措。郭石定及楊峻德兩位秀才擔任堂主期間，由郭木生及楊明機扶鸞著書，只有數首（個位數）詩文提及戒食鴉片的警世詩文。絕大多數的詩詞歌賦，都屬於儒教的修身道德律。

為何會出現如此落差？應該與三芝智成堂所處鄉村的地理位置及村庄的社會經濟平平有關。該堂最早創立於三芝庄的老街，後來堂分為二，郭石定將堂移至錫板純樸的鄉間，除了正鸞、堂主為地主外，參與鸞務的鸞生、效勞生或信徒，大多屬於務農的百姓，鮮有吸食鴉片者。

三、鄉紳堅持以漢學理念傳教

三芝錫板智成堂於 1900 年創堂，當時是由郭石定的提議，得到三芝庄的在地頭人張子清、江勝元、曾石岳、郭明德、楊峻德、黃見龍等人的協助而到淡水行忠堂迎請恩主公牌位。其中，具漢學老師、清朝秀才有郭石定，具漢學背景的有郭木生、楊維城、楊峻德、郭淇水、楊藻鑑等人，在地街紳背景的有曾石岳、黃見龍兩人。其中曾石岳為三芝庄庄長，黃見龍為三芝庄信用組合理事。

到了楊峻德擔任堂主時，培訓了同鄉楊元章之子楊明機為正鸞生，而郭石定、楊峻德及楊善慶等人為鸞生，共同著造鸞書。楊峻德、郭石定本為漢學老師，楊元章則是堪輿師，也懂漢文。其子楊明機在他調教下，亦有漢學底子。

這些鄉紳、街紳，皆屬在地地主、中上階級。在日本據台後，大量的設公學校，推動日語教育。他們卻以神道設教之方，教誨子民傳承儒教文化。形同在「異國統治」下的「異文化」，延續中華文化。

到了國府時期，三芝鄉傑出政治領袖，先後擔任淡水鎮鎮長的杜家齊、杜麗水退休返鄉，擔任堂主。之後，由三芝鄉代表會副主席楊寬裕及本鄉旅居加拿大街紳楊順復等人接任主任委員。就社會階級來看，他們為三芝上層階級，而在其擔任堂主或主任委員期間，依舊延聘鸞手持續鸞務。用扶鸞傳播恩主公信仰，即是弘揚以儒為宗、釋道為輔的漢人文化。

四、傳承鸞務

鸞務分為「著書」及「濟世」兩類；早在三芝老街開堂時，就由郭木生一邊著書教化子民，一邊濟世回應信徒的疑難雜症。在化解信徒的問題，就顯得神威顯赫，而易贏得其尊重及奉獻善款。（張家麟，2019）

楊峻德擔任堂主時，移至三芝鄉下，由於交通不便，鸞手及鸞生、效勞生人數急遽萎縮，問事的信徒明顯少了許多。此時，正鸞手楊明機赴台北發展鸞務，創立了贊修宮，其父親楊元章擔任堂主，他則在台北及竹山克明宮兩地扶鸞。

同時期，三芝智成堂陷入缺乏正鸞手的窘境，鸞務形同停擺。堂主楊峻德為了凸破此困境，乃到台北尋找與楊明機的合作機會。經由雙方協調，決定組織智成堂、贊修宮及克明宮三堂的鸞生，共同扶鸞造經。再以智成堂、贊修宮名義，刊印善書勸世。

之後，在楊明機58歲，因個人家計而停止扶鸞造經。突然之間，他不再扶鸞對台灣鸞堂及三芝智成堂成為一大衝擊。儘管如此，主事者並未放棄鸞務；持續培養及延攬正鸞生孫金順、蔡合綱及葉雲清等人接棒。

孫金順本來為效勞生，在缺乏鸞手的情況下，他站上鸞台，在本堂用單人鸞筆濟世20年。蔡合綱是由桃園真佛心宗陳政淋宗主，培養年輕的乩手。他於真理大學宗教研究所畢業後，來本堂以「金指妙法」，用紅簽字筆方式降文書寫鸞文，服務信徒。

而到楊順復任主委時，孫金順已年達90歲，蔡合綱因生計返回高雄；乃邀請丹天善堂、行忠宮的正鸞葉雲清來堂「濟世」。他尊淡水行忠堂、台北智仁堂、面天壇的正鸞張其年為師，帶領其鸞生約10名，皆來自智仁堂。他以雙人鸞筆通神，副鸞為許浩堯，合力扶鸞「濟世」。

鸞務得以傳承，除了自己培訓鸞生外，尚有引入他廟的乩手。此外，鸞堂以扶鸞濟世，也有其宗教信仰需求。因為本地信徒碰到人生重大的問題，或是面對重大抉擇，卻又猶豫不決時，他們有問乩的習慣。而在鸞堂的乩手，他們深諳此宗教習俗及心理，乃用扶鸞藉神之旨意，回應信徒的問題。

五、恩主公靈驗及修行

在《飛鸞》一書，研究二次戰後至1970年代，在台灣各寺廟扶鸞的乩手，藉降筆通神，被尊為「先生」，進而提升自己的宗教、社會地位。（焦大衛、歐大年著，周育民譯，2005）異於日據、清領時期，由具文化、社會、經濟地位的進士、舉人、秀才，以「神道設教」維繫三教文化。

過了卅年，到2000年代，新興宗派個案研究-桃園真佛心宗及中華玉線玄門真宗，顯現出其內部的部分乩手參與鸞務，除了提升自己的社會地位外，也把它當作虔誠信仰恩主公及自我修行的實踐。（劉智豪，2009）

而在本研究中，卻又有不一樣的發現，葉雲清乩手及其團隊鸞生，不乏碩博士學歷的大學教授、高中老師、工程師、專業經理人。他們尊葉為「老師」，是因為他通神，書寫的鸞文具修行指導原則及靈驗效果。

部分鸞生從恩主公賜予的詩文，得到啟發，當作安身立命的行為準則。有的鸞生將詩文寫成字條，放在口袋皮夾中，空閒時間就拿出來默讀體悟。此時，恩主公長相左右，成為他的恩師了！

如果乩文具有「預卜性」，而且顯現、實踐文意，鸞生就認為恩主公具靈驗性格。如果乩文具有「修身性」，鸞生就把它當作恩主公的指導，使自己不斷超越。

由此看來，乩手代表恩主公扶乩降筆，只要具「靈驗」及「修行」性格；往往是鸞生跟隨老師-乩生，投入鸞務的主要原因。而三教的道德律、修行觀，也是台灣地區華人社會穩定的重要因素之一。

陸、結語

為何鸞生會投入鸞務「代天宣化」？這是本文最重要的問題發想。而三芝智成堂的個案理解，讓我們得以一窺清季至今，儒者神道設教的原因。在1900年日本政府接收台灣第5年，三芝的在地鄉紳階級從淡水行忠堂迎回恩主公信仰的香火，設五聖恩主香位後，立即扶鸞著書。前後歷經120年，分別由正鸞手寫出4本經典，刊印6本鸞書。在著經刊印善書之餘，投入濟世活動。

在清朝末年與讀書人為主的首代鸞生，到現代持續扶鸞的第四代乩生，他們深信扶鸞著書是種功德，只要虔誠投入鸞務，出版經書，自己祖先將可轉化成神，未來自己也會被加封為神。就封神的理論來看，儒教對朝廷政治的影響，在《禮記》的「**法施於民，能防外患，能消大災，忠勤於事，以勞定國**」規範，及「神明顯靈」、「修道成真」等原則，皇帝可加封為功國偉人。[21]（James L.Watson，2002）而在具儒教色彩甚濃的「儒宗神教」看來，不用等皇帝封神，只要投入鸞務者，五聖恩主將可降乩，加封鸞生為神。這種民間儒教對儒生及其信仰者的封神論，完全異於皇帝的封神論，卻是鸞生、效勞生投入鸞務的內在動力。

在三芝智成堂歷代鸞生投入鸞務，尚與其他鸞堂鸞生投入鸞務的另一共同性格。他們相信透過扶鸞降筆的巫儀式，代表神（天）教化子民，淵遠於古老的「神道設教」的宗教傳統。鸞堂中的儒生或具漢學背景的讀書人，他們群聚在一起，將扶鸞儀式帶入了鸞堂，且用此書寫經典、神諭，教化子民。三芝智成堂出版的鸞書雷同於清際、日據時期及二次戰後全台各地鸞堂刊行的鸞書。（王見川、李世偉，2009）

除了這兩點鸞生投入鸞務共同原因外，三芝智成堂孕育的正鸞手楊明機，他投入鸞務有其特殊的理由，在他20歲投入扶鸞，一輩子書寫10本鸞書，他對伍聖恩主信仰的理解，始終有「恨鐵不成鋼」的心情。他一直想將恩主公信仰比照釋道兩教，成為制度性的「儒宗神教」。他踽踽而行於中南部以北的各地鸞堂，企圖整合成為單一宗教，他也自己創設鸞堂，到處扶鸞造經，甚至為儒宗神教書寫《儒門科範》的規則。然而，在日據及戰後國府時期，政治情境根本不給儒宗神教有生存發展的空間，他這項制度性的作為功敗垂成。

投入鸞務的乩生，事實上還有另外一項內心渴望。在1960年代之後，日據時代的漢學老師、儒生相繼凋零，三芝智成堂依救有過去的鸞生或外來的乩生接踵扶鸞，代天宣化。他們大多與濟世的方式服務信徒，除了運用鸞務維持生計外，都有贏得信徒、鸞堂認同的渴望。這些正鸞生經由扶鸞通神，被尊稱為「先生」，他們成為信徒及其他鸞生心目中的老師，而且從底層的社會地位往上流動，成為上層階級的宗教領袖。除了他在扶鸞中修行外，他帶領的乩生，接納了儒宗神教的傳統，以恩主公為師，在扶鸞儀式中學習，沐恩於恩主公的鸞下。對乩生而言，他們之所以投入鸞務，主要的動力在於修道與學習。

由此看來，三芝智成堂投入著造經典、刊行善書及扶鸞濟世的三種鸞務工作，與一般鸞堂雷同的是功德成神、神道教化這兩項原則。至於制度化儒宗神教則屬陽明機投入鸞務的特殊性動力。在二次大戰以前，幾乎都由儒生及漢學背景的領導鸞務，他們本來就是當時的地方領袖，擁有極高的社會、經濟地位與聲望。而在 1960 年代之後的正鸞生，他們願意投入鸞務，彷彿在社會階層中力爭上游，經由通靈降神，贏得了他個人前所未有的社會聲望。

21 James L.Watson 的封神目的，在於論述朝廷政治將民間信仰媽祖的靈驗神蹟，納入朝廷祭祀體系中。藉此表明皇朝與民間信仰一致性，同屬一種文化的信仰。而且也把朝廷的祭祀文化融入到民間媽祖信仰中，具有祭祀標準化的效果。（James L.Watson，2002）在此之外，朝廷也會對修行成真的仙人，如呂洞賓、王重陽、丘處機等人封神，而這不在儒教及民間信仰的封神範疇。

參考書目

C. K Yang ,1991 ,"Religion in Chinese Society : A Study of Contemporary Social Functions of Religion and Some of Their Historical Factors",University of California Press.

James L.Watson，2002，〈神衹標準化－華南沿岸天候地位的提昇（960–1960）〉，《諸神嘉年華－香港宗教研究》，香港：牛津大學。

Otto, Rudolf，丁建波譯，2009，《神聖者的觀念》，北京：中國社會科學出版社。

三芝智成堂，1996，〈卷壹睿部〉，《清心寶鏡》，台北縣：智成堂。

三芝鄉公所，1994，《三芝鄉志》，台北：三芝鄉公所。

三浦國雄，2013，《術の思想：医・長生・呪・交霊・風水》，日本東京：風響社。

丸井圭治郎，1993，《台灣宗教調查報告書》，台北：捷幼。

王世慶，1972.9，〈民間信仰在不同組籍移民的鄉村之歷史〉，《台灣文獻》第二十三卷第三期，頁1－38。

王志宇，1997，《台灣的恩主公信仰》，台北：文津出版有限公司。

王志宇，1997.6，〈儒宗神教統監正理楊明機及其善書之研究〉，《台北文獻》120期，頁43－69。

王見川，1995，〈清末日據初期台灣的鸞堂－－兼論「儒宗神教」的形成〉，《台北文獻》111–112期，頁49－83。

王見川，1995.8，〈台灣鸞堂研究的回顧與前瞻〉，《台灣史料研究》6期，頁3－25。

王見川、李世偉，2009，《台灣宗教資料彙編》第一輯第九冊，台北：博揚文化事業有限公司。

台北廳，1915，〈小基隆公學校長報告〉，《社寺廟宇ニ関スル調査》，台北：台北廳。

田中贊天宮，1939，《迷津寶筏》，台中：田中贊天宮。

宋光宇，1998.3，〈清末和日據初台灣的鸞堂與善書〉，《台灣文獻》49卷1期，頁1－19。

宋光宇，1998.7，〈書房、書院與鸞堂－試探清末和日據時代台灣的宗教演變〉，《國家科學委員會研究彙刊：人文集社會科學》8卷3期，頁373-395。

李世偉，1998.6，〈日據時期鸞堂的儒家教化〉，《台北文獻》124期，頁59－79。

李世偉，1999.6，〈從大陸到台灣－近代儒教研究的回顧與展望〉，《思與言》37卷2期，131-154。

財團法人新北市智成忠義宮，2013，《財團法人新北市智成忠義宮宮誌》，財團法人新北市智成忠義宮。

張家麟，2010，《台灣宗教融合與在地化》，台北：蘭台出版社。

張家麟，2010，《台灣宗教融合與在地化－以民間宗教儀式為焦點》，台北：蘭台出版社。

張家麟，2019，《三芝智成堂文武聖廟120週年志》，台北：智成堂文武聖廟。

許地山，1986，《扶箕迷信的研究》，台北：商務印書館。

智成堂文武聖廟，2004，〈建堂造書記〉，《救世良規》，台北縣：智成堂文武聖廟。

智成堂文武聖廟，2010，《節義寶鑑》，台北：智成堂文武聖廟。

智成堂文武聖廟，2011，《儒門科範》，台北：智成堂文武聖廟。

智成堂管理委員會，2008，《六合皈元》，台北：智成堂管理委員會。

游子安，2005，《善與人同－明清以來的慈善與教化》，北京：中華書局。

焦大衛、歐大年著，周育民譯，2005，《飛鸞－中國民間教派面面觀》，香港：中文大學出版社。

劉智豪，2009，《傳統與現代—論台灣鸞堂扶鸞儀式及其變遷因素》，真理大學宗教文化與組織管理學系碩士論文。

增田福太郎，1996，《東亞法秩序序說—民族信仰を中心として》，台北：南天書局。

贊修宮，1937，《聖佛救度真經》，台北：贊修宮。

淡水維基館：http://tamsui.dils.tku.edu.tw/wiki/index.php/%E6%9D%9C%E9%BA%97%E6%B0%B4，2018.5.11下載。

附表 1 郭石定時期著造《節義寶鑑》鸞生資料表

姓名	職務	背景
郭石定	堂主兼理副鸞	設私塾、漢學老師、漢醫、清朝秀才
曾瑞樹	正董事兼堂務	
張子清	總堂務兼請誦	智成堂開堂元老
曾石岳	副董事	經商、小基隆區區長、三芝庄庄長、小基隆信用組合創辦人
郭木生	正鸞生	具漢學涵養、郭石定之弟
楊維城	副鸞生	具漢學涵養、楊峻德之弟
張維塗	左鸞生	漢學老師、日據時代小基隆區書記與代書
郭明德	左鸞生	具漢學涵養、郭石定之弟
楊德峻	抄錄生	設私塾、漢學老師、日據時代保正、協議員
黃見龍	謄稿冊兼請誦	經商、三芝庄信用組合理事、三芝福成宮與智成忠義宮創辦人及董事
楊藻鑑	右鸞生兼請誦	具漢學涵養、楊峻德之子
郭淇水	司香生兼右鸞	具漢學涵養、郭石定之子
曾四海	司茶生兼請誦	
江萬城	香茶生	
曾人祥	迎送生兼理堂務	
張 爵	迎送生	張子清之子
郭鍛鍊	迎送生	
江立進	堂內供役	
蔡成金	校對	
江傳鳳	正宣講生	
江 專	副宣講生	
曾波臣	效勞生	
李丙	理聖蹟	

資料來源：1.《節義寶鑑》；2.《三芝鄉志》；3. 本研究整理。

附表 2 三芝智成堂立廟著造《救世良歸》鸞生資料表

鸞生姓名	鸞堂職務	背景
楊明機	正鸞生	具漢學涵養、楊元章之子
郭石定	首任堂主	設私塾、漢學老師、漢醫、清朝秀才
楊峻德	二任堂主	設私塾、漢學老師、日據時代保正、協議員
楊善慶	鸞生	楊峻德之弟

資料來源：1.《救世良規》；2.《三芝鄉志》；3. 本研究整理。

附表 3 楊峻德時期著造《清心寶鏡》鸞生職務分工表

姓名	職務	背景
楊明機	正鸞生兼校對	具漢學涵養、楊元章之子
楊峻德	正堂主抄錄兼校閱	設私塾、漢學老師、日據時代保正、協議員
楊夷狄	副堂主兼總理	楊順復主委之六叔公
盧炳文	專理謄正兼堂務	智成堂鸞生盧習孔親族
楊善慶	效勞生	智成堂鸞生、楊峻德之弟
蘇汀波	效勞生	智成堂鸞生、三芝鄉第 1-2 屆鄉民代表
楊元章	贊修堂主總代兼誥誦宣講生	楊明機之父、智成堂開堂元老
林有章	正膳真兼誥誦	竹山克明宮鸞生
林斗山	副膳真兼校閱	
張靜深	贊襄堂務兼校正	竹山克明宮鸞生
楊輝煌	副鸞生兼誥誦宣講生	
江白佑	司香茶迎送兼供役	
張海	司茶菓迎送兼供役	

陳尚志	司茶菓迎送兼供役	
黃嫣為、詹寬	司香兼迎送	
廖氏好修	淨堂內兼烹茶	
林氏玉梅	理庖廚兼澣衣	
劉氏來有	淨潔內外	
楊辰在、楊根旺、楊錦春、楊水港、楊隆埔、楊家和、盧石定、楊川澤、楊金鐘、江瑞裔	效勞生	

資料來源：1.《清心寶鏡》；2.《三芝鄉志》；3.2018.5.9 深度訪談；4. 本研究整理。

附表 4 杜家齊時期著造《六合皈元》鸞生資料表

姓名	職務	背景
楊明機	統監正理兼校對領導一切	具漢學涵養、楊元章之子
杜家齊	正董事主席	具漢學涵養、第四任淡水鎮長、大龍峒公學校訓導、淡水公學校訓導、大阪商船株式會社廈門丸（淡水－廈門、福州）買辦、矢野辯護事務主任、淡江英專永久校舍建校贊助委員會主任委員
杜麗水	副董事主席兼外交	首任淡水鎮鎮長、淡水國中首任校長
蘇汀波	總理內外事務	三芝鄉第 1-2 屆鄉民代表
楊善慶	主管副鸞兼誥誦	楊峻德之弟
盧炳文	副主事 里膳真校對	智成堂鸞生盧習孔親族
林水來	司禮兼誥誦	太元宮堂主
盧習孔	專理濟世正鸞生	漢學涵養、謝盧燕兄弟
張添財	經理堂事兼筆錄	管理人時代第 4 任堂主（1959-1975）、初中老師、漢文老師、日據時代三芝鄉公所職員
林本源	濟世筆生	三芝鄉海尾村第 7 屆村長、第 2 屆鄉民代表
楊宇宙	會計兼人事	日據時代古庄保長；三芝鄉古庄村 1-3 屆村長、4-5 屆鄉民代表
陳登城	會計兼人事	警員、三芝鄉鄉農會職員、第 3 屆鄉民代表
蘇榮華	贊勸堂務及人事	第 1 屆管理委員會委員
楊明儒	贊勸堂務兼宣講生	具漢學涵養、楊元章之子、楊明機兄弟

楊有義	贊勸堂務兼迎送	
陳志銘	香　兼內外務	
楊金冬、江欽亮、楊港水	香　兼供役	
楊川平	香茶兼供役	
郭塗、楊境、楊本藩、楊學禮、楊勝年、楊添陞	迎送兼供役	
楊玉明	迎送兼供役	智成堂廟地捐獻者
楊光堯	迎送兼供役	三芝鄉第 4 屆鄉民代表
蔡乾元、楊德勝林南生	堂務兼供役	
張九連	花　生兼供役	三芝鄉第 1-2 屆鄉民代表、鄉會專員、鄉農會代表
楊李吹	庖廚兼供役	智成堂廟地捐獻者
楊薔薇、田錦坤	庖廚兼澣衣	
謝來海、陳炳杉許晴港、黃騰文陳戊崑、江瑞裔李奎壁、郭西霖鄭木棋、曾木林陳水源、陳　瓶	贊勸堂務	
鄭火旺	贊勸堂務	三芝鄉小坑村第 5-7 屆村長、第 4 屆鄉民代表、鄉農會理事
陳金萬	贊勸堂務	漢學涵養、第 3 屆與 6 屆鄉民代表、農會幹事、鄉農會代表、調解委員
洪金土	贊勸堂務	5-6 屆三芝鄉民代表、陽住村第 1-2 屆村長

資料來源：1.《六合皈元》；2.《三芝鄉志》；3. 本研究整理。

附表 5 三芝智成堂各階段的鸞務表現

時期 鸞務	郭石定 1900-1913	楊峻德 1917-1938	杜家齊 1951-1975		楊寬裕－楊順復 1978-2018		
正鸞手	郭木生	楊明機	郭淇水	楊明機	楊孫金順	蔡合綱	葉雲清
鸞筆	雙鸞	雙鸞	雙鸞	雙鸞	單人扶雙鸞	金指妙法	雙鸞
扶鸞書寫	鸞桌	鸞桌	鸞桌	鸞桌	鸞桌	黃色紙張	鸞桌
濟世頻率	每週	－	不定期	－	不定期	每週一次	每月一次
著經時間	6 個月	4 個月	－	3 個月	－	－	－

資料來源：本研究整理

附表 6 楊順復時期鸞生資料表

姓名	職務	背景
楊順復	主委	會計師
鄭萬得	副主委	在地領袖
葉雲清	正鸞	智仁堂正鸞手張其年之弟子、副鸞手
許浩堯	副鸞	丹天善堂副鸞手 碩士
陳俊龍	校正生	日本早稻田大學博士
潘宗仁	禮誦生	
溫惠燕、吳珮綾、葉時助、鄭蓁宥	抄錄生	
李氣、歐寶鳳	迎送生	
林勝弘	傳宣生	
江貴真	司香生	
楊秋子、李鳳朱、陳月亮、葉麗卿	茶果生	
葉麗雯 張君健 彭梅英 鄭季淑	效勞生	

附表 7 三芝智成堂與楊明機扶鸞的作品

宮廟	鸞手	鸞書	出版年
三芝智成堂	郭木生	《節義寶鑑》	1901
三芝智成堂		《救世良規》	1919
龜山省躬堂		《茫海指南》	1921
		《因果循環》	1928
斗南感化堂		《覺路金繩》	1934
台北贊修宮		《清心寶鏡》	1929
台北贊修宮及三芝智成堂	楊明機	《儒門科範》	1936
田中贊天宮		《迷津寶筏》＊	1938
士林慎修堂		《苦海慈航》	1943
竹山克明宮		《茫海指歸》	1956
三芝智成堂			1956

＊《迷津寶筏》是楊明機與林修平共同扶鸞而成

附件 1

研究法	時間	受訪者	地點
	2018.3.31	楊孫金順鸞手	楊孫金順家
	2018.4.26	楊順復主委、鄭萬得副主委	智成堂
深度訪談法	2018.5.7	張彩南常務監察	智成堂
	2018.5.28	陳燕國委員	智成堂
	2018.6.9	楊明機媳婦	智成堂
	2018.12.20	楊順復主委	智成堂
焦點團體法	2018.4.22	葉雲清鸞手 歐寶鳳、溫惠燕、林勝弘、葉時助鸞生	智成堂

附件2例言

一、《節義寶鑑》例言

一是書、像聖神仙佛、降筆著造閱者宜信奉行、自然獲福無量矣。

二是書所得之人，如要披閱宜存清淨敬戒，萬不可褻瀆，致惹神聖責備者記之。

一是書欲披閱之際，必須盥手淨心，如不閱者，宜置堂中神桌上，萬不可攜帶入房、以及棄置不淨之所，自昭伊慼閱者記之。

一是書祈禱刊印一部，准賞十二功，即在外善信之人，虔心喜印者，具功同之。

一是書蓋因諸真降筆，舊章謄錄，如有不宜之處，俱傳聞抄錄之誤，閱者諒之。

一是書即得之人，如無心觀閱，析即轉送善信之人，以同公好，萬不可積為具物，度外置之也。

一是書既得之人，如能實心信奉行，少則可保一家，大則可保一邑，得者懍之。

一是書既得之後，如能將書中所載，提明教人，勸得一人為善者十功，十人為善者百功，如即多多向善，自能獲壽無疆，爵祿可冀，得者懍之。

一是書所得之人，不許女人小孩，無知亂行狎褻，致心謹慎，免惹神怒，得者記之。

一是書 書中記載，不外忠孝節義，革固鼎新，除汙與隆，總之，不外教人以善如實心信受之人，欲提明宣講，必先當中立一牌位，明書四位恩主聖號，焚香頂禮，方可開光，提揭指明，如既得之人，誠能善與人同，不特開講之人，一家有慶，即善聽之人，一身自獲清安，講者宜敬之出之，而聞者宜信之誠之，各懍遵焉可。

一是書所得之後，如能朝夕虔誠，供奉堂中，絲毫敬讀准許一家平安，得者記之。

一是書俱係，諸真列聖，垂書警世，雖辭章淺現，誠欲閱者，一覽同知故也，閱者諒之。

一是書皆聖賢仙佛，親臨降筆，非人之力所能為，抑亦人之所不敢為也，宇內善信之人，勿生他心，勿出異口，如若有疑慢之者，毀謗神聖，大則折壽一紀，小則減壽一年，慎之懍之，毋自欺焉可也。

二、《六合皈元》例言12則

此書名約六合皈元，乃聖神仙佛欽奉 玉旨飛鸞傳真而作，無非提醒世道人心，挽轉頹風惡俗，而敕於善良也。

何謂儒宗神教法門，乃推尊文武二聖，為儒教之淵源，以神降作善書而教化人心，破迷顯正以厚風俗，保國護民，匡扶災劫，乃神道設教，為鸞堂之通稱也。

鸞堂者乃聖仙佛神，代天宣化，駐蹕之行台，濟世渡人之公衙，其所造詩詞論文，切中時弊，篇篇錦繡，字字珠璣，閱者宜深警覺而善勉焉可。

此書出自三界高真，藉文鸞而傳神，一揮而就，不加修飾，非人力所能為也，其中詞華，依樂府詞調，點綴成篇，盡仙家興趣而作，閱者宜熟詠之。

此書以應時世潮流而作，人心最憾者，乃失五倫，亡八德，故特加擬題，作詞、作文、作賦，而為勸誡，俾犯者速回頭，未犯者防失足，庶不負聖神愛世之婆心矣。

為人心不古，好尚文明自由，以致背謬主義，棄道德於不顧，縱自由而糊為，傷天害理，無不為己。書中之勸告，詳且盡矣。閱者宜覺悟反悔，免受災劫而。

此書以詩、詞、歌、曲、吟、賦、論、文，而著作者，欲始青少年男女，便於吟詠易誦，以作教育之修身。家庭設會教化之秘本，吟之可以娛目醒心，津津有味之更無窮也，故不以行述案證雜之耳。

音人心難道，道則五教之妙道，亦聖人中庸之道，失道寡助，元神則失其所依，而良心死矣，故書中有詳明修道可以救劫，明善可以復初，其歌詠洩大道之神秘，欲度九二原人，閱者宜玩所詳參焉可。

此書應三界仙佛聖神之才華，發揮各抱負之詞氣，依題作文，真對人心，行行針砭，不鋪深奧，惟以淺白，易曉而醒心為注目也。閱者勿妄評詆誹，以負神心耳。

書中文字，或有差錯，點句接續或有乖者，皆抄錄膳真之務，印刷校對失真所不能免，閱者宜體諒之，並為訂正之，功德不少也。

此書乃三界高真降作，集腋成裘，費神人之苦心不少，乃為勸化度人之精神，閱者宜傳遞人閒，如閱畢轉送他人，廣行方便，切勿置之褻閣不淨之處。免招褻瀆之咎，慎之焉可。

如善信印送化人者，每部四十功，宣講勸化者，其功亦同，如有希求，準如所願，再版頒行，功同再造，依書所說，終身奉行，功德無量，準登果位也。

三、《清心寶鏡》例言

清心寶鏡一書，乃三教高真臨凡為教化下民而造，其間事多雜巧，理出希奇，閱者勿生疑貳之心。勿以無稽小說目之焉可。

書中行述案證音果，乃取事蹟造然，編造成冊，以為諷世，引古證今，何異現身說法，閱者須信受奉，取為矜式。

書中文法語辭獲奧義深文處，均有註釋，其音韻或有不調，字義舛錯者，皆傳宣抄錄之誤也，閱者須諒解以體神哀，庶幾不背矣。

書中所言事跡，正合時勢，好奇尚異之心，其在語言形容畢肖之間，簡略風情月意之詞，專以正俗隆風，不得已形容其一二也。閱者勿搖唇鼓舌，妄傳牆茨鄭衛之淫情，而失聖意也，有心世道者，必諒於斯。

此書之成，費盡上下諸真之苦，集腋成裘，其間忠孝節義，修真學道樂善好施，而邀美報者，兼載奸臣賊子，淫孽瀆倫，僧尼敗德，而受惡報者，恩冤並舉，賞罰兼施，善惡兩途，靡不咸備，誠堪化暴安良，助治風化，昭古今未有之奇聞，閱者能廣行勸誘，勉己渡人，其功德曷有涯哉。

此書乃聖佛仙神所著，閱者須宜端正身心，恭敬讀誦，勿偏斜側視，或置於閨閣不淨之處，則貽褻瀆之咎，倘己閱後，轉送他人，以俾同善之心，而公眾好也。

此書專為演講材料，而不多論文雜說等語。緣歷代以來，詞文已露，不用如斯，因材而施，故取其中節者也，只錄些少詩詞，以博雅趣，足以醒心悅目之一助爾。

書名為何清心，蓋曲人慾淨盡，天理流行，澈清心地，放諸光明，猶如寶鏡當空，一照而纖塵畢露，去垢就新，觸目立悟之意也，鑒觀古今，是則是傚，大有裨益於國家人心，啟淺鮮哉。

書中所取古今善惡，立成題目，敷衍成文，因果循環，恩冤報復，辭勵意賅，足以豁人爽聽，俾心科學者能進取譬，誠為修身之一？，家庭教誨之大觀，其在門人小子，均可取以導然專以帝神魂魄、生死輪迴報應芝學說，勉善化惡之階梯，誠於此書得之，閱者勿視為博採之具文焉也。

六堆客家鸞堂的新春開筆與鸞生養成

屏東科技大學助理教授 張二文[1]

壹、前言

鸞堂中正乩的角色是介於人神的溝通者，以手執乩筆沙盤寫字，傳真神意以化人，以優雅的文字藝術建構與靈交感的靈活形像，除了表彰神靈聖顯的靈感外，也宣示神靈代天宣化的功能。以扶鸞作為與神靈交感的一種手段，透過鸞乩的文字開示，來強化其神示的作用。鸞乩是以神靈附身的方式來救濟眾生，稱為「辦事」或「濟世」，著重在以神通法術為人消災解厄與祈福，大多奉持著來自仙佛聖神的旨令，舉行公眾性的儀式與法會活動，有著強烈救世、勸世與醒世的宗教責任。

而正乩生作為人與仙佛聖神溝通的中介者，經由正乩生扶鸞的鸞文，使得人與仙佛聖神能互相適應對方的願望與請求，發展出獨特的儒教文化。正乩生成為民間信仰文化的掌握者、推進者與傳播者，精通於傳統文化的觀念建構與詮釋，也精通於人世界的儀式執行與保存，經由正乩生扶鸞來解決人世間的各種生存問題。

鸞堂扶鸞的活動，是凝聚鸞生認同鸞堂的重要儀式；而鸞生參與扶鸞時，經常會感應仙佛降臨鸞堂，並透過鸞筆對他們教誨及指引他們在人生的方向，並且在日常生活中，實踐鸞堂的「忠、孝、廉、節」等教義。

扶鸞的工作是否可以持續，關鍵在於正鸞生的有無，尤其鸞書的著造，更得有一批完整的鸞務不可，六堆客家地區鸞書大部分集中於日治時期出版，和戰後比較，不僅量多質亦精。然而，戰後大部分鸞堂扶鸞的工作也告一段落，徒留提供地方人士問卜，即使成立了管理委員會，因嫻熟鸞務的地方仕紳一一凋零，又沒有新手銜續，終告停止。

在六堆客家屏東地區還有扶鸞的鸞堂，計有萬巒廣善堂、高樹慼化堂以及內埔新化堂、內埔勸化堂。從60年代起，這幾個鸞堂每年在春節後，都擇期舉行一年開始的「新春開筆」，也即是新的一年第一次乩筆扶鸞。各堂在年中已訂定每月三次到四次不等的開壇扶鸞日，在正月則各堂錯開，擇定日期當第一次扶鸞時，彼此交誼的活動。由於這幾個客家鸞堂供奉的主神都是三尊恩主，基於同宗本源的宗教情誼，因此彼此都有個默契，擇定不同日為各堂的新春開筆，各鸞堂都會包專車到場共襄盛會。一則參拜神佛聆聽乩文教示，二則藉此盛會友堂彼此連誼，更互相觀摩友堂扶鸞，宣講教化。這種淳樸的同道交誼，在各堂間已沿襲存在了幾十年之久，歷經幾個世代，信眾虔誠之心歷久彌堅非常難得可貴。在這個寂靜的客家庄來說，有如一年一度的庄頭盛事，堂裡幾乎動員了所有鸞生，清理內外，準備茶點水果，更齊備扶鸞的儀式，期以最莊嚴地請神儀式，教化庄民；各友堂也相約在各堂新春開筆之日以包遊覽車方式，前來祝賀並參拜行禮。

萬巒廣善堂的新春開筆，每年都是安排在最前面。一則，幾十年交誼下來，大家都跟著謝熾和先生學習，且目前供職的正乩生中，就以謝熾和先生最資深。

[1] 本文是從本人，《台灣六堆客家地區鸞堂與民間文化闡揚之研究》摘要而成。（張二文，2016）

貳、萬巒廣善堂鸞生鸞務傳承

位於先鋒堆萬巒的廣善堂，目前仍然扶鸞不斷，正鸞生謝熾和擔任堂主及接手正鸞已有30年，是目前六堆地區扶鸞狀況最佳的鸞堂。

萬巒廣善堂是南部地區有記錄最早的鸞堂，卻一直沒有鸞書留下的記錄，日治末期因受日本皇民化政策之壓迫，致信徒散漫，廟宇失修，沒落一時。台灣光復重歸祖國懷抱後，地方父老林富崙、林阿金、鍾德秀、黃興仁、林金順等，鼎力整頓重修，加祀司命真君為四聖，特聘黃宜福先生訓練鸞生、經生，乃再振作努力闡教，敦正社會風氣。

萬巒廣善堂稱此期為復興開堂闡教，還由《六堆客家鄉土誌》作者鍾王壽發起重組管理委員會，由他擔任第一屆的主任委員。並積極扶造鸞書《夜半鐘聲》天地人冊。

開堂闡教以來歷任主懺生乩生有黃宜福、李進祥、黃添喜、鄔接傳、謝熾和，黃宜福指導鸞務並擔任正乩，訓練李進祥同為正乩生，於民國41年（1952年）著造《夜半鐘聲》，之後就不再有鸞文留下，直到現任堂主謝熾和接任正乩後，才繼續有鸞文留存。其供職近30年，將著重於討論他堅持傳承鸞務的歷程。

參、萬巒廣善堂扶造《夜半鐘聲》

萬巒廣善堂於1952年出刊《夜半鐘聲》，《夜半鐘聲》計有〈卷首天部〉、〈卷貳地部〉、〈卷參人部〉三冊。也正所謂復興闡教後的第一部鸞書，可見萬巒廣善堂沉寂了一段時間。直到戰後，因為黃宜福先生的的指導，才讓萬巒廣善堂繼續發揮鸞堂的功能。

《夜半鐘聲》三部中，詩佔了大部分的篇幅，一個個的聖佛神聖的詩條列訓勉，許多共詠詩、或是幾位神奇共同完成一首詩，降鸞神明的出場順序，有一定的次序。以《夜半鐘聲卷首天部》〈二月初八日子刻〉為例，依序降鸞的神祇為：本堂供役福神登台詩、本堂天上聖母登台詩、本莊五方福神到詩、本莊開基福神到續、本莊五穀先帝到詠、本莊三山國王到續、高岡玄天上帝到詩、本堂文昌帝君登台詩、本堂孚佑帝君登台續、本堂文衡聖帝登台詩、保生大帝登台續、竹雲庵觀音佛母到詩、主席恩師趙大元帥到詩、鳳山城隍到詩、柳真君到詩、九天馬天君到詩、王天君到詩、八仙齊到共詠詩、原始天尊到詩、大上老君到詩、南斗星君到詩、北斗星君到詩、周大將軍到詩、南天文衡聖帝到南宮孚佑帝君到九天司命真君到共詠詩、欽命呂帝宣詔，諸生俯伏靜聽，欽奉　玉皇大天尊玄穹高上帝。（萬巒廣善堂，1952）

從以上的出場序，可以看出從小到大、從親近到高疏的排列，以供役福神為起頭，拉開一個龐大的聖神仙佛的排序。

如此的鸞文安排在後續的乩生訓練中，成了一定的原則。其中，就以現任堂主謝熾和的傳承最明顯。

謝熾和先生民國39年次，父親謝炳均，經營果菜批發，並擔任地理師，所以他接下父親的衣缽傳承當地理師，不僅幫人主持婚喪喜慶，看日課擇日看風水，也負責庄內各項節慶活動的禮生。民國53年就讀省立潮州初中時即入堂，23歲退伍後當紀錄生。民國66年，他27歲即擔任廣善堂新春開筆宣講，當時四個堂都是由謝熾和宣講，而當時各個鸞堂的正乩分別為萬巒廣善堂為黃添喜；新化堂為劉道淵；勸化堂為利芹生；感化堂為葉五斤。

謝熾和長期跟正乩互動，加上其父親謝炳均也是廣善堂鸞生，在《夜半鐘聲》出刊時，謝炳均擔任乩錄生、誦經生也是宣講生。是以，耳濡目染下謝熾和熟悉廣善堂鸞務的運作；從年輕時即跟李宜善校正生過往甚密，李宜善是六合吟社的社友，常邀謝熾和作詩，在如此的環境下，他對詩詞的領略敏感。14歲既入堂協助鸞務，1981年萬巒廣善堂重建，1983年落成，由林玉良擔任堂主，堂主力邀謝熾和學乩。謝熾和說：「**我曾藉故生病休息一個月，當時堂主也准允我休息，沒有想到一個月時日一到他即刻通知我要入堂，我在盛情難卻下接下正乩的工作。**」

堂主林玉良之後交接給陳盈壽，陳盈壽任滿遴選出謝熾和擔任堂主，謝熾和深深體會到，廟宇發展的主持人一定要嫻熟堂務，才可以領導堂務運作，所以他廢除管理委員會，直接由堂主、副堂主、管理人等作為堂務的運作。

謝熾和先生精通地理，為六堆地區知名的地理先生，不僅客家地區請他堪輿，連閩南庄也請他看風水，他還精通誦經及法會，廣善堂的經班就是由他指導，六堆地區其他的鸞堂正乩生都稱謝先生為老師，向他請教鸞文，也因他儒釋道精通，所以萬巒庄各聚落的新年福滿年福福會的禮生都是聘請他擔綱。

謝熾和說：「正乩要有悟性，俗諺說：「乩生易傳，智慧難得。」乩生的養成要靠乩生自己領悟，才能成功。有神力的加持，更要平時的清靜涵養。人正心就正，心正筆就正。」「工頭懶，班員散」「我當堂主，時時刻刻提醒自己不能鬆散，只要一鬆散，鸞生就會散掉，所以只要是扶鸞的日子，我一定會進堂。」因為這份堅持，讓廣善堂傳承！

從謝熾和所述也正符應，到擔任一位正乩是得經過上表並虔誠發心的，茲列舉美濃廣善堂〈教習正副乩表文〉，更可看出鸞生的莊嚴與慎重。（美濃廣善堂，1951）

〈教習正副乩表文〉

伏維

聖德愆群黎上叩天樨消末劫

帝恩懷眾庶下凡濟世出靈霄

教化假以砂盤，傳言憑以柳筆，今據台灣省高雄縣美濃鎮美濃廣善堂鸞下弟子，懇願效學正乩生○○、副乩生○○、乩錄生○○暨鸞下供職弟子人員等，虔誠懇叩願為學習乩手，組織全班人員一同自願為鸞下及庄中人等叩求指示，以便神人兩用事，前次叩求○月○日夜，叩求叩蒙恩師指示，其有堅志者須當修文　上奏，如是備虔願文，敬奉告于

三聖恩主暨恩師尊前，伏祈上奏于

昊天金闕玉皇大天尊陛下暨列聖佛仙神寶座前

懇申意者　竊維

天德崇隆優渥深恩開惻隱

神靈顯奕具行妙道醒愚蒙

深思當日聖心仁慈，憐念蒼生作孽，不忍不教而誅，懇思緩劫婉轉天心下凡，闡教開堂造書百餘年，費盡心血千萬眾化嚚醒頑無，如台灣一島前五十年，圖隸日本苛政酷民，近七八載滅神謗道毀廟禁乩，人心大渺，信仰暫消，幸今日台灣又復，還歸民國，白日崇光，何幸如之，此乃天心眷顧，島民快愉，信仰者日益趨來，禱叩者時多參詣，想及神人兩隔，情意莫通，前正乩生目疾屢沾，不堪其苦，是以生等再行組織學習乩手，願意身行效勞供職登載人員，各各誓願堅心信行，必欲達成其業，如有中途輒止，願受神天之誅。伏冀

恩主暨及恩師，俯允所願，大開利濟洪慈，諄情教習練乩，若得有成，可為人民之方便，達神聖之宗旨，生等並不敢怠，以用命推以他情，將來堂風丕振，恩膏永沐，汪洋聖道益彰德澤，共享涵濡，此則生等之至意禱切也，謹此，願文拜進以

聞

天運年月日美濃廣善堂鸞下〇〇〇九叩上申。

肆、萬巒廣善堂新春開筆

農曆春節過後，內埔地區的鸞堂紛紛舉辦新春開筆，藉以連繫廟堂間的情誼，更互相觀摩友堂扶鸞，宣講教化。在這個寂靜的客家庄來說，有如一年一度的庄頭盛事，堂裡幾乎動員了所有鸞生，清理內外，準備茶點水果，更齊備扶鸞的儀式，期以最莊嚴地請神儀式，教化庄民；各友堂也相約在各堂新春開筆之日以包遊覽車方式，前來祝賀並參拜行禮。

所謂「新春開筆」是一年的第一次扶鸞開示，各堂在年中已訂定每月三次到四次不等的開壇扶鸞日，在正月則各堂錯開，擇定日期當第一次扶鸞時，彼此交誼的活動。

新春開筆除了有以上觀摩學習的功能外，最主要也是正乩生展現其扶鸞功力的機會，在一個半小時左右的時間內，有將近40位神祇的降鸞以及詩篇扶出，如果沒有深入，要在短時間內達成是有困難的。以下舉出2018年萬巒廣善堂新春開筆的詩篇為例。

一、2018年萬巒廣善堂新春開筆乩文

戊戌年　正月初十日夜

〈本堂供役福神登台詩〉：

燦爛燈光照善宮，群黎齊聚表誠恭；
同心同德同歡慶，聖佛欣臨化育功。

〈五方福神齊到詩〉：
五方瑞氣映華堂，福耀門庭慶吉祥；
神顯威靈光宇宙，願期老幼德無荒。

〈本堂天上聖母登台詩〉：天生好景喜非常
〈本堂柳真君　登台續〉：柳筆生輝著典章
〈本堂城隍老爺登台咏〉：鞏固皇圖安社稷
〈本堂楊公先師登台續〉：楊枝一滴息災殃
〈本堂蒞任文昌帝君登台詩〉：文風丕振著良箋
〈本堂蒞任司命真君登台續〉：命察凡間播德音
〈本堂蒞任孚佑帝君登台詠〉：孚佑群黎消孽障
〈本堂蒞任文衡聖帝登台續〉：關懷世局道追尋
〈本境國王宮三山國王到詩〉：

國法遵從最得宜，王恩耿耿德頻施；

宮中寶鼎煙濃串，共濟和衷善早為。

〈本境竹雲庵觀音佛母到詩〉：

觀看塵凡化大千，音傳妙典結奇緣；

佛光普化恩同造，母願群黎道益堅。

〈本境先帝廟五谷先帝到詩〉：

先天大道任生行，帝德宏敷歲序盈；

廟貌巍峨靈顯赫，同心攜手錦前程。

〈本境天靈宮天上聖母到詩〉：

天生美景好風光，上下同心振紀綱；

聖道宏揚匡濟世，母期萬姓獲禎祥。

〈新北勢福善堂觀音佛祖到詩〉：

福祉連綿雨露施，善能趨吉最咸宜；

堂施寶筏超凡渡，願眾同心志不移。

〈南州代天府 朱府千歲到詩〉：

瑞氣迎春迓吉祥，清風朗月百花香；
代天宣化維綱紀，巡狩安寧壽且康。
〈大潭保安宮保生大帝到詩〉：
天施玉露興無窮，恩錫鴻猷造化功；
堂啟文風安梓里，賡歌慶頌兆年豐。
〈豐田新化堂孔夫聖人到詩〉：
新歲迎祥捷到台，台前善信笑顏開；
開懷逸興施恩澤，澤及遐方福滿堆。
〈高樹感化堂開台聖王到詩〉：
感懷世局筆傳真，真意勤修省察身；
身體力行扶聖道，道圓果滿自天申。
〈富田國王宮二王到詩〉：
年皇戊戌慶芳春，春景悠然佈德仁；
仁義常懷勤積善，善功圓滿化前因。
〈興南勸化堂五穀先帝到詩〉：

勸世明心化大千，千般玉語德為先；
先天奧典宜當覺，覺路引登免墜淵。

〈本堂主席趙登台詩〉：

戊戌年華月履端，迎春喜氣萬家歡；
群真逸興臨堂上，振筆題文賀吉安。

〈話〉：

本夜值逢本堂戊戌年新春開筆之良辰，喜感勸化堂、感化堂、新化堂、富田國王宮、新北勢福善堂、南州代天府、大潭天恩堂及各友堂善信眾等，虔誠致意蒞臨本堂共祝聖典，吾神感激之至。

頃刻三尊恩主 列聖高真逸興臨堂吟詠，諸生肅穆排班。

司香生焚香，司菓生添加酒菓，鐘鼓生鳴鐘敲鼓 恭迎聖駕。

護駕馬天君到

護駕王天君到

護駕周大將軍到

〈護駕關平太子到共咏詩〉：

遙聞鐘鼓達蒼穹，鑾駕隨行道善宮；
共濟和衷崇正道，年豐人壽利亨通。

〈隨駕南天使者 黃到詩〉：
勸世為懷教化施，施仁佈澤仰天慈；
慈悲善念存恩德，德厚功圓步玉墀。

〈八仙齊到共咏詩〉：
廣設鸞壇化大千，善教賢士結奇緣；
堂揚文教儒風振，新穎詩詞俗慮蠲；
春旭艷陽歌舜日，開懷樂道頌堯天；
筆飛奧妙通真理，賀祝昇平慶萬年。

〈倉頡先師到詩〉：
歲首良宵紫氣横，滿園春色喜相迎；
宣揚教義頻飛筆，闡述儒宗德早耕；
聖藻鸞章如玉振，綱常衛道似金聲；
匡扶社稷仁風佈，樂頌賡歌萬里程。

〈九天司命真君到詩〉：
春光換彩歲華新，老幼同歡笑語頻；
綠柳垂青添秀色，桃符飛舞慶芳辰；

金章疊出玄真理，覺路齊開脫俗塵；
甘苦共嚐為砥柱，門楣顯達福常臻。

〈南宮孚佑帝君到詩〉：

祥光瑞氣靄華堂，萬象回春草木香；
案上鮮花呈玉液，爐中寶鼎獻瓊漿；
興儒振教四維守，憫物濟人八德揚；
共挽頹風成美俗，恩波寵錫兆榮昌。

〈南天文衡聖帝到詩〉：

端月風光瑞氣融，祥雲鳳輦下蒼穹；
談經說典通今古，暮鼓晨鐘啟聵聾；
革故鼎新揚聖教，狂瀾力挽振儒風；
天恩廣被賡歌頌，古道重興慶大同。

〈三尊共詠詩〉：

戊戌值新正，祥光紫氣橫；
三陽開泰運，五福播芳聲；
共濟功勳積，同心善早耕；

和衷勤樂道，德滿錦前程。

〈話〉：

星光夜月，瑞氣騰空；

春風送暖，百花爭艷。

今宵欣逢萬巒廣善堂戊戌歲新春開筆之良辰、喜感豐田新化堂、興南勸化堂、富田國王宮、南州代天府，大潭天恩堂，新北勢福善堂及十方眾信人等，不辭路遙無畏辛苦共祝開筆良辰、吾神喜出望外。敢云：「宣揚聖道啟化人心，實有光明之希望」。期希眾等再加奮志，攜手同心共創未來，則前程無限者矣。退後勉之、勉之，此示。

〈主席話〉：

鐘鼓生向待、鳴鐘敲鼓，送駕。

〈主席復登台話〉：

本夜值逢本堂新春開筆之良宵，深感各友堂善信大眾虔誠到堂以增本堂光彩。值此更闌夜靜，祝福各位員生一路順風，新春愉快，所謀順利，萬事皆通、此示。

表 1　2008、2009、2018 三年萬巒廣善堂新春開筆降鸞神祇

2008 年降鸞神祇	2009 年降鸞神祇	2018 年降鸞神祇
本堂供役福神登台詩	本堂供役福神登台詩	本堂供役福神登台詩
五方福神齊到共 詩	五方福神到詩	五方福神齊到詩
本宮蒞任孚佑帝君登台詩	天上聖母登台詩	本堂天上聖母登台詩
本堂蒞任司命真君登台詠	張仙大帝登台續	本堂柳真君登台續
本堂蒞任文衡聖帝登台續	城隍老爺登台詠	本堂城隍老爺登台
天靈宮天上聖母到詩	楊公先師登台續	本堂楊公先師登台續
竹雲庵　佛母到續	本堂歷任文昌帝君登台詩	本堂蒞任文昌帝君登台詩
國王宮　國王到	本堂歷任孚佑帝君登台續	本堂蒞任司命真君登台續
先帝廟五谷先帝到續	本堂歷任司命真君登台詠本	本堂蒞任孚佑帝君登台詠
富田國王宮二王到詩	堂歷任文衡聖帝登台續	本堂蒞任文衡聖帝登台續
興南勸化堂五谷先帝到詩	天靈宮天上聖母到詩	本境國王宮三山國王到詩
高樹感化堂主席關到詩	國王宮國王到續	本境竹雲庵觀音佛母到詩
本堂主席趙到詩	竹雲庵觀音佛母到詠	本境先帝廟五谷先帝到詩
豐田新化堂開台聖王到詩	仙帝廟五谷仙帝到續	本境天靈宮天上聖母到詩
主席話	豐田新化堂主席柳到詩	新北勢福善堂觀音佛祖到詩
護駕馬天君到共 詩	興南勸化堂五谷仙帝到詩	南州代天府朱府千歲到詩
護駕王天君到共 詩	富田國王宮二王到詩	大潭保安宮保生大帝到詩
護駕張仙大帝到共 詩	高樹感化堂開台聖王到詩	豐田新化堂孔夫聖人到詩
護駕周大將軍到共 詩	主席趙登台詩	高樹感化堂開台聖王到詩
南天使者　黃到詩	主席話	富田國王宮二王到詩
八仙齊到共 詩	護駕馬天君到	興南勸化堂五穀先帝到詩
南海觀音菩薩到詩	護駕王天君到	本堂主席趙登台詩
九天司命真君到詩	護駕關興太子到	主席話
南宮孚佑帝君到詩	護駕周大將軍到共詠詩	護駕馬天君到
南天文衡聖帝到詩	隨駕南天使者黃到詩	護駕王天君到
三尊共 詩	八仙齊到共詠詩	護駕周大將軍到
三尊話	孔夫聖人到詩	護駕關平太子到共 詩
主席話	九天司命真君到詩	隨駕南天使者 黃到詩
主席後登台話	南宮孚佑帝君到詩	八仙齊到共 詩
	南天文衡聖帝到詩	倉頡先師到詩
	三尊共詠詩	九天司命真君到詩
	三尊話	南宮孚佑帝君到詩
	主席話	南天文衡聖帝到詩
	主席復登台話	三尊共詠詩
		三尊話
		主席話
		主席復登台話

以上是2008、2009、2018三年萬巒廣善堂新春開筆降鸞神旨一覽表，從上表我們很清楚的可以看出神祇的降壇有其先後次序，位階小的神祇先降壇，逐漸位階大的出現，最後是三恩主降鸞。

第二個特點是新春開筆的內容總有許多是共詠詩，多位神祇共同接序，一個神明降一句話，完成一首詩。三年來的格局差不多，降鸞的神祇也是差不多。這種結構形式從萬巒廣善堂鸞書《夜半鐘聲》有雷同現象，也明顯的看到謝熾和的傳承。

對於一個正鸞生的養成，需要心誠且靜心，曾如高樹感化堂堂主溫永文所言：「正鸞生在堂內扶鸞時的詩文是沒有辦法背的，一個晚上少說三、四首詩詞又含話，新春開筆將近四五十首詩，都是無法記憶後誦背出來，就以感化堂正鸞賴清水來說，他就只有國小畢業而已，而且一輩子務農，入堂才五、六年而已，如果可以背誦的話，他今天的成就一定可以更高，所以如何靜心感應是很重要的。」

伍、正乩的養成與傳承

台灣客家六堆地區的正乩養成或是扶鸞形式縱然有所不同，但差異性不大，由其師承及受該堂歷來鸞書形式的影響，反映出個人及各堂特色，呈現民間靈感文化新的集體性的發展趨勢，綜合了傳統社會深層的原型結構，雖然保留或創新大量的靈感神話，同時也注入了理性的人文關懷，肯定生命主體的存有價值。

也因為鸞生的養成不易，所以幾乎正乩都是一輩子奉職，萬巒廣善堂因為堂主的積極，從年輕即入堂，居於對鸞務的了解，集堂主、乩生、經生於一身，是六堆客家地區目前扶乩最正常最穩定的鸞堂。

廣善堂供奉四恩主為主神，要擔任正乩，不僅要發願，更要在恩主堂前擲筊，得到恩准方可，而且也要上疏表文，經恩准才可開始學乩，或許經過如此嚴謹恭敬的態度，更建立正乩在鸞堂中不可取代的地位。

從六堆鸞書中，我們發現，其實參與鸞務的鸞生，並非都是飽讀詩書的文人雅士，反而是許多對文字是陌生，透過到鸞堂來學習。

胡萬川於〈民間文學集體性之質變與發展〉表示，民間文學有三個主要特徵，即口傳性、變異性及集體性。相對於作家文學的以文字傳達，民間文學以語言口傳。口傳靠記憶，記憶卻常只能記重點，而不易記細節，因此經聽聞、記憶之後的再傳述，通常就不可能是完全的複述。特別是篇幅較長、內容較多的作品，更不可能完整地重述。加上講述人個人情性的差異，講述時空、情境的不同，都會使作品在流傳過程中有種種變異。至於集體性，民間文學能夠傳承下來，一定不會是當初的原樣，而是經過不知多少人的加工、感染而成的結果，因此它代表的就不是某個個人的思想，而是傳統群體中的集體認知或情感。

根據胡萬川的看法，鸞堂中正乩就有如傳統社會中善於講唱的人，有自覺的人卻常常相信他們只是「述而不作」，相信他們只是轉述傳統，或重組傳統，而不是真正的創作人。有的常常自以為他們的能力來自神示天啟，而不是自己有什麼學習創造。這種神示的說法，其實說的也是來自傳統「述而不作」之意，因為那種天啟式的說法，其實是長期浸潤習熟於講唱傳統文化之下的一種自我啟悟的神秘講法而已。

依此論點，在扶鸞以口語表達的情境裡，熟練的正乩之所以能夠在鸞生的呼應下即席傳達出鸞文，是因為他們通常對各種鸞文的形式、對應、神明位序、內涵已經非常習熟。經年累月的宣講，宣化幾乎已經成了另一種說話的形式，長久累積沈澱的記憶，隨時可以依不同情境的需要，將那些詩詞重新組裝，加上為呼應不同情境所需要的內容，便成了符應信眾所求的訓勉。看似不一樣的內容、句型，但在形式或內容上，依然是傳統的框架。這也正是在與第一線鸞生接觸時的，大部分的正鸞生也都謙詢自己是「述而不作」。

從鸞生的養成歷程以及扶鸞著書的程序來看，鸞文看似出自個人，其實卻已包含著集體性的型範。雖然鸞文的傳達不是「集體創作」。但大部分的扶鸞情境，卻多半是來自對現下社會的規勸與善誘以及鸞生的求神問卜需求互相呼應，並且循依傳統敘事模式編造代表著集體記憶的結構、形式、對應套語組裝而成，而傳統的信眾當然更代表著傳統的集體制約，這也正是鸞書符合民間文學裡實質上的集體性。

胡萬川更強調不同層次的作品，「集體性」是會有著不一樣的性質的。（胡萬川，2004）畢竟，像鸞書的內容深具教化勸化內容，更兼容並包的涵蓋儒釋道的教義，正鸞生的個人才性以及堅持是已經逐漸從集體性之間脫穎而出了，不論「述而不作」或是「神示天啟」，都得長期浸潤習熟於民間宗教傳統文化中，不斷的潛修、自我啟悟，將供職當成使命。

陸、結論

到底神在扶鸞儀式時，有沒有來到鸞堂，對這個問題，「科學主義」者會持「批判」的態度，認為鸞手「裝神」，假藉神諭，欺騙眾生。日治時代，丸井圭治郎在《台灣宗教調查報告書》，就將這些活動視為巫覡行為。民國初年，受西學影響的梁啟超就曾經嚴厲批評鸞堂，認為當時北平、上海等大城市，到處設有鸞堂，是不好的現象。這些都是從自然科學「實證主義」（Positivism）

的角度，想要探究神到底存不存在；當科學家無法看到神降臨時，就當作神不存在。因此，鸞堂的鸞手透過扶鸞儀式，請神扶出鸞文就容易被視為假藉神的巫術行為。

渡邊欣雄觀察了美濃廣善堂鸞生扶鸞的例子，說明神的意志並非由人，而是憑藉著柳筆，這點是以宗教者為中心定義「巫教」，有難以解釋之處的例子。（渡邊欣雄，2006：170）

台灣的扶鸞，是藉由柳筆及其操作者之間的感應，將神的意志在沙盤上畫出的行為，並非絕對是巫教。中國民俗宗教是人和人、天和人、占具和人等之間存在感應，我們可以了解到沒有了感應，宗教便無法成立。渡邊欣雄認為必須針對人類持有第六感的能力加以重新考慮。

民間信仰是傳統社會宗教禮儀的傳承與延續，雖然受到後代統治階層的文化意識與宗教制度的洗禮與改造，產生不少歷史性的混雜與合流，呈現出盤根錯節與內容宏浩的文化格局，而正乩生作為人與仙佛聖神溝通的中介者，經由正乩生扶鸞的鸞文，使得人與仙佛聖神能互相適應對方的願望與請求，發展出獨特的儒教文化。乩生成為民間信仰文化的掌握者、推進者與傳播者，精通於傳統文化的觀念建構與詮釋，也精通於人世界的儀式執行與保存，經由正乩生扶鸞來解決人世間的各種生存問題。

隨著社會的時空演變，戰後台灣靈乩的崛起與發展，與台灣新舊社會結構變遷有密切的關係，傳統宗教為了適應時代的挑戰，也會對應外在環境進行自我的調整或創新，對社會各種信仰系統重新加以整合或分化，進行動態性的統整與會通，在舊有的宗教體系中注入新生的發展動力。

這種相信神降臨鸞堂的心態，可能是鸞堂鸞生願意到鸞堂接受神指示的重要動力來源，如果不相信神存在，扶鸞的儀式對鸞生而言，也就沒有任何意義。這符合漢人文化價值觀中，「頭上三尺有神明」的想法，和「敬神如神在」的觀念。只要在中華文化沒放棄這種「神存在」的價值觀前提下，鸞堂鸞生自然擁有到鸞堂去感受「恩主」及「仙佛」降臨的內在心理需求。

扶鸞是人與神溝通的儀式之一，台灣地區的鸞堂透過它，帶給信徒內心的靈驗感受，信眾相當依賴神聖仙佛給信眾的解惑、指引、保佑、預言等鸞文的指示，此種來自內心主觀靈驗感受，是鸞堂至今仍可生存及發展的主要原因。

參考書目

林玉良，1981，〈萬巒廣善堂沿革略記〉，鐫刻於萬巒廣善堂牆面上。

美濃廣善堂，1951，〈美濃廣善堂日治至光復初期－消災祈禱文章〉，高雄：美濃廣善堂。

胡萬川，2004，《民間文學的理論與實踐》，台北：里仁書局。

張二文，2016，《台灣六堆客家地區鸞堂與民間文化闡揚之研究》，台北：博揚文化有限公司出版社。

渡邊欣雄著，張珣、葉春榮主編，2006，〈作為「術」（方法）的宗教－和人的民俗宗教分析概念之在檢討〉，《台灣本土宗教研究：結構與變遷》，台北：南天書局有限公司，頁170。

萬巒廣善堂，1952，《夜半鐘聲卷首天部》，屏東：萬巒廣善堂。

楊思洪，1995，《民間詩神－格薩爾藝人研究》，北京：中國藏學出版社。

照片：萬巒廣善堂98年度新春開筆扶鸞（正月初五日）

新春開筆為鸞堂一年中的開始

友堂一起來祝賀並觀摩學習

友堂包遊覽車信眾一起前來

蒞臨的友堂鸞生先行祭拜

請誥生請誥

各友堂鸞生一起恭請

信眾分列於前庭恭請祭拜

恭請眾仙神降鸞

各友堂鸞生至殿前行三拜九叩禮

各友堂鸞生至殿前行三拜九叩禮

扶鸞開始

各友堂鸞生於殿前左右觀摩

新化堂鸞生觀摩紀錄

勸化堂鸞生觀摩紀錄

正副乩生扶鸞

扶鸞情形

正副乩生扶鸞情形

筆錄生紀錄情形

筆錄生紀錄一首隨即宣講

扶鸞結束，正副乩生拱手

乩生恭送聖神仙佛

感謝鸞生信眾虔誠前來

行三拜九叩禮

吃平安粥

第三章 扶鸞及功能

代天宣化
節
義

型態與原因：比較玄門真宗、勸化堂、新民堂的扶鸞

真理大學教授 張家麟

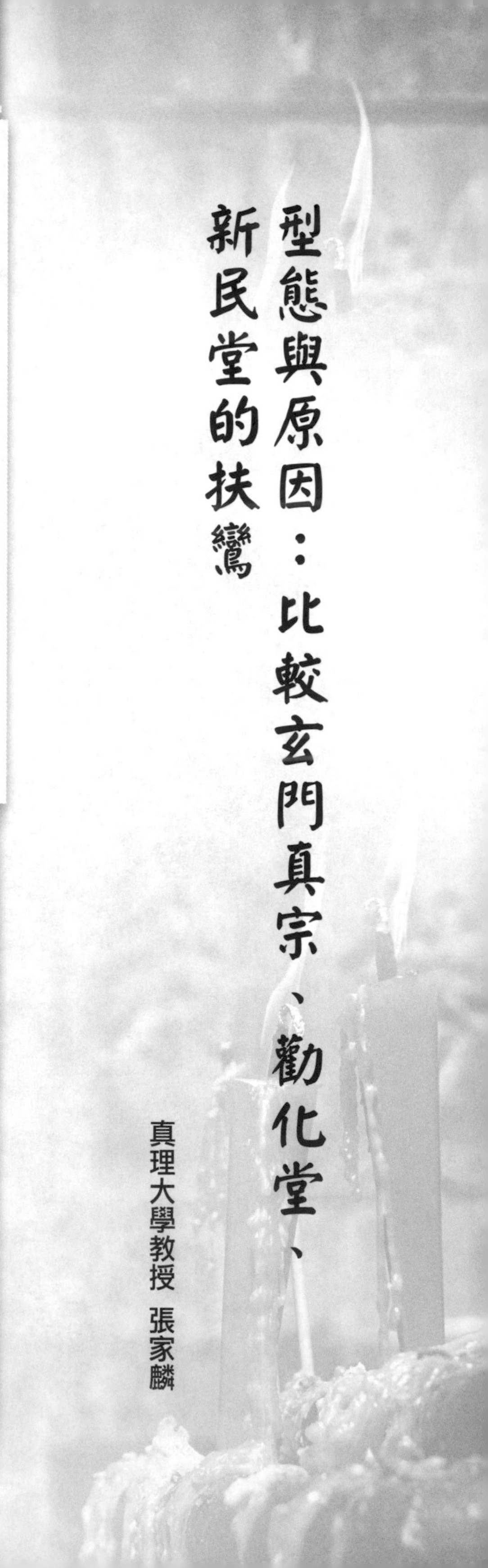

壹、前言

扶鸞儀式隨著華人祖先從中國大陸移民台灣時，也帶過來這裡。過去的研究指出，最早出現的鸞堂分別在北台灣、澎湖及中台灣等地，其中，北台灣以宜蘭新民堂、喚醒堂為代表，再從這兩間鸞堂分香到淡水行忠堂、三芝錫板智成堂，再分香到台北指南宮、覺修宮、智仁堂等。另外一支出現在澎湖一新社，再從澎湖傳入台灣南部。第三支鸞堂的系統則出現中台灣的彰化廣善堂，再由廣善堂傳到東興堂、三興堂及新竹地區的鸞堂。（王志宇，1997：30-35）就傳入的時間來看，約在康熙四十年（1701），（林文龍，1984：31）漢人將鸞堂信仰中的扶鸞儀式，從中國大陸不同地區帶到台灣地區來，並非單一系統的鸞堂傳佈，而是多元系統引入台灣。（王見川，1995：

15-19；鄭志民，1984：99-101）

鸞堂中的扶鸞儀式，不只是「儒宗神教」非堂重要的儀式，也擴張到漢人民間信仰的其他教派，例如一貫道、慈惠堂、紅卍字會、天帝教、天道等。由中國大陸傳入台灣地區的「新宗教」，仍然保持此儀式，當作該教派宣教、濟世、入教、從事宗教教化、傳達神仙旨意的重要科儀與功能。（劉智豪，2009：23-25：73-87；林榮澤，2008：2-32）另外，學術界對一貫道所供奉的無極老母及扶鸞儀式中的天、地、人角色也提出關注。（Philip Clart,1995；志賀市子，1999；2003）

然而，扶鸞儀式在台灣現代社會中卻面臨發展的困境，由於鸞務的主持人－正鸞手，他是神的代言人。在現階段這類人越來越少，這是台灣的國學教育不如過去明、清、日據時代，老鸞手逐漸凋零，未具國學基礎的新鸞手尚未接棒，導致許多傳統鸞堂缺乏鸞手，而鸞務停頓。（張家麟，2008b：42-43）

儘管如此，台灣地區部分鸞堂、一貫道、慈惠堂、紅卍字會、天帝教、天道等教派，仍然維持鸞務，使扶鸞儀式和現代科技昌明的後工業社會相結合，產生宗教儀式的融合主義（Syncretism of religious ritual）現象。雖然部分教派的扶鸞儀式產生了變化，但是也有部分現代道場與廟宇仍然維持傳統的扶鸞科儀，這種扶鸞儀式「變」與「不變」的現象，同時並存於台灣社會，這是本文主要的探究焦點之一。另一個焦點則是，分析扶鸞儀式出現變化，及維持傳統不變現象的背後因素，這兩個問題構成本文的主軸。

過去扶鸞儀式的變遷研究，鸞手扮演重要角色。焦大衛（David K. Jordan）和歐大年（Daniel L. Overmyer）在《飛鸞—中國民間教派面面觀》也有注意到台灣鸞堂的變遷與變化，源由鸞手對儀式的改良，即鸞手與鸞堂的變遷有很深刻的關聯。（Daniel L. Overmyer,1986）

當鸞手願意吸納現代社會的價值，與滿足信徒的需求而作出改變，儀式就可能產生變化。關鍵的因素在於鸞手的判斷，與他對社會的認知。當他將古老儀式調整，而且能滿足信徒的內在需求。則此扶鸞儀式就可生存，甚至有利於該宗教團體的發展。（張家麟，2008b）

另外，對於扶鸞儀式與社會階層的詮釋，早期日本學者酒井忠夫以及美國學者焦大衛和歐大年所提出來的理論截然不同。酒井忠夫認為，早期扶鸞儀式是上層的知識份子，利用神明的力量教化下層的普羅大眾。焦大衛、歐大年在台灣進行調查的結論，卻是下層的普羅階級，想透過此扶鸞儀式擠身到上層社會的機會，兩者的詮釋完全不同。

本文將對這些理論觀點重新反省，當作研究的想像與問題，並尋求合理的解答。研究個案為代表傳統「變化較少」的苗栗獅頭山化堂，與代表「局部變化」的宜蘭新民堂，及代表現代「變遷最多」的中華玉線玄門真宗等三個鸞堂的扶鸞儀式，以它們為分析物件。這是筆者從 2005 年以來，投入扶鸞儀式的後續研究，（張家麟，2009：293-305：2008：1-60）也是接受中華玉線玄門真宗委託建構《關公數位典藏資料庫》過程中的部分研究成果[1]。

貳、當代台灣扶鸞儀式比較

扶鸞儀式是神透過人，在此儀式中表現神的旨意，它具有神人溝通的意涵，鸞手在扶鸞時曾被指稱為「薩滿」現象（Shman），（余光弘，1999）也被學者認為，仙佛確實附身在鸞手，鸞手是仙佛旨意的代言人。（林榮澤，2009：1-35）筆者對這兩種論述存而不論，反而關心的焦點是扶鸞儀式的變與不變的現象，對上述三個鸞堂的扶鸞儀式作調查，比較此儀式中的形式與本質。

就形式而言，比較「語體」、「進行方式」及「法器使用」等三個概念；就本質而言，比較「男性或女性主導」、「菁英或普羅式的參與」及「人神關係」等三個概念，用這六個概念當作比較的基準點（criteria），茲將比較結果說明分析如下：（表1）

一、形式之比較

（一）傳統與現代「語體」

1 筆者曾經指導劉智豪研究生從本資料庫歸納、演繹成《傳統與現代—論台灣鸞堂扶鸞儀式變遷及其因素》碩士論文。（劉智豪，2009）

扶鸞儀式非常重要的功能是，仙佛經由儀式附身在鸞手身上，鸞手用鸞筆在鸞台上搖出鸞文，一般言鸞文分為「教化」與「濟世」兩類。「教化」是仙佛對鸞生的宗教教誨；「濟世」則是仙佛出示鸞文，解答一般信徒的疑難雜症。前者扶出的鸞文大部分是詩詞與古文形式；後者也有詩詞的表現，但是大部分是直接告訴信徒，如何化解自己面臨的困難。（張家麟，2008a：43）因此，扶鸞儀式曾經創造出許多鸞文，經由時代淬煉的鸞文，則變成民間信仰重要的經典，如《關聖帝君覺世真經》、《文昌帝君陰騭文》、《太上老君感應篇》、《大道真經》、《天上聖母經》等，這些經書都用古詩詞樣式的鸞文。[2]

從此可知，優美語體和豐富內涵的鸞文，經常可以變成民間信仰的重要經典，不少鸞手以神道傳教，用鸞文傳達儒、釋、道三教的意涵，其中又以儒學為宗，因為這些鸞手大部分是擁有功名的讀書人。台灣地區早年的鸞手也不例外，許多鸞堂幾乎都由讀書人擔任鸞手，像宜蘭新民堂李望洋（舉人）、喚醒堂楊士芳（進士），鑒民堂陳掄元（秀才）、陳朝儀（舉人）、陳朝楨（秀才）、陳朝鏘（秀才），三重集福堂林啟輝（秀才），新竹複善堂林學源（秀才）等人，都具有深厚的國學基礎，因此扶出來鸞文對仗工整，大都是以「詩、詞、四六駢體文」展現，文章的韻腳清楚而且優雅。以宜蘭鑒民堂《龍鳳圖全集》的鸞文為例，幾乎全文以五言、七言律詩、絕句及古文來展現，隨機引用神農大帝降筆的律詩：

後人富貴不思前。憶我當初尚淚漣。樹葉為衣風雨曆。草根作吃性心堅。

先嘗百味琉璃腹。卒驗千方物藥煎。此在艱辛成博濟。萬民受福反茫然。（《龍鳳圖全集》，2007）

上述的律詩韻腳與平仄平韻工整，這可能是鸞手擁有深厚的國學基礎，才可能扶出優雅的詩文。然而，民國初年五四運動以來，由於胡適等人提倡白話文運動，排斥古文學，打倒孔家店，欲將傳統中國國學丟到毛坑20年，引進西學，強調民主與科學，貶抑國學，導致讀書人再也不讀四書五經、唐詩宋詞等漢學，當代普遍的中國知識份子學習白話文和西方學術，忽略古文，導致社會無法提供擁有古文基礎的鸞手來源。所以，台灣現存於21世紀的鸞堂，如果維持扶鸞儀式，其鸞手扶出的鸞文可能與傳統優雅的鸞文無法比擬。大部分擁有傳統的詩詞樣式，但表現的語言、聲韻、韻腳卻是白話文的樣式。

例如：苗栗獅頭山勸化堂、宜蘭新民堂、中華玉線玄門真宗等，鸞手扶出來的鸞文都只有古詩的形式不符合七言絕句、律詩的規格，鸞文內容則偏向混合的方式，以白話文和文言文交換使用。（圖1：2：3）現代鸞堂的鸞手都沒有國學訓練，因此，無法扶出押韻的鸞文，平仄的聲調也不符合傳統要求，但是不妨礙經由鸞手扶出的鸞文與信徒溝通的效果。[3]（張家麟，2008：27-28）

至今還堅持使用古詩樣式的鸞堂，以苗栗獅頭山勸化堂為主，筆者將該堂鸞手廖泉榮扶出來的鸞文與早期獅山鸞手扶出來的鸞文對照，兩者內容並沒有太大的差異。雖然扶鸞儀式沒有改變，

但是扶鸞所採用的語言卻隨著時代的更迭而轉化，其中以扶鸞詩的語言轉變最為清晰。（鐘雲鶯，1999：81）

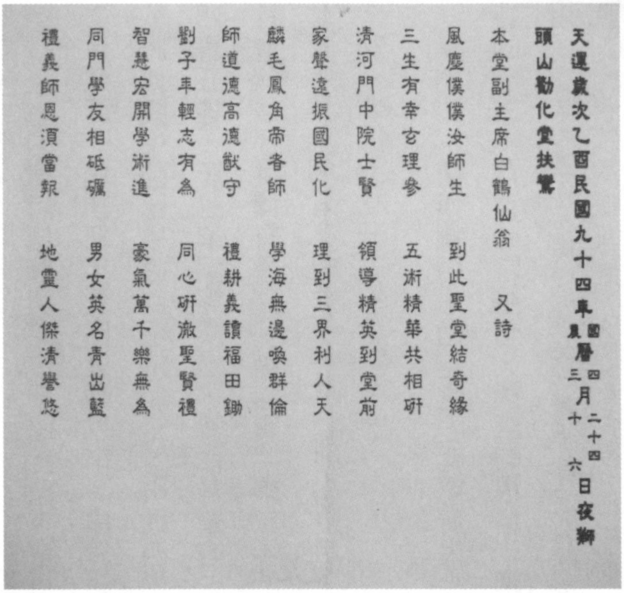

天運歲次乙酉民國九十四年國曆四月二十四日 農曆三月十六日夜獅
頭山勸化堂扶鸞
本堂副主席白鶴仙翁　又詩
風塵僕僕汝師生　到此聖堂結奇緣
三生有幸玄理參　五術精華共相研
清河門中院士賢　領導精英到堂前
家聲遠振國民化　理到三界利人天
麟毛鳳角希耆師　學海無邊喚群倫
師道德高德猷守　禮耕義讀福田鋤
劉子年輕志有為　同心研澈聖賢禮
智慧宏開學術進　豪氣萬千樂無為
同門學友相砥礪　男女英名青出藍
禮義師恩須當報　地靈人傑清譽悠

圖 1　苗栗獅頭山勸化堂鸞文

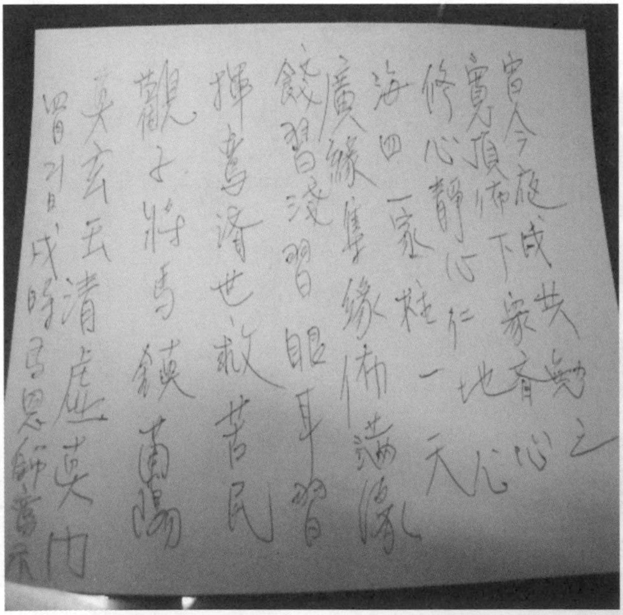

圖 2　宜蘭新民堂鸞文

例如：台中聖賢堂所出版的《地獄遊記》、《天堂遊記》中的鸞文採用的是白話文，讀者可以清楚的瞭解書中內容。但是，現代大部分鸞堂雖有古文樣式，卻將白話與古文混合，形成淺顯易懂的白話文樣式的古文詩。在獅山勸化堂、宜蘭新民堂及中華玉線玄門真宗扶出來的鸞文都有這種現象，以宜蘭新民堂為例：

「宵今夜成共勉之。寬頂布下眾齊心。修心靜心仁地心，海四一家柱一天，廣緣集緣佈滿

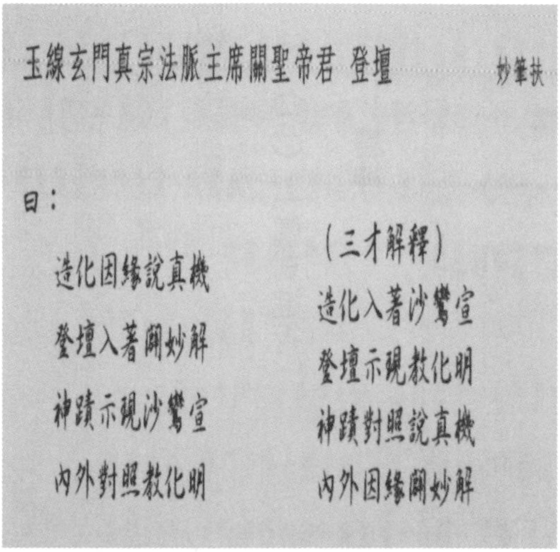
玉線玄門真宗法脈主席關聖帝君 登壇　妙筆扶

曰：

造化因緣說真機
登壇入著闡妙解
神蹟示現沙鸞宣
內外對照教化明

（三才解釋）
造化入著沙鸞宣
登壇示現教化明
神蹟對照說真機
內外因緣闡妙解

圖 3 中華玉線玄門真宗鸞文

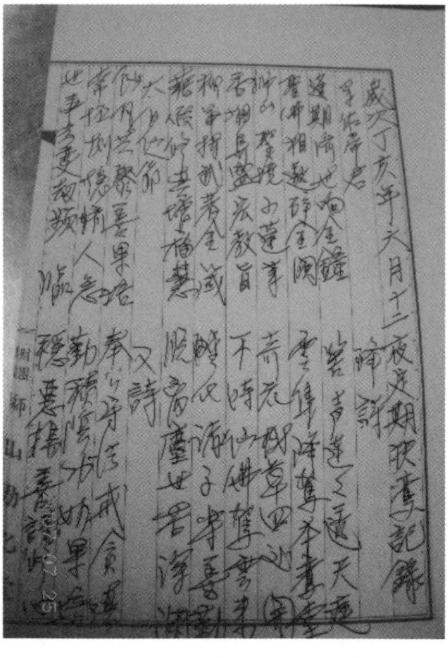
歲次丁亥年六月十二夜定期扶鸞記錄

圖 3.1 苗栗獅頭山勸化堂鸞文

緣。箋習淺習眼耳習。揮鸞濟世救苦民。觀子將馬鎮蘭陽。真玄玉清虛真門。」（圖2）

從上述的鸞文可以看出，三間鸞堂的鸞文形式上保留七言古詩或絕句的樣式，但是文字上已經是非常淺顯的白話文，詩的韻腳與聲韻也都沒有絕句、律詩與古詩的內涵。這是因為三間鸞堂鸞手的國學造詣並不深的關係，他們都沒有受漢學教育，只是跟隨過去老鸞手學習，因此無法向古代鸞手一樣寫出優美的鸞文。就此現象來看三間鸞堂的語體都已經從傳統語體轉向現代的語體，只有傳統詩的形式而沒有傳統詩的韻腳與聲韻，這是傳統鸞文轉化成現代鸞文的共同現象。因地區不同，使用的語言也會有所不同，例如：苗栗獅頭山勸化堂位於客家莊內，而鸞堂內的神職人員大部分都是講客家語，所以在舉行扶鸞儀式時，從開始到結束以及宣講時都是用客家語進行。另外兩間鸞堂則是位於閩南人的地區，所以在扶鸞儀式進行時全程都是以閩南語來呈現。由此可以瞭解，鸞堂會因為地區性關係，所使用的語言也會有所不同。雖然在語言上有差異，可是每一間鸞堂所期待的「教化」、「濟世」則是共同的目標。（表1）

(二)「儀式進行」

1. 請神

請神就跟監壇一樣，三間鸞堂都還維持這一項傳統的職務，只不過每一間鸞堂的請神咒語有所不同，例如：苗栗獅頭山勸化堂請神經咒是從《三聖恩主寶誥本》中唸誦出來，（圖4）宜蘭新民

堂請神咒是從《九天馬真相救劫度人真經》中唸誦出來；中華玉線玄門真宗請神咒是從《玉皇普渡聖經》中所唸誦出來。（圖5）

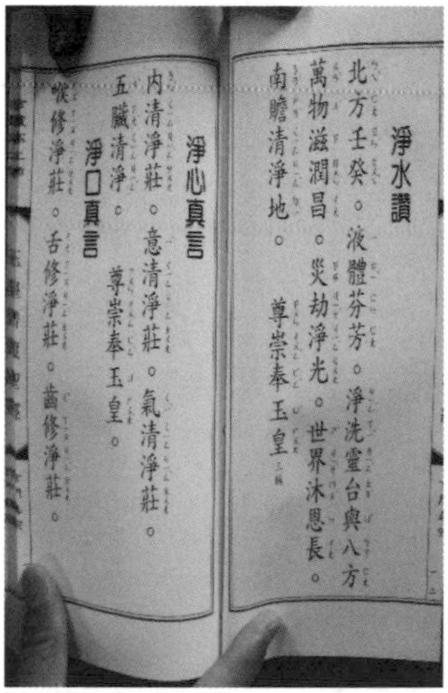

圖5《玉皇普渡聖經》中〈淨水讚〉、〈淨心真言〉、〈淨口真言〉內文

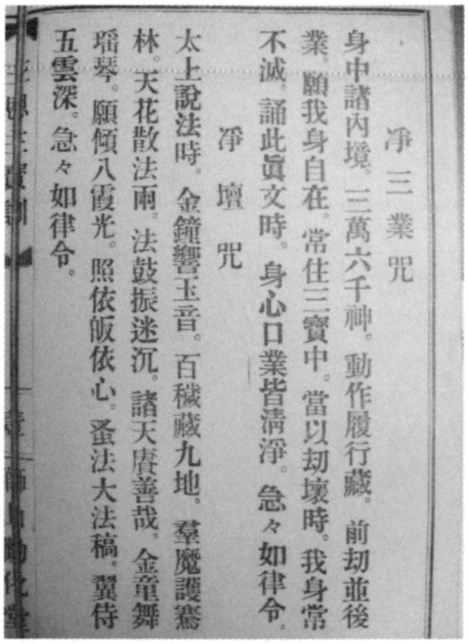

圖4《三聖恩主寶誥本》中的〈淨三業咒〉、〈淨壇咒〉內文

這三個鸞堂請神的方式也不同，苗栗獅頭山勸化堂的請神，是由一位鸞生唸誦請神咒；宜蘭新民堂則是請兩位女性鸞生在內殿中唸誦請神咒；至於中華玉線玄門真宗是由唸誦生與參與鸞生、信徒，大家一起唸誦請神咒語。（表1）

2. 上香

上香儀式在這三個鸞堂中有不同之處，例如：苗栗獅頭山勸化堂上香儀式只有正、副鸞手擔任上香者，其餘的鸞生則是在旁雙手合十一起跟拜；中華玉線玄門真宗除了正鸞手擔任上香儀式之外，還會請代表該堂的天、地、人三才

一起上香；至於宜蘭新民堂的上香儀式有分成兩次，第一次是全體參與的鸞生一起上香，第二次則是由正、副鸞手一起進行上香儀式。

從這裡可以理解，苗栗獅頭山勸化堂還保留著較傳統的方式，由正、副鸞手擔任上香儀式，中華玉線玄門真宗則是增加三才一起上香，這樣是屬於傳統跟現代之間的折衷方式，最後屬於現代的則是一場儀式要進行兩次上香儀式的宜蘭新民堂，由此可以知道每一個鸞堂的上香儀式都有自己的方式。（表1）

3. 淨化儀式

在淨化的儀式中，筆者將它分為三個大項目來進行分析，第一個項目為使用符咒鸞筆、沙盤、鸞桌淨化，在這一個項目中苗栗獅頭山勸化堂、宜蘭新民堂還保留著傳統的方式幫鸞筆、沙盤以及鸞桌進行淨化等儀式；中華玉線玄門真宗則是將此儀式刪除，由灑淨來代替此項儀式。第二個專案則是參與者使用檀香爐熏繞全身，此儀式只有宜蘭新民堂才有在進行。第三個項目則是空間的灑淨，由中華玉線玄門真宗、宜蘭新民堂兩間鸞堂進行此儀式。

從淨化儀式專案中理解到，這三間鸞堂都有淨化儀式與空間的儀式，只是每一個鸞堂所使用的灑淨儀式不同，不過達到的效果是一樣的，因此在這裡每一間鸞堂都還是維持傳統所留下來的灑淨儀式。（表1）

4. 傳統與現代宣講

鸞堂除了幫助信徒問事之外還有一項重要的宣講儀式，此儀式是扶鸞中最具代表性的，鸞生、信徒可以藉由宣講的過程瞭解仙佛降臨下來的鸞文，達到教化的功能。在宣講活動的全盛時期，有些鸞堂不僅能在堂內定時定點的宣講，還可以遠赴異地，進行巡迴宣講，例如：楊士芳派陳志德、吳炳珠等到各地宣講善書《警世全篇》，分贈各地廟堂及有學識之民眾。（王世慶，1986：115）不過，現代鸞堂已經很少遠赴異地宣講，主要是現代交通、資訊方便，信徒可以選擇自己喜好的宗教，因此現代鸞堂對於宣講儀式就有所創新與修正。

在這三個研究個案中發現，苗栗獅頭山勸化堂保留宣講的儀式，扶鸞儀式會在中途停止，宣講生利用這一段時間，將今天仙佛降旨鸞文作述說，讓在場的鸞生與信徒聆聽，達到教化功能。除了宣講活動之外，還會將仙佛降下來的鸞文貼於佈告欄上讓參與鸞生、信徒以及登山客可以看到仙佛的訓文；（社會調查，2009.6.8）中華玉線玄門真宗的宣講儀式則是選擇在儀式結束後，請宣講生將鸞文唸誦給在場鸞生、信徒聆聽；至於宜蘭新民堂現在已經沒有宣講儀式活動。綜合「扶鸞儀式內容比較表」，苗栗獅頭山勸化堂仍然保持傳統的宣講儀式；中華玉線玄門真宗則是在宣講儀式中呈現折衷的方式；歷史最悠久的宜蘭新民堂則將宣講儀式活動停止。（表1）

5. 儀式結束唸誦經文

筆者在參與觀察扶鸞儀式結束時，中華玉線玄門真宗會請全體鸞生、信徒一起吟誦回向文，此儀式是該堂自行創立，主要是讓鸞生、信徒經由此得到平安與健康；至於苗栗獅頭山勸化堂、宜蘭新民堂尚未有此儀式。（表1）回向文如下：

「玄化道真普眾生，門跡常流儒學風；
真命世恩修性靈，宗皈大道同功造；
入修教門知真義，聖凡雙修法喜行；
勤修敬誦互讚歎，無有恨瞋只祥和；
寬慰喜舍減貪欲，互勉成就樂圓融；」（玄門真宗，2006：11）

在此經文中充滿儒家、修行的思想，信徒對這樣的教義非常喜歡，在既有的研究中發現，信徒對閱讀鸞文、經文的程度都相當的高；而且信徒對於常唸誦的經文及扶鸞時仙佛降臨下來的鸞文，內心喜歡的程度愈高，就愈可能影響信徒平時為人處事，更可以實踐恩主公、仙佛教誨的宗教教義。（張家麟，2004：108）

（三）傳統與現代「法器」

1. 鸞與乩

在傳統鸞堂舉行扶鸞儀式時，正鸞手與副鸞手經常是儀式的焦點，尤其是正鸞手負責傳達仙佛的旨意，透過鸞筆在鸞桌上扶出鸞文，他是扶鸞儀式的核心，如果他無法扶出鸞文，儀式就無法進行，鸞堂只剩下硬體及神像，缺少宗教及人文的氣息。「天不言，地不語」，唯有靠正鸞手扶出鸞文來表達神的想法，可見正鸞手在鸞堂儀式中的關鍵角色。（張家麟，2005：281）

筆者在2008年三月中在金門[4]、宜蘭地區的鸞堂進行調查的結果，發現有部分的鸞堂出現以乩的方式進行扶鸞儀式。如：訪問宜蘭新民堂周明仁正鸞手得知，他除了在新民堂進行扶鸞之外，平時還會在另外一間廟宇進行扶鸞儀式，與在新民堂扶鸞方式不同的是開口與信徒直接對話。

另外，在請神儀式中會依照新民堂請神儀式進行，直到神降臨到正鸞手身上後會將鸞筆拿開，便坐在鸞桌前，右手拿一支匕首，開口替信徒消災、治病以及祈福等儀式。（圖6）

圖6　宜蘭新民堂鸞手右手拿一支匕首，準備開口替信徒進行消災祈福儀式

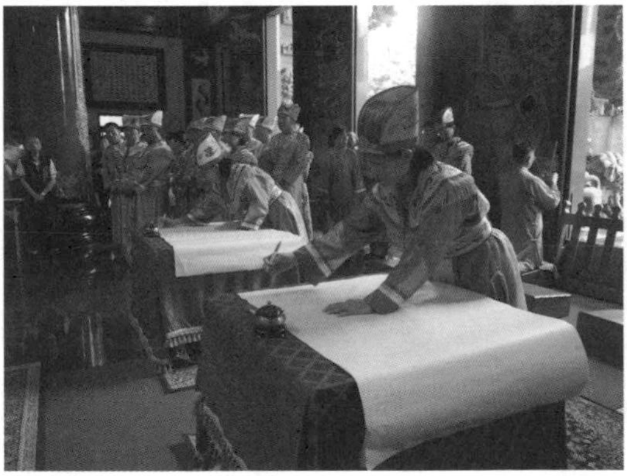

圖6.1 中華玉線玄門真宗鸞手展演金指妙法

當代扶鸞儀式出現由鸞轉成乩的現象，這種現象產生的原因，主要是事前的準備動作比較短暫，甚至可以在沒有任何法器下立即起乩，而且在起乩過程中也不需要經過繁雜的請神儀式，只要用簡單的方式進行請神就可以馬上將神請到位。退駕時也不必有任何送神儀式，只要以低頭的方式象徵神已經退駕，在抬頭時就可以恢復正常，這樣迅速的請神及回應信徒的需求，很快讓信徒接受由乩代替鸞進行扶鸞的儀式。

由鸞轉乩這個部分，是筆者前往宜蘭新民堂調查時得知，正鸞手除了在宜蘭新民堂擔任正鸞手之外，還在一間廟宇擔任神職人員，而且在服務過程前半段請神的方式以扶鸞為主，後半段則是利用開口方式進行。從「扶鸞儀式內容比較表」中，看得出來苗栗獅頭山勸化堂、中華玉線玄門真宗的鸞手並不會有轉成乩的方式進行扶鸞，至於新民堂鸞手除了在另外服務的廟宇中會使用乩的方式進行扶鸞，在新民堂內還是會依照傳統的方式進行扶鸞。（表1）

2. 金指妙法

使用金指妙法的鸞堂以中華玉線玄門真宗為主，在扶鸞儀式進行時，鸞生會在外壇的神桌上進行金指妙法的儀式。（圖6－1）金指妙法的方式很簡單，只要一張黃紙跟一支紅色的簽字筆就可以進行此儀式，因此，金指妙法在現代鸞堂為不可缺少的儀式之一，主要是進行時不需要太多的人力及資源，中華玉線玄門真宗將金指妙法的學習，當成是要成為正鸞手前的修行方式。

圖 6.2 單人丫字形小支鸞筆

圖 6.3 雙人丫字形大支鸞筆

圖 6.4 雙人丫字形大支龍頭鸞筆

圖 6.5 雙人丫字形大支龍頭鸞筆及桃木

圖 6.6 中華玉線玄門真宗單人Y字形小支鸞

圖 6.7 獅頭山勸化堂雙人Y字形大支鸞筆

圖 6.8 宜蘭新民堂雙人Y字形大支龍頭鸞筆

圖 6.9 宜蘭感應宮雙人Y字形大支鸞筆

另外，苗栗獅頭山勸化堂、宜蘭新民堂的扶鸞儀式，還沒有讓鸞生們使用金指妙法的儀式，筆者觀察最大的關鍵點是，沒有多餘的人才來培養金指妙法，只要扶鸞儀式可以照常進行，已經是現代鸞堂最希望的事情。

3. 傳統與現代鸞筆

一般傳統的鸞筆為「丫字形」，材質為「桃木柳枝」[5]所製成，扶鸞儀式時間需要二至三小時左右，兩人扶持一支巨大的鸞筆，長時間下來，正、副鸞手一定需要很大的體力才能完成一場儀式，為了解決消耗體力的問題，有部分的鸞堂改善了這個問題，將鸞筆由大支改良成小支，也由雙人改成單人就可以進行，不過正鸞手還是用雙手的方式進行。

在個案研究中，筆者訪問中華玉線玄門真宗主事者為何要改良鸞筆，（圖6－6）發現主要的因素是，參與鸞堂的年輕人變少，老年人及女性參與日增，主事者為了讓鸞堂可以持續維持扶鸞儀式，改良成為小支鸞筆可以讓女性和年紀較長的鸞手在扶鸞中可以降低體力之外，還可以重新分配參與的人員職位，讓扶鸞儀式可以在人少的情況下繼續維持下去。

鸞筆隨著現代需求而改變了大小，外表的樣式也開始有變化，筆者參與好幾屆的扶鸞儀式及傳統與創新儀式中，看到部分的鸞堂的鸞筆造型改變許多，例如：三芝智誠堂鸞手蔡合綱所使用的鸞筆，前端的形狀呈現出鳥嘴形狀，大小只有一個手掌大，單手就可以進行。另外，在台中相德聖堂的鸞筆，則呈現出直立的方式，樣式有如一隻毛筆，單手就可以進行儀式，此鸞筆一開始是插在木制葫蘆罐中，鸞手要使用時就從葫蘆罐中拔起既可。斗六福興宮道元堂的鸞筆，形式與一般鸞堂有很大的不同，鸞筆為一根圓形短棍，前端是一隻手握著一枝筆的造型，鸞手則是要利用雙手握住棍子才能進行扶鸞。

從上文介紹鸞筆的變化中，可以理解鸞堂將鸞筆改變形狀，主要還是想要吸引更多的人參與鸞堂。筆者認為與其改變鸞筆的形狀，不如在儀式內容中搭配適切的扶鸞儀式，則自然事半功倍。反之，若徒具形式，內容卻陳腐老舊，恐怕難以吸收更多的人才與信徒。在調查的這三間鸞堂中，使用的鸞筆形式變化很大，苗栗獅頭山勸化堂也堅持使用傳統雙人無龍頭鸞筆進行扶鸞；（圖6－7）宜蘭新民堂鸞筆還是以傳統雙人龍頭鸞筆來進行扶鸞；（圖6－8）中華玉線玄門真宗所使用的鸞筆則經過改良，並將傳統形式鸞筆改良成單人即可進行扶鸞儀式，所以中華玉線玄門真宗在鸞筆形式中是變化最大。（表1）

圖 7.1 苗栗獅山勸化堂鸞桌

圖 7.2 宜蘭新民堂鸞桌

圖 7.3 中華玉線玄門真宗鸞桌

圖 7.4 高雄意誠堂鸞桌

4. 傳統與現代鸞桌

在鸞桌的比較上，筆者將分成兩個項目來討論，第一個項目是用鸞筆直接在鸞桌上直接進行扶鸞儀式，以宜蘭新民堂為主，正鸞手直接用鸞筆在鸞桌上進行，不需透過沙子或檀香粉進行；（圖7－2）第二個項目是苗栗獅頭山勸化堂、（圖7－1）中華玉線玄門真宗的扶鸞儀式（圖7－3）有所相同，正鸞手在進行扶鸞時會將鸞筆放置在特製的沙盤內進行扶鸞儀式，因此放置的桌子與沙盤是不同的，沙盤可以隨時拿走，到另一個地方進行扶鸞儀式。由這兩項可以看到苗栗獅頭山勸化堂、中華玉線玄門真宗的扶鸞儀式的鸞桌是用沙盤代替，宜蘭新民堂則以一體成形的桌子為鸞桌來進行儀式。（表1）

5. 手抄或電腦化鸞文

現代社會已經進入到電腦化時代，電腦已經影響到人類的生活作息，是不可缺少的現代產品之一，而這樣也慢慢衝擊到鸞堂的發展。筆者參加2004至2007年四次的扶鸞儀式展演中，發現每年參與的鸞堂除了中華玉線玄門真宗在使用電腦化之外，有部分的鸞堂也開始增加電腦化。像中華玉線玄門真宗扶鸞時，唱生唱出的鸞文，旁邊就有兩位抄錄生在旁紀錄，一位是利用傳統筆抄的方式；另外一位運用電腦打字立即紀錄，再結合多媒體系統，將鸞文呈現在會場上，讓所有參與扶鸞儀式的效勞生、信徒，感受仙佛降臨及仙佛的話語。（圖7－5）

經過調查發現將電腦及多媒體運用到扶鸞儀式中，得到高度的肯定，扶鸞時抄錄生用電腦抄錄得 3.80 分；用多媒體顯示鸞文，拉近人與神距離得 3.41 分。這兩項分數象徵鸞堂的效勞生願意接受扶鸞儀式運用電腦及多媒體等工具。（張家麟，2005：287；圖 7-6）在資料的得分上看來，鸞堂未來與電腦化的結合得到非常高度的認同，因此，只要在鸞堂有人力、財力的資源下，鸞堂現代化的過程將不可避免電腦化的衝擊，尤其電腦化可以增進鸞堂扶鸞儀式成員的共同參與及人神的溝通，未來鸞堂走向電腦化的趨勢指日可待。

以多媒體的運用來看，接受度最高者為中華玉線玄門真宗，他們在扶鸞時，將神降旨的鸞文即時透過多媒體的方式呈現出來，讓參與效勞生或信徒可以立即看到鸞文。苗栗獅頭山勸化堂、（圖7－7；7－8）宜蘭新民堂（圖7－9；7－10）還保留傳統方式，利用筆紙進行紀錄，此外苗栗獅頭山勸化堂、中華玉線玄門真宗在儀式結束後，會將鸞文轉成數位化後進行出版。利用多媒體方式進行，主要還是因為中華玉線玄門真宗參與儀式的人員年紀較輕，容易吸收新的資訊融入到儀式中，讓儀式更為豐富與多元。（表1）

圖 7-5 中華玉線玄門真宗結合多媒體運用

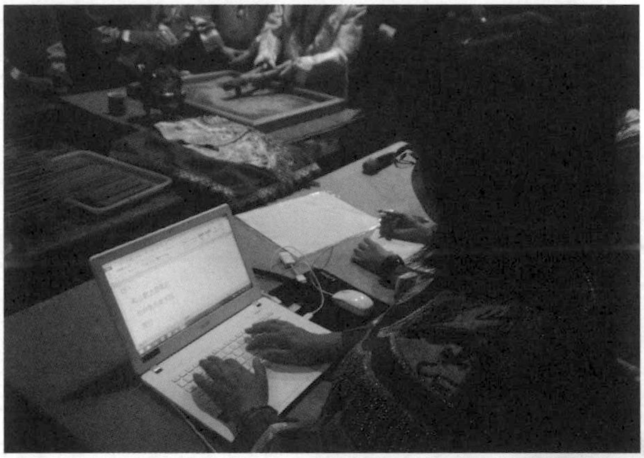

圖 7-6 中華玉線玄門真宗抄錄生打電腦

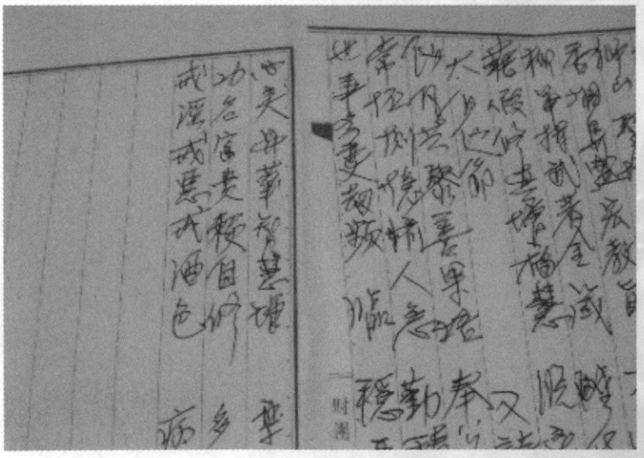

圖 7-7 獅頭山勸化堂手抄的鸞文

圖 7-8 獅頭山勸化堂抄錄生抄錄鸞文

圖 7-9 宜蘭新民堂抄錄生手抄鸞文

圖 7-10 宜蘭新民堂抄錄生手抄鸞文

6. 傳統與現代法衣

從「扶鸞儀式內容比較表」來看，傳統的法衣以苗栗獅頭山勸化堂、宜蘭新民堂的法衣為主，都是採用素面的長袍馬褂；另外，改良式法衣則是以中華玉線玄門真宗為主，此法衣與傳統法衣有所不同的地方為雙面都有刺繡，還有披肩以及帽子，整體看起來像清朝大臣所穿著的華麗朝服一樣。（圖8-1）另外，該教會尚有一款改良式淺綠鑲邊的淺藍色道衣。（圖8-2）比較這三者的法衣而言，改變最多的是中華玉線玄門真宗；宜蘭新民堂（圖8-3）與苗栗獅頭山勸化堂（圖8-4）仍然保留傳統儒生穿的道衣，前者為藏青色，後者穿白色道衣，維持素樸的樣貌。（表1）

圖 8-1 中華玉線玄門真宗華麗的法衣

圖 8-2 中華玉線玄門真宗扶鸞儀式的法衣

圖 8-3 宜蘭新民堂傳統的扶鸞儀式藏青色道衣

圖 8-4 獅山勸化堂傳統扶鸞儀式的法衣

7. 鐘鼓的使用

儀式中不可缺少鐘、鼓（磬、木魚）法器，不管是傳統或新的鸞堂在扶鸞儀式開始、結束、請神、送神，使用鐘鼓來表現儀式的神聖與象徵性，例如儀式開始前及結束時，鐘鼓生擊36個鐘聲，72個鼓聲，象徵儀式開始或結束。又如請送神時，部分鸞堂的儀式也必須敲打兩次的鼓一次鐘，來回共敲9回，象徵神已經來到現場，所以在調查三個鸞堂皆在扶鸞儀式中使用此法器如下。（表1）

表1：扶鸞儀式內容比較表（資料來源：本研究整理）

項目	儀式	細項＼廟宇	苗栗獅頭山勸化堂	宜蘭新民堂	中華玉線玄門真宗
語文使用	語體	古文（傳統）	○		
		混合（折衷）			○
		白話文（現代）		○	
	語言使用	全程台語		○	○
		全程客語	○		
參與人員	鸞手	男生擔任（傳統）	○	○	
		男女混合擔任（折衷）			○
		女生擔任（現代）			○
	護法	沒有護法（傳統）	○	○	
	靈動	有護法（現代）			○
	內殿外殿	男左女右（傳統）	○		○
	參與人員	男女混合（現代）		○	
	接駕生	有接駕生（傳統）	○		○
		無接駕生（現代）		○	
	撥沙或撥檀香粉生	有撥沙或撥檀香粉生	○		○
		無撥沙或撥檀香粉生		○	
	儀式主導	男性主導（傳統）	○		
		混合（折衷）		○	
		女性主導（現代）			○
進行	司儀	無司儀（傳統）	○	○	
		有司儀（現代）			○
	監壇	有監壇（傳統）	○	○	○
	請神	唸誦請神咒（傳統）	○	○	○
	上香	正、副鸞手上香（傳統）	○	○	
		鸞手與天、地、人三才一起上香（折衷）			○
		全體一起上香（現代）		○	

進行	淨化儀式	使用符咒鸞筆、沙盤、鸞桌淨化	有	○	○	
			無			○
		參與者使用檀香爐燻繞全身	有		○	
			無	○		○
	宣講	儀式空間灑淨	有		○	○
			無	○		
		中途宣講（傳統）		○		
		儀式結束後宣講（折衷）				○
		沒有舉行宣講活動（現代）			○	
	儀式結束唸誦經文	無唸誦經文（傳統）		○	○	
		有唸誦經文（現代）				○
	共同參與儀式	信徒只有跟拜（傳統）		○	○	
		信徒一起唸誦經文（現代）				○
	禁忌	女性月事期間參與儀式	不可參與（傳統）	○		
			可參與（現代）		○	○
		禁止女性進入內殿	無法進入（傳統）	○		
			可進入（現代）		○	○

法器使用	鸞轉乩	只有鸞手（傳統）		○		○
		鸞手兼乩童（現代）			○	
	金指妙法	儀式上未使用（傳統）		○	○	
		儀式上有使用（現代）				○
	鸞筆	雙人龍頭鸞筆（傳統）			○	
		雙人無龍頭鸞筆（傳統）		○		
		單人龍頭鸞筆（現代）				○
		單人無龍頭鸞筆（現代）				○
	鸞桌	鸞筆直接在鸞桌上進行扶鸞			○	
		沙盤放置鸞桌上進行扶鸞		○		○
	使用多媒體設備	利用投影機即時顯現出鸞文	無使用（傳統）	○	○	
			有使用（現代）			○
		儀式結束後將鸞文轉成數位化出版	無使用（傳統）		○	
			有使用（現代）	○		○
	法衣	傳統法衣（傳統）		○	○	
		改良式法衣（現代）				○
	使用鐘鼓	使用鐘鼓		○	○	○

資料來源：本研究整理

二、本質之比較

扶鸞儀式的傳統與變遷，就儀式的本質意涵來看，也可以發現在現代社會的因素下，產生傳統與現代的類型，像男性或女性主導儀式的進行、菁英或普羅式的參與、人神關係是否產生變化等，都可以在這三個鸞堂中觀察到扶鸞儀式本質上的差異。

（一）男性或女性主導扶鸞儀式

在世界許多宗教中，對於女性參與宗教儀式的限制是經常可見的，即便是西方文化主流的基督宗教，也不准女性站上講台，講道或主持彌撒及主日崇拜。然而，隨著兩性社會地位逐漸改變，及女性社會參與日益提高及重視，也開始有越來越多的女性參與宗教儀式。像是有些基督教會也開始有女性牧師，在英國也出現女性主教，這對於女性在宗教儀式中的地位提升是有相當大的意義。（李國隆，2006：57）

華人民間信仰中的鸞堂系統，深受儒家文化重男輕女價值體系的影響，對女性歧視，不同意女性擔任正鸞手、紀錄生、宣講生的三才角色。女性只能在外殿聆聽鸞文的宣講，感染仙佛降鸞的神秘性與神聖性，甚至女性月事來時，被視為不潔就不能到廟裡參加扶鸞儀式。然而，筆者調查的三個鸞堂發現，部分鸞堂如獅頭山勸化堂堅持傳統重男輕女的扶鸞儀式，宜蘭新民堂與中華玉線玄門真宗，則同意女性擔任扶鸞儀式的各種角色。其中，中華玉線玄門真宗尚且讓女性主持扶鸞儀式與擔任正鸞手。

依據許地山研究中[6]可以看到，早期在扶鸞儀式中降臨下來的神，大部分是以女性為主，而且當時參與的以女性為主，可見早期女性仍有機會參與特定的神誥儀典。不過，部分鸞堂採用的扶鸞儀式對女性則包容態度，一反過去鸞堂對女性的態度，同意讓女性進入神聖的內壇，甚至女性月事來時，也視為自然現象，讓女性參與扶鸞儀式。根據調查發現，這些鸞堂像中華玉線玄門真宗與宜蘭新民堂都宣稱是依據仙佛指示，尊重女性進入扶鸞儀式，從此為台灣地區廣大的女性開啟參與儀式修行的大門，也讓女性得以進入內殿，親眼目睹仙佛降鸞的神諭。（謝世維，2006：66）

台灣的女性信仰宗教人口本來就遠超過男性，台灣諸多的道場由女性主持弘法事業、參與科儀法事、志工服務已是普遍現象。主要是女性擁有母性的光輝，對參與的信徒往往細膩周到，也對教務全心投入心力。（中華玉線玄門真宗田野調查，2005.5.15；2005.5.29；2006.12.8；2007.12.8）筆者在調查中看到女性參與鸞堂已經不像以前一樣只能在外殿等候，而是直接進入內殿擔任重要的職務，例如：中華玉線玄門真宗教會、宜蘭新民堂，除了將女性納入儀式中，並鼓勵女性參與及主導儀式，除了順應潮流之外，更可以兼顧兩性平等的社會趨勢，讓女性將宗教的熱誠注入鸞堂中，讓儀式更為豐富多元。（圖9）

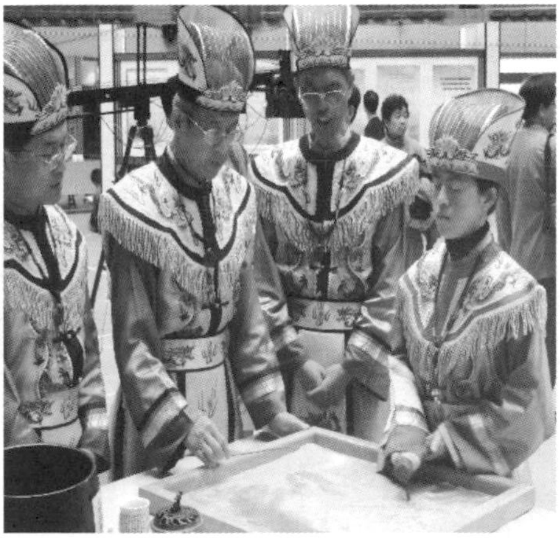

圖 9 中華玉線玄門真宗由女性擔任正鸞手，男性則是擔任儀式中其他的角色

圖 9.1 獅頭山勸化堂由男性鸞手、唱生負責扶鸞儀式

圖 9.2 獅頭山勸化堂女性信徒在外殿聆聽神的話語

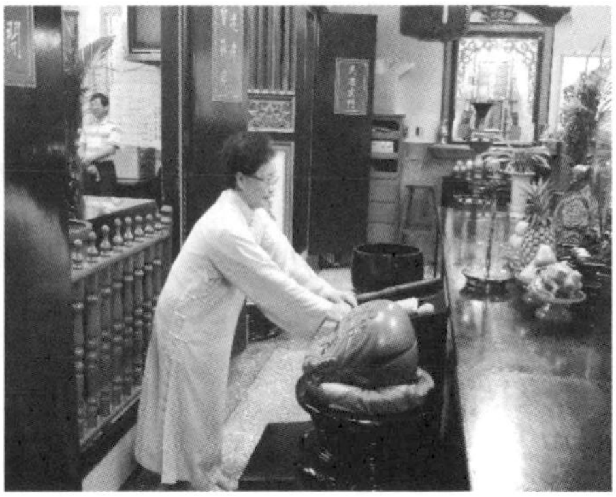

圖 9.3 宜蘭新民堂女信擔任請神及抄錄生的工作

圖 9.4 宜蘭新民堂由男性與女性一起扶鸞

圖 10 女性在儀式中擔任神職人員

雖然現在女性可以參與扶鸞儀式，也可以擔任重要的神職人員，而且被接受的同意程度頗高；不過女性在月事期間參與儀式的同意程度仍然比較低。（張家麟，2005：284）這種接受程度是有禁忌上的顧慮，例如：建醮、神明聖誕、過火等儀式都出現不成文的規定，凡是月事來者，一律都被要求不可以進入儀式現場，如果儀式一旦有失敗的情形發生，女性就無可避免被大眾強烈譴責。由於漢人文化中，經血是被視為污穢、不乾淨的，具有潛在的危險性，更由此發展出一套與經血相關的信仰，包含女性月事時不可參加祭祀或是入寺廟拜拜。（翁玲玲，1997：3）雖然對於女性月事參與儀式認同度較低，不過在鸞堂現代化的過程中，無論是對女性的歧視或認同的鸞堂，都可以接納女性扮演儀式中任何重要的角色，女性的出現在現代鸞堂中代表現代人對於尊重女性的價值觀提升，說明鸞堂接受社會的變遷，產生新的活力與生命力。

苗栗獅頭山勸化堂扶鸞儀式主要是以男性主導，（圖9－1）參與的女性只能在外殿跟拜與問事；（圖9－2）宜蘭新民堂以男女混合進行，（圖9－3）女性在參與儀式中除了正鸞手職務之外，其餘的職務都可以擔任，例如：誦經生、筆抄生、唱生等職務；男女參加最多的是中華玉線玄門真宗，接受男女都可以擔任正鸞手或儀式中的任何一個重要職務。（圖10）

在「扶鸞儀式內容比較表」當中，維持傳統的苗栗獅頭山勸化堂還是以男性為主，嚴格禁止女性參與儀式中的任何一個職務；宜蘭新民堂則是以折衷方式進行儀式，讓女性可以參與扶鸞儀式，只是正鸞手方面還是由男性擔任，不過女性可以在儀式中擔任任何一個職務；改變最大的則屬中華玉線玄門真宗，則是將整個儀式由女性來主導，男性則在旁進行其他的職務，可以從中華玉線玄門真宗看到女性主義以及女鸞手的崛起。（表1）

（二）菁英或普羅式的參與

傳統的扶鸞儀式與社會階級的關係，在學界曾經引起辯論。酒井忠夫認為，是統治的士大夫階級透過神道設教，教化子民接受孔子的人倫道理；（酒井忠夫，1972）與此相反論述的是歐大年與焦大衛，他們認為下層階級的鸞生，透過扶鸞儀式想進入上層階級知識份子的大傳統，藉此贏

得社會的尊敬與認同。（歐大年，1986）

這兩種論述形成悖論，但都顯示出少數人透過扶鸞儀式在影響多數的信徒。然而，在現代的扶鸞儀式中，這種菁英式的參與扶鸞儀式，在部分鸞堂已經產生變化，鸞堂領袖讓所有的鸞生共同在扶鸞儀式中扮演不同的角色。和傳統扶鸞儀式比較起來，只有天、地、人三才菁英在主導整個扶鸞儀式大不相同。

1. 菁英式的參與

在筆者調查中，苗栗獅頭山勸化堂仍然維持菁英式的參與，由正鸞生代表天，副鸞生協助正鸞生，筆抄生代表地，宣講生代表人，（圖11）他們這幾個是儀式的關鍵者。其餘的男性效勞生，分別站在內殿兩側聆聽宣講生的話語，女性信徒則只能在外殿聆聽。基本上整個儀式的進行仍然掌握在天、地、人三才的菁英手中，其餘信眾被動參與的成分相當高。與此類似的是宜蘭新民堂，他們也是天、地、人三才主導扶鸞儀式，只不過該堂同意女性擔任筆抄生、誦經生，女性也可以進入內殿。

2. 普羅式的參與

中華玉線玄門真宗則是打破傳統菁英主導方式，讓所有鸞生擔任扶鸞儀式中的不同角色。例如正鸞生可以由不同的男性或女性擔任，宣講生大部分由兩位以上的男性擔任，靈動起乩的護法也由男性、女性輪流擔任，紀錄生則由幾位女性擔任，鐘鼓生也由男性或女性的鸞生擔任，接送神以一炷香的時間由鸞生輪流擔任。至於沒有參加上述角色扮演的鸞生，則分乾、坤兩區靜坐聆聽仙佛話語或觀賞電腦螢幕上的鸞文。讓所有信徒盡可能參與扶鸞儀式，是中華玉線玄門真宗的特色，不僅如此，在儀式開始和結束由全體鸞生共同吟唱〈淨三業神咒〉及〈關聖帝君覺世真經〉，也是普羅式參與的比現方式。（表1）

為了更清楚三間鸞堂的菁英或普羅式的表現樣式，將扶鸞儀式扮演的各種角色再深入說明如下：

（1）鸞手

這三間鸞堂鸞手的部分改變最大的是中華玉線玄門真宗，在進行扶鸞儀式時以男女混和來擔任。筆者觀察中發現，每一場的扶鸞儀式都是以女性來擔任鸞手，而且女性在進行扶鸞時架勢不輸給男性鸞手；苗栗獅頭山勸化堂與宜蘭新民堂的鸞手還是堅持以男性為主。由此瞭解新創立的教派，對於女性擔任鸞手乙職是可以接受。（表1）

（2）護法（乩）靈動

這個案研究的三間鸞堂中只有中華玉線玄門真宗有此項儀式，而且是自行創立的，主要是要保護在扶鸞儀式時，不要受到外邪的靈力入侵到儀式中，並有清淨外壇與內壇的功能，參與扶鸞

的信徒在過程中，也實踐自己內心中的「宗教價值」而得到快樂與滿足感。（圖11－1）

依據張家麟對信徒參與儀式時的「靈動」研究中，信徒參與儀式時確實有感受到仙佛的駕臨，而且在當仙佛的護法時及每次儀式結束後，都感覺到身心相當舒暢，連病痛都沒有了；（張家麟，2004：99）在苗栗獅頭山勸化堂、宜蘭新民堂是沒有此儀式。護法儀式在中華玉線玄門真宗是一個創舉，也增添出許多神秘經驗。（表1）

圖 11　苗栗獅頭山勸化堂代表天、地、人鸞生

圖 11.1　男、女性護法在外壇內進行靈動

（3）內殿與外殿參與人員

依照「扶鸞儀式內容比較表」來看，苗栗獅頭山勸化堂、中華玉線玄門真宗在儀式開始時、接駕時在外殿參與的鸞生、參與者會分成男左女右兩側進行接駕儀式。（圖11－2）至於苗栗獅頭山勸化堂內殿的參與者都是以男性為主，沒有男左女右的問題；中華玉線玄門真宗內殿則是屬於男女混合進行扶鸞儀式，相對宜蘭新民堂外殿、內殿的鸞生、參與者則是以男女混合在一起的方式進行。

圖11.2 苗栗獅頭山勸化堂參與鸞生、信徒分為男女兩側進行接駕

由此分析可以理解，苗栗獅頭山勸化堂屬於比較傳統方式，中華玉線玄門真宗則是在參與人員中屬於折衷方式，至於宜蘭新民堂則屬於比較現代的方式，將男女混合在外殿與內殿中進行扶鸞儀式。（表1）

（4）接駕生

傳統的扶鸞儀式在進行時，都會有一至二位鸞生擔任接駕生的職務，由「扶鸞儀式內容比較表」來看，苗栗獅頭山勸化堂、（圖11－3）中華玉線玄門真宗在進行扶鸞儀式時，（圖11－4）請鸞生在外殿跪拜迎接仙佛的降臨，改變最大的是宜蘭新民堂在進行扶鸞儀式時，沒有接駕生在外殿恭迎仙佛降臨。

圖 11.3 苗栗獅頭山勸化堂由一位鸞生跪於外殿接駕

圖 11.4 中華玉線玄門真宗由兩位鸞生跪於外殿接駕

在此項目中，苗栗獅頭山勸化堂與中華玉線玄門真宗，皆屬沒有改變接駕儀式，反而是宜蘭新民堂將接駕儀式簡化，由正鸞手自己在鸞筆前進行淨化儀式後，雙手握持鸞筆，雙眼閉目等待仙佛降臨。（表1）

（5）撥沙或撥檀香粉生

苗栗獅頭山勸化堂在進行扶鸞儀式時，請兩位撥沙生站立在沙盤的左右兩側，用撥沙板在沙盤內一直撥平沙子；（圖11－5）另外，中華玉線玄門真宗請一位鸞生手拿一炷香，站在左側將沙盤內的檀香粉輕輕撥向沙盤中，讓正鸞手扶出來的鸞文能夠在沙盤內將文字清楚顯現。（圖11－6）另外，宜蘭新民堂則是沒有使用撥沙生等職務，（圖11－7）主要是新民堂的鸞桌是一體成形，直接就在鸞桌上進行扶鸞儀式。因此這個職務只有苗栗獅頭山勸化堂、中華玉線玄門真宗兩間鸞堂有發現。（表1）

圖 11.5 苗栗獅頭山勸化堂由兩位鸞生站在沙盤兩側進行撥沙

圖 11.6 中華玉線玄門真宗鸞生手握一柱清香將檀香粉撥向沙盤中間

（6）司儀

司儀在鸞堂屬於比較新的職務，從苗栗獅頭山勸化堂、宜蘭新民堂中可以看到並沒有這個職務。在傳統的儀式中這個職務由禮生來擔任，可是禮生不會向司儀一樣開口，而是禮生知道什麼時候要做什麼事，例如：上香、敬供品等儀式，參與的鸞生們會知道儀式下一步要做什麼，例如：上香完後，鸞生會自動的站在自己擔任職務的位置上，讓外殿參與者不清楚現在內殿中的儀式進

圖 11.7 宜蘭新民堂沒有使用撥沙生

圖 11.8 宜蘭感應宮沒有使用撥沙生

行到那一個步驟，使扶鸞儀式蒙上一層神秘的面紗讓信徒自己去體會。在司儀方面，中華玉線玄門真宗會請一位鸞生擔任，擔任此職務的鸞生站於會場上右側，（圖11-9）從儀式開始到儀式結束時，都會跟在現場鸞生、參與信徒報告現在儀式準備要做什麼事。例如：開香儀式時會請主祭者就位，全體肅立或在進行鞠躬時，讓參與的鸞生、信徒可以很清楚瞭解到，儀式現在進行到那一個步驟，這與傳統鸞堂差異地方是可以營造氣氛使參與者感同身受、心神合一，理解神意傳達的訊息，可以讓參與的鸞生、信徒達到共同領域，發揮教化的效果，設立司儀的職務最大的效果就是要讓參與者很清楚理解儀式的神聖性。（表1）

圖 11.9 中華玉線玄門真宗鸞生擔任司儀

(7) 傳統與現代監壇

在「監壇」這一個項目中，此三間鸞堂都維持這項傳統的職務，例如：苗栗獅頭山勸化堂的監壇生站於內殿中；新民堂的監壇生則站於外殿；而中華玉線玄門真宗則是將此職務分工的較為細膩，分成內、外各由一位鸞生來擔任。

(三) 人神關係

傳統鸞堂的人神關係比較接近儒家思想中的學生與老師的關係，例如：宜蘭碧霞宮、鑑民堂、喚醒堂、醒世堂等恩主公崇拜的系統鸞堂，皆保留鸞生進入鸞堂後稱恩主公為老師，自稱為「門下生」或「鸞下生」。（陳進傳，2008：40）他們以恩主公實踐孔子的教義為效法物件，既尊敬恩主公，也尊敬孔子。在鸞堂中的獻給恩主公匾額，都可以發現效勞生自稱為「沐恩鸞下」，他們自認為是恩主公教誨下的學生，得到恩主公許多的恩典。

和其他宗教相比，鸞堂的人神關係具有特殊性，少有宗教信徒將神視為老師，鸞堂的信徒深受孔子思想影響，另外一個例證是不立偶像，在早年鸞堂鸞生敬拜神主牌，（圖11－10）直到國民黨政府來台，才把神主牌位收起來轉變成為偶像崇拜。（圖11－11）

圖 11.10 宜蘭碧霞宮岳恩主的神祖牌位

圖 11.11 宜蘭勉民堂三聖恩主的神像與神祖牌位

此外，以鸞堂的教義而言，從扶出的鸞文與制訂的鸞生規則來看，都隱含強烈的儒家思想。經由扶鸞儀式神降臨到鸞堂中，扶出的鸞文以儒家思想中的五常德、四維、八德為主軸，彷佛老師諄諄教誨學生。從這些例證都可以說明，鸞堂中經由扶鸞儀式與平時的祭拜，呈現出來的人神關係，接近學生與老師的關係。當然，現在這種關係產生局部的變化，偶像崇拜取代了神主牌儒家思想的崇拜，雖然鸞生仍然稱呼恩主公為老師，鸞文仍然隱含強烈的儒家思想，但為了宣教的便利性，幾乎台灣地區的鸞堂都把神主牌去除，為神新立偶像，讓信徒比較容易接近神。筆者調查的三個鸞堂鸞生，仍然尊稱恩主公為老師，自稱為門下生，沐浴在恩主公的恩德教誨下，接納並實踐恩主公的教義，相信扶鸞儀式進行時恩主公來到現場，並且可以解答他們的迷津。只不過已經看不到神主牌，在傳統的獅山勸化堂、宜蘭新民堂都立了恩主公的偶像，更遑論新的道場中華玉線玄門真宗，鸞生已經無法理解當年他們的前輩接受孔子不立偶像的教義。

從上述討論，扶鸞儀式在台灣得以保存、變遷與發展，形成台灣扶鸞儀式本土化特色，是因為在台灣宗教自由的環境下，鸞手結合社會的主流價值與信徒需求，使得鸞堂表現出「多元的」扶鸞儀式。其中，變遷最多的儀式包含形式與本質的變化。形式變化目的在求快與便利，因此，採用小支鸞筆，並與電腦多媒體結合，快速表現神的話語，讓信徒感動。本質變化目的在求共同參與，及尊重女性在扶鸞儀式的地位，因此，女性擔任鸞手、護法（乩）靈動、抄錄生、唱生等工作，幾破除女性月事期間不可進入廟宇的禁忌，及在儀式開始及結束共同唸誦經文等活動，皆體現男女平權與大眾參與的當代主流價值。使扶鸞儀式出現由少數菁英，轉向普羅大眾共同參與的活動。

2 根據游子安的研究發現明、清時代民間流行的經典以《關聖帝君覺世真經》、《文昌帝君陰騭文》、《太上老君感應篇》為主，又稱為「三聖經」（游子安，2006：106）。

3 根據筆者的調查，使用白話文教人使信徒理解神明的指示，得到滿分5分的量表3.63分的程度，表示現代鸞堂的信徒，已經相當程度接受現代鸞手的鸞文表現方式。說不定使用古文反而無法拉近人與神的溝通，因為古文的含意深厚，無法立即滿足仙佛對信徒指示的期待。在筆者的調查研究中也證實，信徒認同白話文及白話文為主以古詩為輔的鸞文形式（張家麟，2008b：20-22）。

4 2008年3月筆者在金門營源廟、萬善堂調查時發現與台灣的扶鸞儀式有所不同，由乩擔任鸞手，而降下的神以三忠王為主。

5 筆者在金門的調查中發現金門營源廟的鸞筆，形狀雖然與一般「丫字形」龍頭鸞筆一樣，但是在材質上卻是用「柳枝」製作而成，與一般傳統的鸞筆不同。根據廟方的說法，使用「柳枝」製作鸞筆，完全是神的旨意（社會調查，2008.4.25-26）。

6 許地山指出扶乩時紫姑神降臨人間，信徒問神的活動以女性為主；宋朝以後科舉取士，不少尋求功名的男性會到鸞堂問神，經由扶鸞儀式得知自己的未來命運或求神給予考題。在許地山的研究中就指出，宋朝蘇軾、清朝紀勻的筆記都曾說明與記錄士子問乩的情形（許地山，1940）。DanielOvermyer、志賀市子根據許氏的研究，提出女性參與扶鸞儀式的現象。

參、扶鸞儀式維持傳統之原因

一、宗教領袖對儀式的尊重與詮釋

面臨台灣社會的激烈變遷與轉型的現代化衝擊，苗栗獅頭山勸化堂卻能在此情勢下，還是堅持傳統的扶鸞儀式。在訪談中黃董事長對於為何堅持傳統扶鸞儀式的主要原因是，希望不要將儀式失真，儘量保持原來的風貌進行。（劉智豪，2009）宗教領袖除了要維護傳統儀式之外，對於仙佛降臨下來的旨意也要進行一番詮釋，讓鸞生、信眾瞭解仙佛對於儀式的變化是保持如何的態度。

訪談中也有提到，如果宗教領袖想要改變儀式，或神職人員要求宗教領袖改變儀式這兩個問題。如果宗教領袖提出來的方式，可以達到鸞堂的發展，及可以吸引更多的信徒參與，那麼是可以考慮改變，不過，還是要經過仙佛的同意才可以進行。至於若是神職人員提起想要改變儀式，此時就要看是不是符合鸞堂的發展，其實最怕的就是遇到正鸞手假借神的旨意要求改變。所以，這時候就要進行協商與分析，是否為鸞手自己的想法，還是仙佛的意思。（劉智豪，2009）

以上述的例子來說，最後的裁量權大部分都還是以宗教領袖與鸞生協商後來作決定。例如：苗栗獅頭山勸化堂雖然是堅持傳統儀式，不過在訪談中黃董事長提到改變儀式是相當困難的，可是在儀式上增加新的元素是沒有問題，類似將多媒體設備加入在大殿上讓信徒可以即時觀看，主要是此新元素沒有妨礙到儀式的進行。

二、參與鸞生、信徒習慣傳統儀式

傳統的儀式對於參與幾十年的鸞生、信眾利用平常熟悉方式傳達仙佛的旨意已經變成習慣性。如果將鸞筆改為單人執筆也沒有太大的差異，而且傳統這種感覺會讓人有一種神秘跟威嚴感覺。因此，苗栗獅頭山勸化堂董事長、神職人員都認為這是恩主公帶給大家信任與依賴的感覺，（劉智豪，2009）而且正鸞手也認為儀式保持現狀是最好的，主要是已經習慣儀式的方式。

筆者除了觀察過鸞堂扶鸞儀式外，也參與過日本天理教在台的儀式，在儀式中的文字、唱誦經文都是利用日文發音。因此筆者訪問參與人員，為何不改變成中文方式來進行儀式，參與人員回答，如果將日文轉成中文進行儀式時會覺得有點奇怪，用了幾十年的方式，現在要改變，會覺得沒有那種參與的感覺。以苗栗獅頭山勸化堂扶鸞儀式已經有上百年的歷史來說，如果改變儀式，鸞生、信眾就有可能會抵制，讓儀式沒辦法繼續傳承下去，因此，黃董事長對於改變儀式如果要顛覆傳統，一定要有相當的說服力才可以推動，如果沒有那就保持一動不如一靜的方式來維持。（劉智豪，2009）

三、參與者年齡層較高

鸞堂參與的信徒與鸞生，一般來說老化的情況相當普遍，有青黃不接的情況發生。根據張家麟對於鸞堂信徒的調查發現，很少有40歲以下的鸞生。（張家麟，2008：39-43）雖然這是現代鸞堂的困境，不過在苗栗獅頭山勸化堂中參與的信徒、鸞生平均年齡都有65歲以上，年長者對於儀式是否要求改變，在訪談中發現鸞生們從來沒有要求過要改變儀式，（劉智豪，2009）由此可以理解年長者對於儀式改變接受度可能會比較低，所以還是堅持不要隨意更改儀式。

從上述可以理解宗教領袖對於儀式的尊重與詮釋，理解到宗教領袖為了讓儀式可以順利進行，儘量保持原有的方式扶鸞。雖然宗教領袖尊重傳統儀式，可以讓參與的信徒感受到典雅的鸞文、教化的功能以及莊嚴隆重的儀式。不過從調查中顯示，堅持傳統的扶鸞儀式卻會帶給鸞堂一個重大的危機，例如：信徒年齡層較高，無法吸引年輕人參與扶鸞儀式，因而造成儀式出現斷層，對於傳統鸞堂的傳承有很大的影響。

由於年齡層老化，對年老的鸞生吸收外來資訊是一件困難的事，主要是因為鸞生們已經習慣利用傳統的方式，在這習慣的方式中筆者發現不去改變儀式卻在儀式上增加使用的設備是同意的，可以理解傳統鸞堂是不會輕易改變，卻可以增加一些新的設備，例如：增加多媒體運用，將鸞文轉化成數位化貼於公佈欄上，讓鸞生、信徒流覽，在傳統鸞堂是可以被接受的。

另外，在人員參與上傳統鸞堂，還是非常堅持女性不可以在儀式上擔任職務，雖然這對現代社會提倡男女平等的說法是不一的，可是，在筆者訪問黃錦源董事長時了解到，他雖然知道不讓女性參與是對女性的不尊重，可是如果讓女性參與儀式，讓男女在一個狹小的內殿中一起進行扶鸞儀式，反而是會讓人說閒話，也會破壞百年來的扶鸞傳統儀式。變遷的鸞堂雖然改變其進行儀式的方式，目的卻是想要吸引更多年輕人參與扶鸞儀式。根據蔡鑫宇的研究指出，基督教士林長老教會對於現代社會的變遷與需求，將禮拜作創新的方式進行禮拜，在創新的過程中也曾遇到很多困難，例如：時間、語言、決策者與空間上都作改變，在改變中，只能使用摸索的方式進行，遇到困難時再作調整，（蔡鑫宇，2008：101-118）在1970年天主教「梵二改革」會議討論到的重點之一就是「彌撒」禮拜儀式的改變與在地化，以便融入在地化以擴展宣教的效果，因此在傳統與變遷之中的變化，確實考驗宗教領袖的智慧，如何讓扶鸞儀式可以兼具傳統又可吸引年輕人參與鸞堂，是一件很重要的事情。

肆、扶鸞儀式產生變遷之原因

一、宗教領袖理念傾向變遷

宗教領袖理念會主導扶鸞儀式不變，維持許多儀式傳統；相反的，他經常也是儀式變化的主要來源。（張家麟，2008b：131-174）在扶鸞儀式的調查中，筆者發現中華玉線玄門真宗的扶鸞儀式變化最多，經由該領袖的講解得知，扶鸞儀式的轉化主導權經常來自領袖的理念。只不過這些改變必須再次得到恩主公的同意。恩主公透過扶鸞儀式告知該宗派的信徒，儀式的變化即是恩主公的旨意。（社會調查資料，2007）

經由筆者側面理解，舉凡扶鸞儀式的擴大參與、女性擔任鸞生、女性月事來潮仍然得以到道場來、請神、送神、儀式開始與結束集體唸的經咒、電腦化、衣服的設計、經咒的曲調都由該派宗主提出規劃。為了具說服性，必須經由扶鸞儀式確認，當恩主公降鸞告知所有的鸞生必須對扶鸞儀式改革，鸞生很少提出異議。

宗教領袖提出扶鸞儀式的改變，再經由神的確認，能夠得到鸞生的同意，最主要的原因在於此種改變的合理性，且符合時代的主流價值體系，例如男女平等、共同參與、簡單便利等，使得這些改變贏得多數信徒的認同。

二、白話文的流行

現代鸞堂的鸞文無法比現出過去鸞文的優雅形式的詩、詞，只有表面的詩的樣式，沒有任何的聲韻與韻腳，最主要的原因是鸞手深受白話文教育的影響，台灣社會無法再提供明、清時代深受國學訓練的知識份子。

在調查的鸞堂中，鸞手的國學素養都相當有限，他們接受傳統鸞文的樣式，但無法扶出古代鸞文詩的內涵。他們用白話文傳承儒家思想，寫出的鸞文相當淺顯。白話文教育對台灣社會產生重大影響，也滲入到扶鸞儀式中。我們所理解的傳統鸞文已經無法再次顯現於現代鸞堂中，除非國學造詣優秀的人才進入鸞堂，不然未來的台灣扶鸞儀式扶出的鸞文，頂多有詩的外殼，而不會有優美的鸞文出現。最主要的是白話文的鸞文，已經被鸞堂的信徒接受，他們不在意仙佛表達的鸞文是否優雅，他們只在意仙佛是否透過扶鸞儀式給予教誨、解惑或消災。

三、新女性主義崛起

現今社會在男女平權的主流價值之下，女性不像早期參與儀式時，進入內殿是絕對不允許的，只能在外殿中默默的聆聽仙佛的旨意。台灣現在只有少數的鸞堂還維持這種傳統的觀念，例如：苗栗獅頭山勸化堂參與的女性，在儀式中只能參與問神的活動，絕不允許擔任儀式中任何職務。其他鸞堂在儀式中，已經有女性擔任鸞手，像中華玉線玄門真宗教會、新店混元道場、桃園真佛心宗等，除了在儀式中擔任鸞手之外，還可以擔任儀式中任何一個角色，例如：唱生、宣講生或記錄生的工作。現代女性擔任儀式中的重要的角色，打破過去扶鸞儀式只能由男性參與的禁忌。

就「新女性主義在宗教儀式中的認同程度帶來吸引女性加入鸞堂服務」的命題來看，是被證實存在的。（張家麟，2008b:37-38）換言之，在台灣兩性平權主義之下，新女性主義的價值逐漸在宗教儀式中體現，而且女性在儀式中的能力展現也得到信徒的認同，因此也帶給廟宇新的信徒來源。以前有句話說「女性熱愛宗教超過宗教喜歡女性」，由這個命題來看，筆者調查中，觀察到扶鸞儀式中的女性逐漸受到重視，因此這樣可以理解到台灣女性參與宗教活動的人是越來越多，擔任儀式重要的角色也是越來越重要。

四、多媒體運用

早期扶鸞儀式只有在鸞堂裡舉行，參與的效勞生職務都是固定的，而儀式也比較不透明，只給參與的效勞生觀摩，不會給參與的信徒觀摩，因此導致鸞堂蒙上一層神秘面紗。不過，當代有部分鸞堂已經開始將這層神秘的面紗揭開，讓更多的信徒可以瞭解到鸞堂的運作。例如：中華玉線玄門真宗教會的扶鸞儀式，會將扶鸞場所移至每一個宮廟裡，讓更多的信徒可以觀摩到這項傳統的宗教儀式，並且將扶鸞儀式中原有的職務增加，讓更多效勞生可以參與儀式，將電腦化與儀式結合，讓信徒可以即時看到仙佛降旨的情形。不過，還是有少部分的鸞堂，堅持以自己的方式進行扶鸞，不願意將扶鸞儀式分享給信徒。

台灣變遷的扶鸞儀式與原有的儀式已經產生差異，例如：中華玉線玄門真宗的扶鸞儀式，出現了儀式簡化的效果，像過去傳統的扶鸞儀式，鸞手扶出鸞文，唱生則是唸出鸞文，紀錄生紀錄，之後再由宣講生逐字唸誦。然而，這些流程被現代電腦所取代，唱生直接將文字唱誦出來，在記錄後就立即將鸞文呈現在大螢幕上，告知仙佛現在所降旨的指示，可以讓在會場上的信徒第一時間感受到仙佛的旨意，這樣的呈現可以省掉很多步驟，又可以兼顧到教誨信徒的效果。

五、參與擴大

現在宗教為了適應民主化擴大參與的潮流，宗教領袖經常對儀式做局部修正，讓信眾在儀式中與神職人員互動，甚至集體共同在儀式中扮演不同的角色，打破傳統由神職人員主導信眾的現象。台灣部分鸞堂也受此潮流影響，打破傳統的鸞堂神秘的面紗，讓所有鸞生共同參與扶鸞儀式。像星雲大師早期在宜蘭宣教時教大家寫作，將現代音樂旋律加入在佛教的梵唄中，成立梵唄團幫宜蘭地區信眾服務，讓信眾在參與過程中喜歡佛教。

現在少數鸞堂領袖也深知此道理，擴大參與可以帶來鸞生對儀式的認同，使儀式不再無聊，經由這樣的儀式更接近神。傳統的扶鸞儀式主要是鸞手、唱生、記錄生、接駕生、撥沙生與宣講生組合而成，不過大部分的鸞生、信徒卻只能恭坐在一旁，不僅無法直接參與，也無法立即瞭解扶鸞的內容。這對參與鸞生、信徒來說恐怕會覺得枯燥乏味，以及心有置身事外的感覺，因此現代鸞堂為了強化全體鸞生、信徒的參與感，對扶鸞儀式作變革，例如：將鸞文經由電腦投射到螢幕上顯示；另外，還增加靜坐、一起唸誦經文等方式讓參與的鸞生、信徒可以在神聖的空間裡作修行，感受到自己也參與在儀式當中。

除此之外，類似的請神方式也作一些變革，例如：中華玉線玄門真宗在請神時會請三才（代表天、地、人）進行上香，以及灑淨的儀式，讓參與的鸞生可以學習如何進行請神的儀式；宜蘭新民堂則是請兩位女性鸞生參與誦經生，在誦經的過程也沒有禁止鸞生、信徒進入內殿，讓參與的鸞生、信徒可以進入內殿學習，這樣可以有助於提升全體鸞生、信徒的參與感。

六、便利迅速的需求

現在社會另一思潮為便利迅速，宗教儀式也在此思潮中做局部改變。扶鸞儀式傳統法器相當沉重，雙人扶持的鸞比由桃木柳枝構成，重約3至5公斤，在鸞桌上扶鸞耗費鸞手相當多的體力，使扶鸞儀式進行時間拖長。因此部分鸞堂已經改變雙人鸞筆，採用簡單輕便的單人鸞筆，讓原本只有男性可以擔任的鸞手，換成可由女性來擔任，這樣的儀式變遷讓鸞手扶鸞時可以非常便利且快速，符合現代社會快速的需求。

修改傳統儀式最多的以中華玉線玄門真宗為代表，它將儀式改變成新的方式和現代社會的主流價值體系融合，由女性擔任鸞手及使用電腦化，並將儀式由少數鸞生擔任及進行的模式轉化成效勞生一同參與儀式，體會仙佛降旨的感受，甚至運用簡單的法器、白話文，快速且便利的讓「神與人溝通」。這兩種方式各有其堅持的理由；但是仍然可以理解與現代社會融合的扶鸞儀式，經常吸引年輕信徒進入鸞堂參與修行活動，成為虔誠的效勞生；反之，堅持古老傳統儀式的鸞堂，雖然服務年老的信徒，但也形成信徒、鸞手人才的斷層現象。以過去鸞堂的興衰歷史來看，當鸞手青黃不接或鸞手後繼無人時，鸞務可能停滯，鸞堂沒有儀式，彷彿沒有人替仙佛代言，進而造成鸞堂的萎縮。

伍、討論與結論

一、討論

（一）扶鸞儀式的多元表現

本研究調查台灣地區的三個鸞堂，一種扶鸞儀式，卻有三種表現樣貌，即維持傳統、局部改變與大幅改變三類。例如：堅持傳統儀式的苗栗獅頭山勸化堂；其次是宜蘭新民堂，局部改變扶鸞儀式，這兩間鸞堂比較接近傳統。改變最多的是中華玉線玄門真宗教會，屬於現代的鸞堂。由於華人民間宗教的扶鸞儀式並沒有「制度化」；[7] 因此，只要在自由的社會情境下，扶鸞儀式就可能受社會影響，或是鸞手扮演儀式改變的主導角色，他觀察社會的價值與需求後，反應在扶鸞儀式中。當代台灣社會在 1987 年後，即已逐漸成為高度宗教自由的社會，當然可能從傳統中，再孕育出創新且多元的扶鸞儀式。

宗教領袖經常是儀式改變的推手，當他贏得信徒的需求時，就有改變儀式的基礎條件。過去研究媽祖遶境儀式，法鼓山環保心靈水陸法會，及中華玉線玄門真宗教會的扶鸞儀式變遷，皆可發現宗教領袖的影響力。因此，「宗教領袖經為宗教儀式變遷主導力量」，此命題可成為觀察儀式變遷的切入點。而且，在本文也可證實鸞手為扶鸞儀式改變的主要來源。

（二）扶鸞儀式的融合、發展與限度

鸞堂系統為「儒宗神教」，以儒家思想的道德律，透過扶鸞儀式教化子民。維持傳統扶鸞儀式的鸞堂，男性鸞生主導扶鸞儀式女性信徒沒有機會成為鸞生，她們只能在儀式進行中問神，聆聽神的話語，接受神的訓示。這種「男尊女卑」的宗教儀式參與現象，是古老「儒家」價值觀的表現。在扶鸞儀式進行的型態，堅持雙人大支鸞筆、古文的語體、宣講，服務年老的信徒。

相反的情況為扶鸞儀式與現代社會緊密融合，如將男女平等、普遍參與、迅速便利等主流價值加入扶鸞儀式，則可能吸引女性、年輕信徒到鸞堂來。因此，從本研究的三個個案可以推估，堅持傳統扶鸞儀式的鸞堂，將出現「信徒年齡老化」的現象，未來可能信仰斷層。若扶鸞儀式與社會主流價值融合，則鸞堂將可迄立於台灣社會。

（三）扶鸞儀式與階級流動

焦大衛（Davidk . Jordan）和歐大年（Daniel L .Overmyer）對中國扶乩的看法。他們認為扶乩是台灣社會的底層民眾，藉由扶乩的辦法進入知識份子的大傳統。（David K.Jordan and Daniel L. Overmyer, 1985:267-280）酒井忠夫所提出來的是早期扶鸞儀式，由上層的知識份子利用神明的力量教化下層的普羅大眾。（酒井忠夫，1972）根據筆者在調查中發現，維持傳統扶鸞儀式的鸞堂，仍然具有「教化」的宗教儀式功能，但不一定是上層的知識份子利用神明的力量，教化底層的普羅大眾。因為，當代台灣地區扶鸞儀式的鸞手，並非來自科舉時代的知識份子，他們甚少接受國學訓練，沒有過去鸞手的知識水準，頂多接受現代的一般教育。因此，他們根本無法像傳統鸞手位居社會的上層階級，經由扶鸞儀式教化底層普羅大眾。現在參與扶鸞儀式的鸞生們並不是想藉由上層來教化底層。

此外，研究發現當代台灣扶鸞儀式的參與者，他們也無意經由此儀式想擠入上層社會。原因是效勞生參與扶鸞儀式的目的，在滿足自己的「聖凡雙修」宗教修行需求；一般信眾則希望經由此儀式得到神對其迷津的解答。現代和傳統扶鸞儀式相比較，教化與服務信眾的功能一致，但是現代的扶鸞儀式更重視藉由參與此儀式，鸞生可以達到修行的概念。扶鸞儀式變成一般大眾參與的活動，而與社會上、下階級，及其流動無關。知識份子已經少參與此活動，因此，也不再用扶鸞儀式教化子民。

二、結論

從本文的論述可以理解，古老的扶鸞儀式處於現代激烈變遷的台灣社會中，宗教領袖深知此變遷可能帶給扶鸞儀式衝擊，部分領袖基於傳統習慣、鸞生信徒年齡層較高的因素，仍然維持諸多的傳統扶鸞儀式的形式與意涵。相反的，也有不少宗教領袖開始思考社會主流價值體系將之納入扶鸞儀式中，讓女性、白話文、電腦化、民主參與、簡便的法器等表現在古老的扶鸞儀式，使扶鸞儀式得以在現在社會生存與發展。

從獅山勸化堂的個案得知，他們堅持古老扶鸞儀式的傳統，最主要是滿足年齡層偏高鸞生與信徒的宗教習慣與需求。可以估計當信徒老成凋謝時，扶鸞儀式不再吸引新的信徒加入，儀式可能枯萎。宜蘭新民堂則是部分改變扶鸞儀式的個案，他們與現代社會主流的體系部分結合。其中，「由鸞轉乩」是最為突出之處。過去的鸞手幾乎皆受過國學教育，他們瞧不起沒受過教育的「乩童」；如今鸞手變身為乩童，目的在於便利的服務信徒。這種型態是否成為未來鸞堂的趨勢，值得關注。中華玉線玄門真宗則是屬於改變最多的個案，基本上其扶鸞儀式扣住社會的男女平等、大眾參與、迅速便利等主流價值體系，形成宗教儀式的融合主義現象。在未來的發展將具競爭優勢，古老的儀式仍然在他們的道場與台灣社會生存下去。

7 楊明機曾為鸞堂訂定《儒門科範》，(楊明機，1998)當作科儀的共同標準，但是台灣鸞堂系統各自發展，並沒有辦法強制各鸞堂皆按此標準從事扶鸞儀式。

參考書目

Jordan, David and Overmyer, Daniel ;A1986, "The Flying Phoenix : Aspect of Chinese Sectarianism in Taiwan", Taipei : Caves Books.

Clart, Philip，1995. "The Role of the Eternal Mother in a Taiwanese SpitirwritingCult"，（Paper for presentation at the AAS Annual Meeting, second draft,）,pp.1-6.

楊明機，1998，《儒門科範》，台中：瑞成書局。

王世慶，1986，〈日據初期台灣之降筆會與戒煙運動〉，《台灣文獻》，第37卷4期。

王志宇，1997，《台灣的恩主公信仰－儒宗神教與飛鸞勸化》，台北：文津出版社。

王見川，1995，〈台灣鸞堂研究的回顧與前瞻〉，《台灣史料研究》，第6卷，頁15－19。

志賀市子，1999，《近代中國のシャ－マニズムと道教－香港の道壇と扶乩信仰》，東京：勉誠。

志賀市子，2003，《中國のこっくりさん：扶鸞信仰と華人社会》，東京都：大修館書店。

李國隆，2006，〈儀式傳承、合理性與神聖性〉，《與神靈對話古老儀式—扶鸞》，台中：玄門真宗出版社，頁57。

周育民譯，宋光宇校讀，焦大衛、歐大年 ，2005，《飛鸞－中國民間教派面面觀》，香港：中文大學出版社。

林文龍，1984，〈清末大甲溪架橋築堤考略〉，《台灣風物》，第34卷第1期，頁31。

林榮澤，2008，〈台灣民間宗教之「飛鸞解經」以《百孝經聖訓》為例〉，《2008「宗教經典詮釋方法與應用」》，台北：真理大學宗教文化與組織管理學系。

林榮澤，2009，〈一貫道「飛鸞解經」模式之探討：以《百孝經聖訓》為例〉，《台灣宗教研究》，台北：台灣宗教學會，頁1－35。

翁玲玲，1997，〈女人、不潔與神明：台灣社會經血信仰的傳統與現代〉，《婦女與宗教研討會》，中央研究院民族學研所。

酒井忠夫，1972，《中國善書の研究》，東京：國書刊行會。
張家麟，2004，〈民間信仰與神壇篇〉，《宗教輔導論述第六輯》，內政部，頁108。
張家麟，2005，（現代鸞堂發展困境與策略），《宗教輔導論述第七輯》，內政部，頁281。
張家麟，2008，〈論台灣民間信仰本土化—以禮鬥儀式為焦點〉，《輔仁宗教研究》第17期，69–108頁。
張家麟，2008a，〈現代鸞堂發展困境之分析〉，《社會、政治結構與宗教現象》，台北：蘭台出版社。
張家麟，2008b，〈宗教儀式變遷認同與宗教發展〉，《台灣宗教儀式與社會變遷》，台北：蘭台出版社。
許地山，1986，《扶箕迷信底研究》，台北，商務印書館。
陳進傳，2008，〈宜蘭的恩主公崇拜〉，《民間信仰與關公文化國際研討會》，宜蘭：佛光大學社會學研究所，頁31–62。
遊子安，2006，〈清代以來關帝善書及其信仰的傳播〉，《2006華人民間信仰國際學術會議》，台北：台灣宗教學會，頁106。
劉智豪，2009，《傳統與現代—論台灣鸞堂扶鸞儀式變遷及其因素》，真理大學宗教文化與組織管理研究所碩士論文。
蔡鑫宇，2008，《禮拜儀式音樂的傳統與創新—以士林區長老教會田野調查為例》，真理大學宗教文化與組織管理研究所碩士論文。
鄭志民，1984，《台灣民間宗教論集》，台北：學生書局。

余光弘，1999，〈台灣區神媒的不同形態〉，《中央研究院民族學研究所集刊》88期。

謝世維，2006，〈儀式傳承、合理性與神聖性〉，《與神靈對話古老儀式—扶鸞》，台中：玄門真宗出版社，頁66。

鐘雲鶯，1999，〈台灣扶鸞詩初探—一種民間創作的考察〉，《台北文獻》，直字第128期，頁67-86。

鑒民堂，2007，《龍鳳圖全集》，宜蘭：鑒民堂。

扶鸞的當代意義與功能

嶺東科技大學前副校長、教授　呂宗麟

壹、前言

扶鸞是我國道教（包括民間宮廟）特有的一種占卜或天人交感之術，許慎在其《說文解字》一書中將「鸞」一字解釋為：「赤神靈之精也，赤色五彩·鳴中五音，頌聲作則至」，《山海經》將「鸞」形容為祥瑞之鳥，曰：「有鳥焉，其狀如翟而五彩文，名曰鸞鳥，見則天下安寧」，學人喜愛將「鸞」字與神明或帝王的意象連結，如：「鸞馭」指神仙儀駕的形象，「鸞衣」指仙人之彩衣，「鸞輅」是天子乘坐之車，「鸞書」是皇帝頒布的詔書玉旨；在《山海經》第二卷中記載曰：「西南三百里，曰女牀之山，其陽多赤銅，其陰多石涅，其獸多虎豹犀兕，有鳥焉，其狀如翟而五采文，名曰鸞鳥，見則天下安寧」，大體而言，《山海經》對於鸞鳥的描述，是代表天下安定之義。

扶鸞作為道教或民間宮廟的宗教儀式，一說始於漢初漢明帝時期；另一說謂創於孔子，前者見《諸獲麟寶典》一書記載：「鸞，神鳥也，於漢初出西城而棲息西歧，啄雪成沙篆，以傳神意，儆示亂民，匡正世俗」；至於源自於孔子謂：「孔子周遊列國，偶見靈鸞以尖嘴寫字於沙上，遂啟靈覺，乃命門人倣效云云」，[1] 筆者以為，實在無法考證；近代道教研究學者李淑還在其所編輯的《道教大辭典》中提到：「斯扶乩之事者，俗稱鸞生，或曰鸞手，譯巫覡之流也」，將鸞生解釋為是屬於中國古有的巫覡文化，[2] 筆者同意此種論點。

台灣鸞堂的發展大致係可從日治初期1897年至1903年間（明治23年到29年），另依據《台灣省通志稿》〈人民志禮俗篇〉云：「起於光緒末年，由福建傳至澎湖，組成之『降筆會』，既扶鸞也，屬民間「儒宗神教」一系，係指以『儒』為宗以『神』為教，奉祀崇拜『恩主公』之扶鸞鸞堂」；[3] 台灣傳統鸞堂的發展在日治時期因日人的鴉片政策，引起台灣知識菁英的反感，而有鸞堂降筆會運動的產生，而在這一波降筆會運動的發展之下，台灣的鸞堂迅速的傳遍，是以受到研究者相當的注意，戰後鸞堂的相關研究裡，善書以其文獻史料的性質，較早受到了注意，部分人士投入了台灣鸞堂出版品目錄編輯的基本工作，如蔡懋棠、魏志仲、林永根、王見川、林榮澤等，其中王見川整理清代及日治時代的善書書目，編撰〈光復（1945年）前台灣鸞堂著作善書名錄〉，這份書目雖仍可能有所遺漏，但已是目前光復以前善書書目較為完善者。（王志宇，2011.9：353）

至於有諸多名稱：鸞門、聖堂、聖門、儒門、儒宗聖教、儒宗鸞教等，應該是不同時期的不同說法，但可以說明的是，扶鸞是作為一種宗教儀式，也是一種非常盛行的民間信仰依歸。

貳、扶鸞與傳統中國的「善」

最早對我國特有扶鸞做過專門研究的民初學者許地山，在其《扶箕迷信底研究》一書中探討扶箕（鸞）的起源問題，從此書其中所蒐羅各類有關扶鸞活動記載的資料來看，在宋代沈括的《夢溪筆談》已說「近歲迎紫姑仙者極多」，所謂的紫姑神有許多的傳說，有一說稱其為唐壽陽女－何媚，因妒被害至死，後變為廁神，請紫姑的方式已經就是扶鸞了；許地山推測，扶鸞流行之後，乃有專門的扶鸞職業家的出現，而有時他們也設鸞壇於家或祠廟中。（許地山，1994：29）

但是，若以宗教化的角度而言，也就是說，以是否設有專門性的降鸞場所、組織或有對鸞生有強烈的規範能力的「鸞壇」出現，從這點來看，除道教或民間教團外，許地山所收集到的筆記

1 文化部，〈台灣社區通〉，引自：http：//sixstar.moc.gov.tw/blog/king/communityResultListAction.do?method=doRead&type=1&resultId=34777，2020.8.29 下載。

2 引自：https：//religion.moi.gov.tw/Knowledge/Content?ci=2&cid=511，2020.8.29 下載。
巫覡，曾被認為有控制天氣、預言、解夢、占星以及旅行到天堂或者地獄的能力，例如漢族的巫（女性巫師）與覡（男性巫師）、滿族的薩滿、蒙古族的博、朝鮮族的巫、藏族的苯。

3 同前註

資料中有明白提到降壇的，比較早的只有在《子不語》[4]提到明末關神下乩壇的事情，而在清末的資料如《壺天錄》、《梵天盧叢錄》大都已經明白地說這是某某壇，並將這些降鸞的乩壇地點詳細記載；由此看來，鸞壇的設立至少在明末已經漸漸趨向普遍化，而到清末已經廣泛的在各地設立，再從鸞堂間流傳的內部說法來說，鸞堂的大量興設應該是肇始於道光庚子年間。[5]

扶鸞的目的除了問功名、生死、國事、醫藥……等之外，道德的勸善亦是其重要目的，許地山說他自己所處的時代裡，各處乩壇都能得到勸善的乩語，關於扶鸞與勸善關係的最佳詮釋，當屬日本學者吉岡義豐的論述，他指出：「貫穿中國民眾宗教思想的是「善」這個字，「善」不僅關係到民眾的宗教思想，它也是中國人所有思想的主幹…，換言之，「善」是生存於複雜歷史社會的中國人永遠的依靠；如果失去了它，人生的憑藉將完全崩潰；這是任何東西也難以取代的生存必需品；對中國人來說，善並不僅只是平面的倫理道德之勸誡語，它亦是中國人謀求社會生存時，視為與生命同價、或比生命更可貴而謹慎守護的中國人之魂」。[6]

因此之故，於中國民間流傳，以勸人為善為宗旨的善書出現，善書種類多不勝數，其神示可能來自神明託夢、顯靈…等等，不一而足，但多數是由扶鸞所成，出自有降神扶乩的結社，並多在善堂發行，而編纂、註解、印刷善書的人另稱善人，善書多由信徒捐贈和協助出版，並免費贈送，信徒咸信，通過贈送善書，可以改善自身運氣，積德轉運；善書的內容通常與中國道教、佛教與儒家有關，大致具備三教合一的風格（一貫道的善書則倡五教合一），主旨通常是宣揚輪迴轉世、因果報應與傳統儒學或宗教價值觀等，以勸人為善為主要的核心；流傳最廣的善書是《太上感應篇》，此書在南宋時推廣開來，為後世善書的典範，在傳統漢人社會幾乎無人不曉，在清代的《太上感應篇》、《文昌帝君陰騭文》及《關聖帝君覺世真經》合稱「三聖經」，其他著名善書，諸如有《了凡四訓》、《玉歷寶鈔》、《俞淨意公遇灶神記》…等等，著名的善書匯編，則有清代劉山英於1789年編訂的《信心應驗錄》，匯集善書百餘種。7

扶鸞與善書相聯繫離不開文人和地方士紳的參與，伴隨著明清時期佛教輪迴、因果報應觀念的普遍流行，以及地方士紳道德教化權威的塑造，特別是明末清初之際出現的善會、善堂等慈善組織，士紳階層已經成為社會的中堅和地方的主導，當社會秩序出現動亂或異常時，他們不僅組織各種各樣的慈善救助活動，而且還進行道德教化的宣講，而民間善書的流行在很大程度上亦因此而起，鸞堂和扶鸞則是善書形成的源頭，已故好友宋光宇教授通過對清代台灣善書與善堂的考察，認為：「**扶鸞實際上是地方士紳階層對地方百姓的一項社會教育活動**」，（宋光宇，2005：401）日本善書研究專家酒井忠夫指出：「**由於扶鸞習俗也流行於上層官僚和知識人之間，因此不僅清代通俗的小型新善書，且由上層知識人或其集團所製作的多數大型善書，也是依據乩示的儀禮方式創作的**」。（酒井忠夫，1996：93-104）

大底從19世紀中葉開始，民間善書逐漸多由鸞堂扶鸞編寫而成，清咸豐十一年（1861）關帝降筆《救生船》的序言曰：「**示之以亂象，導之以遊冥，誘之以筆錄鸞書…輔聖諭之寬宏，振宣講**

之墜緒，化世俗之頑梗」；光緒年間張之萬提到：「經文中最著者，莫如《太上感應篇》、《文昌陰騭文》與《帝君覺世經》，三者流布寰區，罔不奉為圭臬…蓋近今纂輯善書者，固多將《覺世經》與《感應篇》、《陰騭文》並列篇首」；（張之萬，1894：9）清代將太上老君、文昌帝君（文聖）、關聖帝君（武聖）降著三篇經文合成一部，稱為「三聖經」或「三聖人之書」，現存較早的《三聖經》合刊本，是清代嘉慶十一年（1806）出版的《聖經彙纂》；計自清庚子以來，開壇千餘處，書成數百種，夾雜著佛教因果報應輪迴、鬼神觀念等傳統宗教文化的扶鸞勸善活動，席捲了傳統中國社會的各個角落，上至社會精英，下及普羅大眾，無不深受其影響，[8] 亦給予扶鸞儀軌在中華文化的宗教土壤上奠立雄厚的群眾基礎，換言之，亦成為在中華文化融合特質外顯的重要表徵。

4 〈維基百科〉，https：//zh.wikipedia.org/wiki/%E5%AD%90%E4%B8%8D%E8%AF%AD，2020.8.29 下載。
《子不語》，又名《新齊諧》，文言筆記志怪，清代袁枚著，共24卷，又有續集10卷。書成於乾隆五十三年（1788年）以前，與紀曉嵐《閱微草堂筆記》一書齊名，兩人也曾在各自的著作中提起對方，有「南袁北紀」之說，而《子不語》與《閱微草堂筆記》也紀錄了許多相同的故事，如《關神下乩》、《鬼怕冷淡》等。

5 關於鸞堂性質的討論，請參閱，王世慶，宋光宇、王見川、武內房司、王志宇和李世偉或筆者的相關研究。

6 李光偉，〈民國道院扶乩活動辨正〉，引自：https：//www.facebook.com/notes/joe-dorje/%E6%B0%91%E5%9C%8B%E9%81%93%E9%99%A2%E6%89%B6%E4%B9%A9%E6%B4%BB%E5%8B%95%E8%BE%A8%E6%AD%A3/1308519395838838/，2020.8.29 下載。

7 〈維基百科〉，https：//zh.wikipedia.org/wiki/%E5%96%84%E6%9B%B8，2020.8.29 下載。

8 引自：https：//www.1xuezhe.exuezhe.com/Qk/art/388735?dbcode=1&flag=2，2020.8.29 下載。

參、對扶鸞的省思

鸞堂，為何在台灣會形成普遍性的流行？尤其台灣在日治時期引進迴異往昔的漢族教育，不僅沒有造成信徒減少，反而更加蓬勃，陸續出版善書，特別是在那物資缺乏、習字如金的年代，信徒願意捐獻金錢，大量印製善書廣為流傳，我想絕不能用單純的信仰層面來看待，其對人民生活定發生相當大的影響，除了牽引向善、教忠教孝之外，對當時的生活影響力有多大，乃至沒有全盤東洋化，仍然保有傳統中華文化的道統不墜，這就頗值得吾人深思了。

鸞手是扶鸞儀式的主導者，也是天人交感的關鍵者，在台灣民間宗教中的「恩主公信仰」，以五聖恩主廟或三聖恩主廟堂裡，常見其縱影。另外，在民間制度化的教派諸如一貫道、天道總會、世界紅卍字會、中華玉線玄門真宗教會（簡稱玄門真宗）與真佛心宗……等等，也都由鸞手維持鸞務（天帝教與天德教將鸞手稱為天人交通傳訊使者），在這些教派的神殿中，由鸞手負責「常態型」或「不定期型」的扶鸞，參與扶鸞者普遍稱為「鸞生」，鸞手經常是眾多鸞生的老師，扶鸞儀式成為該教派、寺廟的重要科儀，藉此招攬信眾投入鸞務活動，信眾投入鸞務一段時間後，神明透過扶鸞賜予其道（法）號，此時信眾「皈依」在神明的鸞下。神明透過鸞手降鸞，教誨他們，他們也以神明為師，自稱為神的「門生」；沐恩在神明的座下，又稱為「沐恩鸞下」，長期為廟宇、神明服務，投入鸞務工作，也稱為「效勞生」或「效值生」在眾多的鸞生中，只有少數會被培養成正鸞手，他是扶鸞的關鍵角色，為神明的代言人，也是整個儀軌的靈魂；在啟動扶鸞儀式時，除了正鸞手外，經常會有「副鸞手」協助，正鸞手稱為「左鸞」，副鸞手稱為「右鸞」，他們倆個拿起Y字型的鸞筆，由讓神明（上聖高真）附體的正鸞手帶動，在鸞台上書寫鸞文。（張家麟，2017：53-106）

許地山曾指出：**「扶箕（鸞）是觀念力與靈感活動的現象，有感當然有應，感應的表現就是箕示，這觀念力與靈感多半是從在壇場參與扶箕請仙的人發出的，一二人扶著箕，十幾二十人的觀念力或思想力集中在扶箕者的身上，使他們不自覺地在沙盤上寫字；說起來，所寫出的離不開在場諸人的觀念意志與知識程度」**，（許地山，1994：98-99）從許地山的話語顯示，扶鸞的內容所反映的，或許有部分是參與扶鸞之人的能力、心理意圖，如果是這樣的話，鸞手就不是真實傳達神佛的指示了；這或許正是長久以來，宗教與科學衝突與對立之所在吧。

宗教屬信仰崇拜之事，科學屬認識理解之事，二者所關懷的同為宇宙真際與終極原理，只是所取途徑不同，筆者擬從西方文明史上思考兩者之間的關係，大體而言，宗教與科學在人們生活中是最具影響力的兩股力量，不過兩者始終有著各自獨立又對立的關係，在古希臘自然哲學家的「物活論」（hylozoism）思想中，宗教與科學是同步的認為，無論是水、氣、火，一切都充滿了神靈，這是希臘文化從神話階段步入理性思辨階段的一個特色；古希臘人原本對於奧林匹亞諸神（the Olympian gods）的多神信仰，在此一變成為對於宇宙萬殊背後永恆原理與終極原因的追尋。（W. K.

C. Guthrie,1950：131-134）

對於如何化解宗教與科學對立的這項課題，當代英國哲學家懷德海（A. N. Whitehead, 1861~1947）在其《科學與現代世界》（Science and the Modern World）一書中的第十二章「宗教與科學」（Religion and Science），曾有精確的觀察，他說宗教與科學之間的關係有兩種事實：（一）宗教與科學之間總有衝突；（二）宗教與科學總在持續發展的狀態下；後者僅是一項簡單歷史事實；無論是宗教還是科學理論，都曾隨著時代推陳出新，不斷有新的理論產生；前者則是影響整個人類文明發展的嚴重危機，而如何在科技時代維護宗教精神與本質，正是現代生活的一大課題，（Alfred North Whitehead, 1953：182-187）懷德海說：「宗教與科學之間的衝突是我們想到這個課題時，自然會浮現在我們心中的…這課題令敏感的心靈沮喪，追求真理的熱誠和對這議題的重大感值得我們誠心同情，當我們想到宗教和科學對於人類的意義時，說未來歷史的軌跡將取決於我們這一代如何決定兩者之間的關係，應該不是誇大渲染，在此有兩種最強大的普遍力量影響著人類，而它們似乎彼此為敵，那便是我們宗教直覺（religious intuitions）的力量，和我們做精確觀察與邏輯推論衝動的力量」。（Alfred North Whitehead, 1953：181）

不過，懷德海期許人們不要被動地接受宗教和科學之間的對立，而應當主動地透過更寬廣的視野加以化解，他說：「我們應當等待（宗教和科學在更廣大的視野中和解）：但我們不該被動地等待，或者對此感到絕望，二者（宗教和科學）的衝突是更為寬泛的真理和精緻視野的標誌，在其中我們可發現更為深刻的宗教，和更為精巧的科學二者間的協調……科學是關乎規範被觀察自然現象的普遍條件，而宗教則是完全浸潤在道德和審美價值的沉思中，一面是萬有引力律，另一面是對於神聖之美的沉思冥想」。（Alfred North Whitehead, 1953：185）

筆者以為，對於扶鸞是否能接受科學驗證大哉問的質疑或討論，正如宗教與科學是否要放在對立面？誠如懷海德所說的：「二者的衝突是更為寬泛的真理和精緻視野的標誌，在其中我們可發現更為深刻的宗教和更為精巧的科學二者間的協調」，（Alfred North Whitehead, 1953：185）或許將焦點放在該宗教與宗教儀軌對於社會功能層面的思考，更具有實質的意義吧。

肆、當代扶鸞的宗教社會功能

鸞堂基本上係透過科儀，以勸善及行善為宗旨，因此各鸞堂都有堂規以勸堂中善信棄惡從善，修身養性，克己復禮，立德於世；再則大多數鸞堂也會孳孳於善書的著造，並將善書大量刊印散播，以達到教化世人的目標（勸善）；同時鸞堂也能依賴組織之力，集腋成裘，出錢出力，戮力於慈善公益事業（行善），但鸞堂基本上是一個宗教性的組織，也以能降神為善信解除疾病困厄等為號召；此外鸞堂也是一個社會團體，自然也有其社會的功能；筆者擬從扶鸞闡道、扶鸞闡教兩方面，說明扶鸞的宗教社會功能，茲說明如下：

一、闡道

做為中華文化核心之一的道教，是否在扶鸞的善書或經典中，有無被消化與吸收，頗值得關切。

在《正統道藏》（以下簡稱道藏）中可見到許多經文都是經由扶鸞降真所著造，《太上無極總真文昌大洞仙經》（簡稱《文昌大洞仙經》）是扶鸞著造的代表性經典，此經敘述文昌帝君得經及修道經過；其序文中稱：「南宋時梓潼文昌帝君屢次降鸞自說身世，並予校正，命鸞生劉安勝、羅懿子等人捧寫成經，授予百姓日誦，其文有曰：予曩生吴會，以此經功，位證梵鎮如來，厥後誦持不替，證果太上不驕樂育天帝、澄真正觀寶光慈應更生永命天尊，由誦經之勤，遂獲上清之貴，可不深加尊敬而授之乎；得受誦者勉而行之，願同文昌一會中人齊登妙行；乾道戊子秋降於鸞台，劉安勝捧；至景定甲子秋再降，重校正於鰲頭山摩維洞，金蓮石著儀壇，羅懿子捧，繼後歲在玄默攝提格菊月重九日，再降書於西陵桂巖衛生總真壇……今命侍化諸子繡木宣行，予亦當作頌以彰其德，庶幾觀者易曉，誦者易語也」。[9]

據序文指稱，在南宋高宗乾道四年戊子（1168）秋，永命天尊即文昌帝君，降真於鸞台，道士劉安勝捧寫成經，至南宋理宗景定五年甲子（1264）秋再度降真，重予校正，由道士羅懿子捧筆，其後元成宗大德六年（1302）玄默攝提格菊月重九日時三度降真，終於得以繡梓宣行，歷經百餘年間的三度扶鸞降真，方才完成經典的造著，此是待人神機緣之成熟，也是期以傳之久遠的苦心，使著經格外的謹慎。（林翠鳳，2017.1：19）

再有《真誥》二十卷，也是降真受誥的明顯例證之一，此為南朝梁著名道士陶弘景（456~536）所編撰，紀錄東晉年間仙真降凡授誥的對話內容，為道教上清派要典；「仙人」、「真人」是道教對神仙的尊稱，「誥」是上位者對下位者的一種告語，「真誥」意為「仙真口授之誥語」；以卷一為例，其降真示教的年月日時即條條詳載，如：「愕綠華者，自云是南山人，不知是何山也，女子年可二十，上下青衣，顏色絕整，以升平三年十一月十日夜降。自此往來，一月之中，輒六過來耳…右三條楊君草書於紙上；六月二十二日夜雞鳴喻書，此紫陽旨也。興寧三年，歲在乙丑，六月二十三日夜，喻書此。其夕先共道：諸人多有耳目不聰明者，欲啟乞此法，即夜有降者，即乃見喻也，此楊君自記也；長史年出六十，耳目欲衰，故有諮請，楊不欲指斥，托云諸人，六月二十四日夜，紫微王夫人來降，因下地請問，六月二十四日夜，南嶽夫人見授，令書此。先是二十二日夕，有在別室共論講道，紫微、南嶽二夫人聲氣語音殊，下不解其趣，今故授書此，以答所共講者之疑心也，初來見授時，色氣猶不平，授畢可爾，弟子唯覺色有不平，都無他可道，此一條亦是楊君自記論，興寧三年，歲在乙丑，六月二十五日夜，此是安妃降事之端，記錄別為一卷，故更起年歲號首也，紫微王夫人見降，又與一神女俱來，神女著雲錦襈上丹下青，文彩光鮮」。

由誥文中可見，眾仙真頻頻來降，其實後記仍多，升平是東晉穆帝司馬聃的第二個年號，當西元 357-361 年，共計五年；興寧是東晉哀帝司馬丕的第二個年號，當西元 363-365 年，共計三年；降真時間日期與來降的真人名號，皆明白記載，毫無隱諱，正有意藉以取信於閱讀者；整部《真誥》便是東晉楊羲、許謐、許翽等人受仙真降鸞的記錄；此二十卷，仙真示誥不藉於箕，受誥時未用器具，只以手執筆，而直接以口說或用筆，隨神靈旨意直書，其書法不用真隸，而用行草，是因為在時間緊湊中書寫所致。

《真誥》卷一記乙丑年六月廿四日夜紫微王夫人降靈一段，楊君問祂如何傳道？紫微夫人於是降靈，附於問事者身上，借其手，令他書寫降示文字，明白直言扶鸞之殊勝，及真言聖語下書於形札的珍貴，其載云：「紫微左夫人王諱清娥，字愈意，阿母第二十女也，鎮羽野玄壟山，主教當得成真人者⋯六月二十四日夜，紫微王夫人來降，因下地請問：真靈既身降於塵濁之人，而手足猶未嘗自有所書，故當是卑高邊邈，未可見乎，敢諮於此，願誨蒙昧。夫人因令復坐，即見授，今書此以答曰：夫沈景虛玄，無塗可尋，言發空中，無物可縱，流浪乘忽，化遁不滯者也⋯至於書迹之示，則揮形紙札，文理昺注，麤好外著，玄翰挺煥，而範質用顯，默藻斯坦，形傳塵濁，苟騫露有骸之物，而得與世進退，上玷逸真之詠，下虧有隔之禁，亦我等所不行，靈法所不許也⋯校而論之，八會之書是書之至真，建文章之祖也，雲篆明光是其根宗所起，有書而始也；今三元八會之書，皇上太極高真清仙之所用也，雲篆明光之章，今所見神靈符書之字是也；夫真仙之人，曷為棄本領之文邊，手畫淫亂之下字耶；夫得為真人者，事事皆盡得真也，奚獨於凡末之瘍衛，淫浮之弊作，而當守之而不改，玩之而不遷乎？夫人在世，先有能書善為事者，得真仙之日，外書之變，亦忽然隨身而自反矣，真事皆邇者不復廢，今已得之濁書，方又受學於上文，而後重知真書者也；鬼道亦然，但書字有小乖違耳，且以靈筆真手，初不敢下交於肉人，雖時當有得道之人，而身未超世者，亦故不敢下手陳書墨，以顯示於字迹也」。

以上說明了降筆的道理，所謂三元八會之書，雲篆明光之章，原是高真清仙之所用，藉真靈降身，言發於空中，形傳於濁塵，世人乃得聞天音大法，至於示書迹於紙札，需十分慎重；降真已是殊勝非常，真書能得傳世著實是珍貴不易，仙真對靈筆書法甚為看重，其執靈筆之手本為肉身凡人，應格外重視修道養德，方能擔當此聖潔重任。

《道藏》收有南朝《道跡靈仙記》一部，體例亦近似《真誥》，其〈太帝官隸第五〉有云：「**右七月二十四日夜保命君告**」、〈裴君說一年中得道人第七〉云：「**右九月二十日夜清靈疏出**」、〈東卿道季主等第八〉云：「**東卿復兼有注解近萬餘言，大奇作也……去月又見授《神虎經解注》，非世所聞**」，凡此皆神靈降筆之載記，其他諸如此者甚多。

《道藏》中存在著大量的扶鸞經文，顯示傳統社會中的扶鸞經驗既久遠又豐富，兩宋時期既已顯言明說，推前之東晉六朝時期早已有不少言之鑿鑿的篇章，扶鸞經文直陳著神靈與凡人之間的近距離對話內容，反映著在濁世中普救萬方啟發性靈的睿智光明，構成了道教《經藏》中重要的有機成分，（林翠鳳，2017.1：20-21）誠哉斯言也。

二、扶鸞闡教

設有扶鸞闡教的宮堂稱為「鸞堂」，鸞堂必須有正鸞，無正鸞就非鸞堂，理由很簡單，因為鸞堂的設立宗旨是扶鸞闡教，代天宣化為要務，若無正鸞（鸞乩）即無法扶鸞闡教；鸞堂是三界聖神仙佛真靈所顯化度世之地，且以儒為宗，以神為教，故鸞堂又稱「儒宗神教」，乃以神靈降筆為傳道方法，五教之神靈佈滿虛空，誠者靈，靈者通，故皆可降鸞寫字或畫畫：此法為文昌帝君提倡，關聖帝君頒命弘揚，請神扶鸞原為道教之一法，又尊奉關帝、呂祖、司命真君等道教諸神，故鸞教為中華道教一派，實不可否認，亦即占驗、積善之道派也，然鸞之興起於文昌帝君，弘揚於關聖帝君，文昌、關帝二聖皆為儒門中人，故鸞教又稱日「儒宗神教」，蓋以道德文章作濟世張本，以神明現身教化為靈應機要，故此稱之：而登鸞說法之神，不拘道教神明，舉凡儒釋道耶回等各教先知先覺，成聖成真，成仙成佛之性靈，皆感世道淋漓，常來託鸞化度眾生。10

正鸞在鸞堂所扮演的角色是非常重要，那麼對正鸞的要求條件自然也就比較嚴謹，對鸞乩（正鸞）之認識鸞乩在鸞堂中稱之為「正鸞」，顧名思義乃為諸鸞生之中堅，其舉止行為，堪供諸鸞生之圭臬也，又其本身負有天命，為諸天神仙聖佛之使者，藉其「神識」而闡揚聖理真詮，挽轉頹風者也，故上聖高真對鸞乩之人選，其條件當然較為嚴謹，其必須具備之條件簡述如下：

1. 品行端正身心健全者－蓋身為鸞乩，必須使身心清靜，始得為諸天神佛之使喚，如鸞乩本身時受酒色財氣所毒害，而其心亦受貪嗔癡慢疑所纏縛，致其身心不得清靜，即無法轉達神意，是故，身為鸞乩者，必須品行端正，身心健全，此其條件之一。

2. 節儉自持安貧樂道者－蓋身為鸞乩者，生活若不自持克儉，一味追求物慾之享受，終使其生活不得安定，而有藉乩斂財毀損清譽之虞。是故，身為鸞乩者，必須節儉自持，始能安貧樂道，此為條件之二。

3. 淡泊名利潔身自愛者－蓋身為鸞乩者，絕不可與人爭名奪利，以免身心受累而不得靜，致誤扶鸞之傳真，況有爭名奪利之心者，皆能藉乩而為自己之名利，方便行事，是故，身為鸞乩者，當需淡泊名利、潔身自愛。

4. 正直無私勇毅果斷者－蓋身為鸞乩，遇事不能當機立斷者，差之毫釐，失之千里矣；因鸞乩扶筆乃藉「意識」潛跡，「神識」顯現之時通神意，如不能當機立斷者，終使意識用事，是故，身為鸞乩者，應當正直無私、勇毅果斷，此其條件之四。

5. 犧牲小我完成大我者－蓋身為鸞乩，若不抱有服務人群之犧牲小我之志節，當生退志之心，而不得持之永恆，有負人與上聖高真之所望也；是故，身為鸞乩者，應抱此犧牲小我、完成大我之崇高志節。

6. 容忍自安大智若愚者－蓋身為鸞乩，待人處事當以謙恭忍讓為立身之要件，不顯耀自己之才華，默默無聞，如愚如痴，是故，身為鸞乩者，當應容忍自安、大智若愚。

7. 能熟讀經書章句者－蓋身為鸞乩，必須完整記錄上聖高真之意旨，胸中必須有點墨，否則會產生詞不達意之內容，是故，身為鸞乩者，當應能熟讀經書章句。

以上乃為鸞乩之先決條件者，正鸞的鍛煉一名正鸞的鍛成並非易事，首先須自願者呈疏黃表紙，然後蒙聖神恩准，始能進入鍛乩階段，鍛筆時不但勞師動眾，而且鍛煉者本身亦應遵守鍛乩的戒律，及七七四十九天的閉關，閉關中除了按時靜坐外，其餘時間自行研讀《清靜經》等，以充實靜坐之基礎[11]。

誠如在前所言，其扶鸞之手本為肉身凡人，應格外重視修道養德，方能擔當此聖潔重任。

9 《文昌大洞仙經》，《正統道藏・洞真部・本文類・荒字號》第1冊。

10 參閱，引自：http：//dersho.ehosting.com.tw/%E8%AA%8D%E8%AD%98%E5%84%92%E6%95%99%E8%88%87%E9%B8%9E%E5%A0%82.htm，8/29/2020

11 參閱，引自：http：//www.360doc.com/content/15/0517/13/20786607_471207391.shtml，8/29/2020

伍、結語：扶鸞文化的展望

鸞堂對於大多數信眾而言，活動的主軸是「勸善」，更具體的來說也就是「將具有高度文化內涵的道德訓示，以扶鸞或乩示的方式，透過善書的印刷而廣為傳佈」；而鸞堂的意義，可以被放在漢人宗教中的「通靈尋求啟示」的這個文化範疇裡來被加以看待，在漢人社會裡，不論是出於公眾性的目的或是私人性的目的，請求神明諭示，這種處理問題的手段，已是文化中所通用且廣被接納，就這一點來說，鸞堂中的問事，與廟中的向乩童問事，差別不大，鸞堂活動中，雖然程度上的多寡有差異，但的確多少都還是存在著問事的場；不過，在另外的一些特點上，鸞堂則是相當不同於一般的乩童或問事，其中最主要的一點是，當一個人到了鸞堂，他已經知道，這已不是單純的如同找乩童問事般，只是尋求驅魔和解決實際的問題，而是，信徒已有預期，鸞堂的神明在提供信徒答案時，往往會給予更為一般性的關於道德原則上的指示，神明往往還會要求信眾，在「三世因果」的世界觀的基礎上，進行道德的實踐與心靈層次的提昇；還有，在鸞堂中，神明常會對個人加以明確的褒貶（對積極參與者肯定，對退教者斥責），甚至於堂生或堂生家屬死後果位的晉升也會被明確的告知；而這樣的一個宗教文字書寫或神明溝通的傳統，其所附帶而出版的大量善書，早已是中華帝國晚期以來民間文學的重要主題，而扶鸞著書的結社活動，則更是漢人民間教派結社活動中的一個最基本的構成型態。（丁人傑，2010：10）

在漢人社會裡，鸞堂顯然是一種，相對於一般「法術型行動」的民間信仰而言，更積極的試圖要去提昇人本身在信仰過程裡面的「控制性」的一種社會選擇，其做法則是將已廣被社會意識所接受的因果道德律，透過通靈的形式，由經過了體系化的神明系統與賞罰原則，來將這一套規律予以再確認與有所強化，並以文字外顯的方式，將鑲嵌著一群特定社會關係的信眾網絡，加以神聖化與結晶化，而最終產生出包含著無限功德的，在公眾中廣為傳佈的勸善經典。（丁人傑，2010：55）

不過筆者以為對於當今的台灣鸞堂而言，在面對嚴重少子化之時，似乎應思考兩項基本重要的課題，一是鸞手不足（包括人數、穩定性、敏感度等等的不足），也因為鸞生的養成不易，所以幾乎正乩都是一輩子奉職；另一個是會缺少鸞堂自己的校正生（鸞書造作中的靈魂人物，負責乩文校訂與編訂成書），而這兩個問題，會使得既有的鸞堂，脫離鸞堂化的發展，若僅導向是作為修心養性的靜坐場域，或是經常搭壇設台作法與超渡，此等方式，是否有助於扶鸞文化的永恆性亙古發展?筆者是抱著高度懷疑的態度，亦誠盼有興趣與關切此議題者共同思考。

參考書目

一、書籍

W. K. C. Guthrie, 1950,"The Greeks and Their Gods", Boston: Beacon Press, pp. 131-134.

Alfred North Whitehead, 1953 ,"Science and the Modern World", New York: The Fress Press, pp. 182-187.

丁人傑，2010，〈由「奧法堂」到「天仙金龍堂」：漢人民間社區中的扶鸞與宗教實踐，重訪《飛鸞》〉，《台灣人類學刊》8卷3期，頁10。

王志宇，2011. 9，〈戰後台灣新興鸞堂豐原寶德大道院之研究：教義與宗教活動面向的觀察〉，《台灣文獻》62卷3期，頁353。

宋光宇著、林富士主編，2005，〈清代台灣的善書與善堂〉，《禮俗與宗教》，北京：中國北京大百科全書出版社，第401頁。

林翠鳳，2017. 1，〈談扶鸞的起源與沿革〉，《東海大學圖書館館刊》13期，頁19。

酒井忠夫著，王見川、柯若樸主編，1996，〈近現代中國的善書與新生活運動〉，《民間宗教》第2輯，台北：南天。

張之萬，〈印造經文〉，載《熙朝人鑒》，光緒二十年（1894）滇省務本堂刊本，下集卷二，頁9。

張家麟，2017，〈另類的「天人合一」：論當代台灣「神媒」的角色〉，《誰在宗教中？》，台北：

蘭台出版社。

許地山，1994，《扶箕迷信的研究》，台北：商務印書館。

二、網路資料

文化部，〈台灣社區通〉，引自：http://sixstar.moc.gov.tw/blog/king/communityResultListAction.do?method=doRead&type=1&resultId=34777，2020.8.29 下載。

〈維基百科〉，https://zh.wikipedia.org/wiki/%E5%AD%90%E4%B8%8D%E8%AF%AD，2020.8.29 下載。

http://dersho.ehosting.com.tw/%E8%AA%8D%E8%AD%98%E5%84%92%E6%95%99%E8%88%87%E9%B8%9E%E5%A0%82.htm，2020.8.29 下載。

http://www.360doc.com/content/15/0517/13/20786607_471207391.shtml，2020.8.29 下載。

〈維基百科〉，https://zh.wikipedia.org/wiki/%E5%96%84%E6%9B%B8，2020.8.29 下載。

https://www.1xuezhe.exuezhe.com/Qk/art/388735?dbcode=1&flag=2，2020.8.29 下載。

https://religion.moi.gov.tw/Knowledge/Content?ci=2&cid=511，2020.8.29 下載。

李光偉，〈民國道院扶乩活動辨正〉，https://www.facebook.com/notes/joe-dorje/%E6%B0%91%E5%9C%8B%E9%81%93%E9%99%A2%E6%89%B6%E4%B9%A9%E6%B4%BB%E5%8B%95%E8%BE%A8%E6%AD%A3/1308519395838838/，2020.8.29 下載。

一貫道的鸞訓

一貫道學研究院文獻館主任 林榮澤

壹、前言－扶乩飛鸞：民間宗教「神聖化」的關鍵

近百年來，宗教社會學研究的二大理論基礎，一是由韋伯所建構，強調宗教是社會的產物，但宗教的觀念也會深刻影響社會。二是由涂爾幹所建構，強調宗教是社會和心理的源泉，宗教是人類心靈需求的呈現。兩人研究的角度和方法彼此不同，風格迥異，構成西方宗教社會學研究的兩大取向。按照韋伯的說法，宗教只是社會需求的呈現，但宗教在成功建立後，又會反過來影響社會本身的發展。另外，按照涂爾幹的說法，宗教具有滿足人類心靈需求的功能，這種心靈需求的滿足，在某種程度上也可視為具有心靈的療效。如果是透過宗教產生的心靈療效，就可統稱之為「神聖療效」。倆人的研究，一是著重於社會面，另一是著重於心靈面來探討宗教。

1960-70年間，宗教社會學的研究，開始出現另一種新的研究趨勢，力求統一韋伯及涂爾幹

以來一直存在的兩種傾向，從理論與哲學的角度，整體地論述宗教的本質、功能及其在人類社會中的地位，又十分注重宗教的歷史演變過程。這方面最有代表性的人物之一，就是貝格爾（Peter L.Berger），他提出宗教定義的關鍵在「神聖」二字。在《神聖的帷幕：宗教社會學理論之要素》（The Sacred Canopy Elements of A Sociological Theory of Religion）一書中，（Peter L.Berger,1969）Berger認為宗教的功能就是建立一種秩序，但又不是一般的秩序，而是神聖的秩序。簡言之，一切宗教信仰的關鍵，在於「神聖化」的建構。通常建構神聖化的過程，也就是在建構一種神聖的秩序。因此，任何成功的宗教，一定要有神聖化的成功過程。

按照Berger的說法，任何宗教的產生，或多或少都要經由神聖化的過程來建構，只是建構的方式也許不一樣，但神聖化的過程的能否成功，同樣是要看神聖化產生的影響力有多大。所以近來研究神聖化的問題，也有從心理的層面來看待，認為神聖化愈成功的信仰體系，愈能對信眾產生心理上的撫慰作用。筆者發現台灣「民間宗教」[1]的發展，其神聖化的過程，有相當的比例是得力於「扶乩飛鸞」，這也是台灣民間宗教發展上的一大特徵。有別於佛教與道教，民間宗教經由扶乩飛鸞所建構的信仰體系，其神聖化的現象是很明顯的，其過程是容易成功的。

扶乩飛鸞，簡稱為「扶鸞」。就史料來看，扶鸞的別名有扶箕、降乩、鸞訓、天書、降筆、天書訓文等。扶乩飛鸞會有文字產生，集合成的文本經卷，散在《道藏》、《寶卷》及民間宗教的天書鸞訓中。這些借由扶乩方式產生的文本經卷，一直是不容易研究的文獻，主要的關鍵是如何界定這些飛鸞之作，是人為的或天成的，這兩種的研究方式及立論點會有差別。以下先就扶乩的起源來探討。

1 本文指稱的「民間宗教」一詞，是指唐宋以後，普遍流行於社會底層，非純粹佛、道兩教之外的多種民間教派之統稱。而個別敘述上的必要，則用「民間宗教教派」一詞，來代表某一特定的民間宗教教派。（韓秉方，1992：163）

貳、扶乩飛鸞的起源與發展

一、扶乩

所謂扶乩的「乩」字，本來就是一種古代的占卜法，卜者觀察箕底動靜來斷定所問事情底行止與吉凶，後來漸次發展為書寫，或與關亡術混合起來。（許地山，1940：7）所以早期的扶乩又叫做「乩卜」，大體是置乩具於箕型的竹器作成之物上，視察它的動作。期間一旁有人唸咒，推動箕具，以觀察「箕」的動態，或視「箕」的動數以測事之吉凶，指點求事者的迷津。術語稱它為「箕占」、「篩占」。扶占在歐洲也曾經興盛過，如西洋的「板占」，即是從「箕占」的方法中習來而發展的。

目前學界有關中國扶乩起源的說法，有認為是始於紫姑信仰。（許地山 1940：7）有認為扶乩是起源於道教信仰。[2] 或說扶鸞的起源是孔子所創立的。（林永根，1982：5）也有認為扶鸞是源於薩滿宗教的原始神人溝通方式。（鍾雲鶯，1999.6）筆者認為，以上諸種說法扶乩起源於薩滿的信仰，是很值得探討的方向。「薩滿」本身就是一種靈媒，莊吉發在《薩滿信仰的歷史考察》一書中，對薩滿一詞定義為：「**薩滿，滿洲語讀如『Saman』，是阿爾泰語系通古斯語族稱呼跳神巫人的音譯。**」（莊吉發，1996：1）薩滿是指能夠通靈的男女，他們在跳神作法的儀式中，將神靈引進自己的軀體，使神靈附體，而產生一種超自然的力量，具有一套和神靈溝通的法術，也就是一種「靈媒」。根據莊氏的研究，古代薩滿信仰的民族有：匈奴、鮮卑、柔然、高車、突厥、肅慎、挹婁、靺鞨、契丹、女真、蒙古等民族，（莊吉發，1996：7）分佈在東北亞至西北亞的漁獵社會，而以北亞貝加爾湖及阿爾泰山一帶較為發達，但不包括中原文化的漢族。這是因為古代的中原文化，原本就有自己類似的薩滿，例如商代巫、覡，春秋時代齊國的方士，秦漢時代的神仙修煉士等，其中不乏有類似薩滿的靈媒角色者。如果說薩滿可以視為最早的扶乩者，那中國扶乩的起源應該與中原文化中的巫、覡，這些較早的靈媒之人有關。

根據胡新生在《中國古代巫術》一書的研究，商代的巫、覡是源於距今五六千年的新石器時代晚期，當時有最早的巫師出現。春秋時期流傳顓頊氏「絕地天通」的神話，就是曲折地反映出專職巫師的形成。胡氏指出，這些早期的巫師，既是祭師、醫生、天文家、歷史記錄者，同時又是傳達神旨和利用各種手段預測吉凶的預言家。（胡新生，1999：9-13）這是因為這些人具有特殊的能力，能扮演起人與不可知力量之間的媒介角色。在古代的社會中，這些具有特殊靈媒能力者的社會地位很高，他們往往是帝王身旁的重要大臣，以商朝國君每事必問卜於上帝的情況來看，這些巫、覡就是以神道來協助國王治理天下之人。《周易・觀卦・彖辭》曰：「**觀天之神道而四時不忒，聖人以神道設教而天下服矣。**」，「神道設教」有可能就是一種透過占卜得到「天啟」的特殊方式，所以才說是「觀天之神道」，這也可能是後來扶乩飛鸞的來源。然而「神道設教」的具體內容，目前尚缺乏較明確的史料佐證，所以比較不夠具體。直到東漢末年，民間道教的產生，一些早期神道設教的方式，也被道教吸收，於是道教就用了一個名稱「天書」（Spirit writing）[3]來形容這些天啟的資料，如此就比神道設教來得具體明確了。由此來看，「天書」一詞可能是較早用來稱呼這些神道設教產生的天啟之作。

二、飛鸞

「飛鸞」的由來，最早可以追溯到《山海經・西山經》有云：「**西南三百里，曰女床之山，其陽多赤銅，其陰多石涅，其獸多虎豹犀兕。有鳥焉，其狀如翟而五采文，名曰鸞鳥，見則天下安寧。**」相傳在《山海經》中記載的這支神鳥，一旦出現就能帶來天下的太平，因此被視為祥瑞之鳥。

這支名為「鸞鳥」的神鳥，全身五采紋飭，是既美麗又奇特。《山海經・海外經》曰：「軒轅之國，清沃之野，鸞鳥自歌。」鸞鳥常和鳳凰一起出現，常常是鸞鳥自歌，鳳鳥自舞。到東漢許慎著《說文解字》，對「鸞鳥」有曰：「鸞，赤神靈之精也。赤色五采，雞形，鳴中五音，頌聲作則至。周成王時，氐羌獻焉。」氐羌指的是今天的青藏一帶。根據許慎的說法，鸞鳥是一種彩色偏紅，體型身形像雞的鳥，分布在青藏一帶。

由於鸞鳥是一種很祥瑞的鳥，一旦見諸於世，就代表天下安寧的到來，於是就有說：「王阜為重泉令，鸞鳥集止學宮。」（《東觀漢記》）謝承《後漢書》曰：「方儲，幼喪父，事母，母終，自負土成墳，種奇樹千株，鸞鳥止其上，白兔遊其下。」像這樣的說法頗多，只因為鸞鳥代表的是一種很祥瑞的鳥。可見當時民間早流傳著這樣的觀念，這個觀念也漸為道教所吸收，鸞鳥就成了一支靈鳥，牠能降鸞在沙地上，用嘴尖鳥字在沙上出字，達到「天啟」的目的。今日台灣的鸞堂，尚存有這樣的說法：「一隻被鴻鈞老祖收為腳力的靈鸞，飛落在沙地上，以嘴尖寫字於沙上，因而啟發靈覺，上通玄機秉承天命，以靈鸞傳真天意，筆錄其詩文，字字金玉，句句珠璣，均是勸世渡眾之文。……，後因有時靈鸞請而不來，乃叩請上天准予採用桃枝柳枝合製成鸞狀，……，揮鸞於砂盤之上。」（宣平宮醒覺堂管理委員會，2006：11-12）意思是說，鸞鳥又稱為靈鳥，能飛降在沙地上，用嘴寫字於沙上，這應該就是「飛鸞」一詞的涵義。只是後來的發展，鸞鳥已不可見，鸞鳥出字更不可能，於是漸以「扶乩」出字來代替。

根據許地山的研究，他認為：「飛鸞就是扶箕，大概是因神仙駕鳳乘鸞，故有此名。」（許地山，1940：7）最初的乩，「只是以箸插箕上，受術者扶著動的箕，使箸在沙盤上寫字，毋須筆墨。後來才改箕為丁字形桿，插筆於垂直一端，用兩手或兩個人執著橫的兩端，在紙上寫字；或不用筆，只彎曲垂直的一端安置在沙盤上，用兩手或兩個人執著橫的兩端在沙上書寫，隨即記錄下來。」（許地山，1940：10）這樣的一種方式，也稱作「飛鸞」，等於是神靈借著箕筆，在沙盤上或是紙上寫字，來傳達某些預示。有時是一些疑問的解答，或是對抉擇事項的指示，後來在宋元以後，才逐漸發展出以道德教化為主的扶乩活動。

關於扶鸞操作的研究亦為國外學者所關注的焦點。哥羅特（Groot J.J.M.de）編著的 The Religious System of China; Volume VI（中國宗教．卷六，1982），詳細的探討扶乩（fu ki）、鸞輿（lwan yü）與扶鸞（fu lwan）的分野，進而探討扶鸞操作的過程與型態，是國外最早介紹扶鸞的學術研究。（De Droot, J. J. M. ,1982：1309-1341）艾倫（Alan J. A. Elliott）的 Chinese Spirit-Medium Cults in Singapore（新加坡的中國靈媒崇拜，1955），該書提到新加坡的扶鸞儀式，艾倫生動地描述扶鸞的操作儀式，通常由兩人共同扶著，右邊為通靈降神的巫者，通神時將鸞文書寫於沙盤上。德國宗教學者柯若樸（Clart）的博士論文 The Ritual Contex of Morality books：A Case-Study of a Taiwanese Spirit-writing Cult（善書儀式的來龍去脈：台灣扶鸞團體的個案研究，1996），以台灣武廟明正堂為研究對象，從中分析「懸空」鸞筆與「輦轎」鸞筆的不同。另外，真理大學曾舉辦第一屆「扶鸞儀式的傳統與創新」學術研討會，會中邀請新莊三聖宮、財團法人獅山勸化堂、宜蘭新民堂、三芝錫板智成堂與中華玉線玄門真宗教會等宗教團體，並於會場中同時進行扶鸞；而這5間團體的扶鸞形式、人數、鸞筆皆有不同，甚至有不需要三才六部，20僅正鸞生一人即可獨立完成的「金指妙法」，充分說明扶鸞操作儀式的變遷性與多元性。

《台灣慈惠堂的鸞書研究》，（陳立斌，2004）一書提到台北慈惠堂與慈德慈惠堂用「輦轎」鸞筆，一共需要4個人來扶鸞。另外一種「丁字形桿」鸞筆是目前較為流行的鸞筆，也許是因為這樣的鸞筆使用上比較方便，慈德慈惠堂就是用這一種鸞筆來扶著《慈惠月刊》，它只需一個人就可以扶著。其實不管鸞筆的形式是什麼，扶鸞儀式都是仙佛神靈降附於人身，推動鸞筆於沙盤中寫字，經由唱鸞生逐字報出，再由錄鸞生寫下，成為一篇鸞文。因此我們可以說，仙佛的神靈是「體」，而鸞生的形體是「用」，鸞書是天人合一之作。

三、降神與天書

如上所述，扶乩飛鸞的成形是在道教興起後的事，初期道教對這些以「天啟」方式寫出來的文書資料，就謂之「天書」。目前台灣扶乩飛鸞的作品，也是稱之為「天書」或「鸞書」。關於「天書」的探討，謝世維在〈聖典與傳譯：六朝道教經典中的「翻譯」〉一文中，對早期「天書」

的觀念有較完整的探討。謝氏指出，當佛教的梵文經典傳入中國，初期國人就將這些來自天竺的梵文稱之為「天書」、「天語」，主要是由於這些梵文是由梵天所創的神聖書體，梵文的「音」也有其特殊的神聖性。（謝世維，2007：196-197）不過，較完整使用「天書」的概念，是在早期道教的經典中，概指那些署名仙真的經書著作。《隋書．經籍志四》：「道經者，云有元始天尊，生於太元之先，……所說之經……天地不壞，則蘊而莫傳，劫運若開，其文自見，凡八字，盡道體之奥，謂之天書。」（唐．長孫無忌，1995：129）署名元始天尊所說之經，其目的應在凸顯所著經書的神聖性，並且以「天書」稱之。謝世維在探討道教上清經典中的「天書」時，引用《真誥》的記載，西元365年7月25日，靈媒楊羲與降神的紫微夫人之間的對話，說明道教天書的傳譯因緣及過程。（謝世維，2007：202-204）其中有一段關於天書的具體描述：「五色初萌，文章畫定之時，秀人民之交，別陰陽之分，則有三元八會，群方飛天之書，又有八龍雲篆明光之章。其後逮二皇之世，演八會之文為龍鳳之章；拘省雲篆之迹以為順形梵書。分破二道，壞真從易，配別本支，乃為六十四種之書也，遂播之于三十六天十方上下也。」（陶弘景，1985：7b8-9）巧合的是筆者曾在宜蘭礁溪九天宮作田野調查，遇上該宮九天玄女的乩女，談及她學天書的過程。經過一、二十年由天界九天玄女教她的天書，一共也是64種，每一種都是不同的語言文字體系，她共學了40多種，還有20多種未能學會。道教有天書64種的說法，早在《真誥》中紫微夫人降神所言相中，已清楚的說明。

四、道教與扶乩

道教經典中雖記載「降神」傳達天書的訊息，但對於降神的方式，是否為扶乩或是飛鸞，還是如現在一貫道的借竅、開沙的方式，則未有清楚的說明。一直到宋代，社會上扶乩術初盛之時，有針對扶乩的方法作了描述，扶乩的地點是一個道壇，中間設有神座，上書「太乙真人」、「南華真人」等道教神仙名號的現象。（劉仲宇，2003：158-159）當時扶乩出來的天書，謂之「天篆」。許地山的研究指出，宋沈括《夢溪筆談》卷二十一有記載：「**舊俗正月望夜迎廁神，謂之紫姑，……其書有數體，甚有筆力，然皆非世間篆隸。其名有『藻牋篆』、『茁金篆』，十餘名。**」（**許地山，1940：11**）這是用特殊篆體書寫出來的字，可見紫姑降神的情境中，一定有類似扶乩出字的方式，書寫字體。由於所用的字體是篆體，就以「天篆」來稱呼。同時代的蘇軾記載：黃州汪若谷家降神，自稱李全，給蘇一種「天篆」，內容是，〈天蓬咒〉。（許地山，1940：13）〈天蓬咒〉於南朝時就見於道書中，後來更衍生出大部的〈上清天蓬大法〉，可見當時的道教和社會上流行的扶乩活動，已有相當密切的關係。況且「天篆」應是來自《真誥》中所言「八龍雲篆明光之章」的說法，「天篆」、「雲書」指的都是道經中的天書。以此來看，宋代民間的降神扶乩，和道教的壇堂有很密切的相關聯性。

目前有待進一步研究的，是道教的扶乩飛鸞始於何時？按照許地山的研究，扶乩最早是在宋代文人間流行的一種降神活動，它與民間道教的關係如何？是道士先有扶乩活動，還是宋代民間文人先有，根據上面的分析，至少我們可以確認，在南北朝的陶宏景編纂《真誥》一書時，道教已有扶乩的活動。反而是經過一段時間的發展，到了宋代影響到文人也有降神的活動。

到明代中葉以後，民間宗教教派勃興，其中有一個關鍵的因素，就是與扶乩有關。明代興化人陸長庚（1520-1601），創立內丹道東派，此派就是有扶乩飛鸞的教派。該派的主要著作《方壺外史》、《三藏真詮》、《南華真經副墨》等書，都提到扶乩降神的情形。《方壺外史》云：「**嘉靖丁未，偶以因緣遭際得遇法祖呂公于北海草堂，彌留款洽，賜以玄醴，慰以甘言。**」[4] 得遇呂祖講的正是扶乩降神的事。《三藏真詮》講的更明白：「**真降，有形、神、氣三者不同。箕，神也；入竅者，氣也；可見者，形也。**」[5] 箕，就是扶乩，入竅應與借竅相似。再舉同屬道教的金丹道南宗為例，此宗派由北宋張伯端所創，到南宋第五祖白玉蟾大宏宗風。元朝時期，一部份金丹道南宗併入全真道，另一部份則轉入民間發展，漸融入民間宗教。這些金丹道南宗很可能與明清時期蓬勃發展的民間宗教有關，其中關鍵的因素，就是因為這些教派有扶乩的活動。林榮澤著〈從西王母到無生老母：論道教西王母向民間宗教的轉化〉一文，（林榮澤，2009a）即是詳細討論到此金丹道南宗，如何借由扶乩產生無生老母神號的過程。無生老母是明清時期民間宗教的最高神，它的產生很有可能也是由道教借由扶乩的方式所形成。

今天台灣的道教，我們依然可以看到此一傳統的沿襲，例如「**聖筆揮鸞妙諦傳，天書部部顯真詮。光明在望修行者，直破迷思智慧然。**」（**玉皇天心宮，2006**）這是台中玉皇宮主祠神九天玄女娘娘，在 2006 年所批出天書的開頭語，像這樣主祠九天玄女的宮廟，在台灣就有一百多處。而過去的五、六十年間，台灣各地寺廟、宮觀、鸞堂所批出來的，類似這種天書、鸞書的訓文非常的多。一貫道的扶乩有借竅、開沙兩種方式，呈現出來的文本資料，就稱之為「天書訓文」。

觀察目前台灣出現的所謂「天書」，可以發現一個現象，幾乎都是以扶乩飛鸞的方式來呈現。只是扶乩的方式，各地、各教派、各廟略有不同，但基本上是不離文字的書寫或抄錄。如果依此方式來推究，早期天書的呈現方式，或許略有不同，但留下文字的記錄可能是相同的，所以有學者指出，現今《道藏》中，存有不少的天書，即是這樣的原因使然。

五、借竅與開沙

就扶乩飛鸞發展的演進來看，從借用箕架出字的扶乩方式，進化到借用人身直接口述傳達的入竅方式，使扶乩的效果更流暢，傳達的語意更明確。這方面可以現代一貫道的扶乩飛鸞為代表，謂之「借竅」與「開沙」。透過借竅、開沙方式寫下來的文字，謂之「天書訓文」。批出來的文字，也從單面向的訓文陳述，到多面向的訓中訓，或訓中又訓的妙文，扶乩呈現出來的難度更高，遣詞用字更加深奧，義理內涵也更為豐富，這就是現代一貫道借竅開沙的特色。

「借竅」，又稱「先天乩」、「仙佛借竅」。一貫道師尊張天然將此命名為「先天乩」，指的是直接由仙佛借三才的身體，和信眾直接對話，而非經過沙盤或乩筆，所以又稱為「仙佛借竅」。當不同的仙佛臨壇時，三才就會有不同的角色，如關聖帝君臨壇，即氣勢威嚴；觀音臨壇，是慈眉善面；濟公臨壇，則瘋顛模樣；孔子臨壇，為學者姿態；南極仙翁臨壇，則又是老態模樣等。

「借竅」一詞的產生，目前所見的最早資料是民國25年（1936），一篇署名金公祖師的乩訓講到：「**上天不言借人力，天道人傳併合行；或借竅用口鳴，或飛乩批訓情。**」金公祖師是一貫道的十七代祖路中一，傳到十八代祖張天然後，借竅一詞配合三才的使用，在一貫道中已然形成。民國30年（1941），另一部非常重要的乩訓《皇◎訓子十誡》中，就提到：「**今時下真機展普遍大地，諸天神眾仙佛共下東林；各處裡施顯化驚惺迷子，或飛鸞或借竅親渡原真。**」6 可見此時的「借竅」一詞，已是一貫道中普遍使用的名詞。

就借竅的呈現者「三才」而言，指的是天才、地才、人才共三位一組，故謂之三才。早期張天然在大陸辦道用的三才，多為年輕的小男生，一貫道傳來台灣後，多是挑選年輕（約國中生）小女生，經過一番靜修的訓練而成。無論天才、地才或人才，仙佛都有可能在法會中附體批訓，這些年輕的少女，有的甚至書讀不多，但當仙佛借竅時，卻能出口成章，揮灑自如，當場傳達出訓誨的義理。內容多不離一般做人的道理，但有時也會出現一些極富哲理的「訓中訓」，遣詞用字也很艱澀。通常批示的詩句多為對稱句，文詞淺顯易懂，也有很多是調寄時下的流行歌曲的「歌訓」，讓信徒用唱的方式唱頌，所以讓人有親身接受仙佛教誨的真實感。

借竅大都要在大型的法會中才能見到，早期在大陸是以立爐、立會的方式進行，一次要十多天到一個多月不等。來台灣後的法會則以1至3天為主，法會中就會有這種先天乩竅，由仙佛借竅臨壇調教，讓班員感受特別深刻，也具有無比的效果。近年來，台灣一貫道18個主要組線中，大部份的支線在1980年代以後，已逐漸廢除這種借竅的教化方式。至於經由這種借竅所批出來的「天書訓文」，目前的總數已超過一萬部，以「民間宗教天書訓文資料庫」所收藏的訓文來看，其中不乏很深奧的人生哲理及三教經義的闡述。一貫道的借竅，雖有其特殊性，但並非一種獨創的現象。一貫道的三才是神人溝通的媒介，扮演著傳達神意的角色，等同於中國自古流傳的飛鸞、扶乩等現象。

2 Kaltenmark, Max. "The Ideology of the T' ai-Ping Ching" In David K.Jordan & Marc J.Swartz(ed.) Personality and the Cultural Construction of Society：Paper in honor of Melford E. Spior. In preparation, pp,24.

3 「天書」一詞譯為 Spirit writing，而不直接字譯為 Celestial Writing。係根據 David K. Jordan and Daniel L. Overmyer 所著 The Flying Phoenix：Aspects of Chinese Sectarianism in Taiwan 一書中，對於中國自宋代以來，民間流傳的道德說教性扶乩著作，概以 Spirit writing 來指稱，充分表現出這些著作產生的方式。

4 《方壺外史．金丹就正篇》，序言。

5 《三藏真詮．法藏》，第二卷，記隆慶2年降筆。

6 林榮澤主編，2009b，《皇中訓子十誡》，《一貫道藏》，聖典之部第一冊，編號 FV300315，頁 466。

參、天書訓文的結構與特色

一貫道的鸞訓又稱為天書訓文，「天書訓文」一詞最早是由筆者所提出，用以界定由「開沙」、「借竅」方式產生的訓文。筆者認為傳統使用的「善書」一詞，容易造成與人為寫成的勸善書相混淆，也較不能凸顯出是經由飛鸞寫成的特性。二來由於台灣民間鸞堂批出來的書訓，很多也是自稱為「天書」。此外，借竅方式批出的訓文，和一般民間宗教的扶乩飛鸞，也有很大的不同，加上這些天書的內容，幾乎都是以勸人為善的訓誡方式呈現，所以在一貫道中，一直就以「訓文」稱呼這些署名仙佛所批的訓語。兩者合起來，就是筆者所用的「天書訓文」一詞。筆者已將多年收集的天書訓文，成立「民間宗教天書訓文資料庫」，目前收錄國內外各地約 25,000 千部的天書訓文。

一、訓中訓

一貫道的天書訓文大多具有明顯的勸化意義，且是發人深省，很有啟發性的人生哲理，反倒是宗教性的意味很淡，好似已將儒、釋、道三家的義理融入一般生活道理中，讀來令人易解易行。就文句的結構來看，主要分為詩句及白話兩種型態。尤其是詩句的呈現最玄妙，有時一篇訓文中還有訓文，稱為「訓中訓」。將多篇不同時地所批出的訓中訓抽出來合併後，又有訓中訓，稱為「訓中又訓」。以下分別舉例說明之，先就較多啟發性的人生哲理來看，例如 2003 年在台灣台北懷德壇二天法會中，濟公活佛到壇一開頭批的是六字一句的對句：

學如天之包容　學如地之承載　學如君之善同　學如親之不怨
學如師之不悔　學如仁之無私　學如義之合宜　學如禮之謙遜
學如智之無量　學如信之實在 7

這是一部總計約一萬字的天書訓文，內容包括有詩訓、白話訓、歌訓及訓中訓。開頭以五恩（天地君親師）、五常（仁義理智信）大家都很熟的儒家義理十個字，濟公將它以非常簡要，且一語中的的陳述其精神內涵，真是以往聞所未聞的說法，讀來會發人深省。

可以想見作這樣的對句者，一定要有很高的智慧，才有辦法輕易的做到。內容最妙的應算是訓中訓了，在這部天書中有兩頁訓中訓，如訓一、訓二所示：

二、孝子齊家

以上兩篇訓中訓，就是在這部天書訓文中最重要的部份，兩篇訓中訓合起來是「孝子齊家全家樂」七個字。創作的方式是先從底訓的開頭起，以每句七言的方式，每行兩句，這樣逐句逐句的批完。而且是署名濟公活佛及蘇東坡大仙，分別在不同的時間地點，有花蓮掬德壇、台北懷德壇、台中崇仁壇、台北崇德佛院等四處，批出來的訓文集合而成，再從其中找出訓中訓，就是「孝子齊家全家樂」七個字。

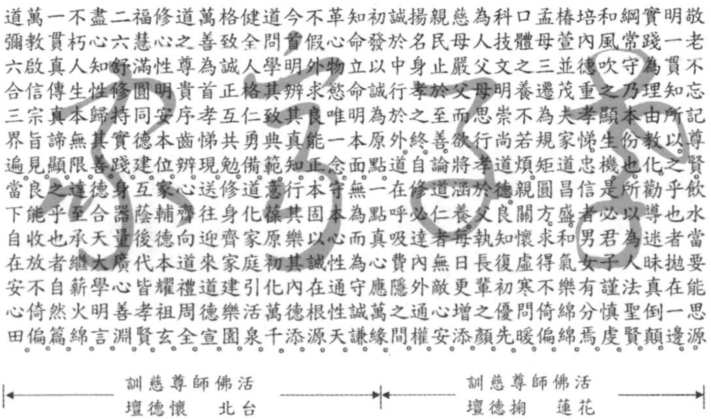

〈訓一〉：「孝子齊家」訓中訓 [8]

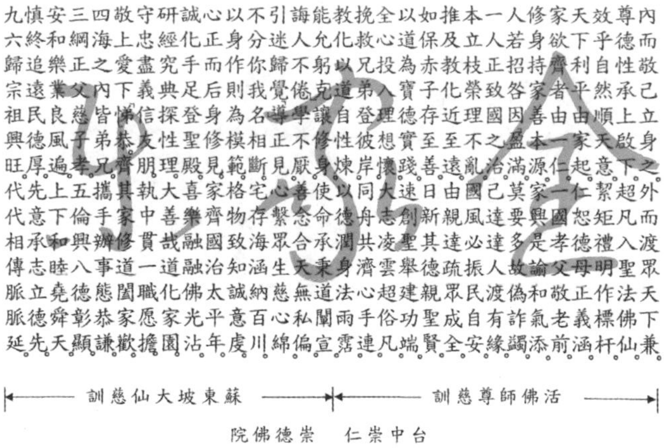

〈訓二〉：「全家樂」訓中訓 [9]

通常這樣一篇訓中訓，底訓闡述的內容就會和訓中訓相關，以這篇「孝子齊家全家樂」的底訓來看，通篇是相貫串，闡述儒家的綱常倫理孝悌之道，看不出有因不同時地及不同仙佛而有不相融之處，著實不簡單。至於訓中訓的七個字，抽出來看其內容如下：

「孝子、齊家、全家樂」訓中訓：

夫孝乃為德之本　教之所由生也
是以為人子女者　必孝於父母
而欲孝於父母者　必修道涵德
首格其外物　致其良知
正守本心　誠其初意
葆其真性　圓明安舒
修其善身　器量廣大
繼之能達至家齊
齊家乃治國平天下之本
一家仁一國興仁
是故諭父母明道　兄弟入理
以道修身　以德潤身
秉天心　存善念
懷大志　創聖業
父慈子孝　兄友弟恭
齊其家修辦和樂哉

可以看出，這篇「孝子齊家全家樂」的訓中訓，就是在闡述孝道的內涵。提出欲孝於父母者，必修道涵德的條件：首先要「**格其外物、致其良知、正守本心、誠其初意、葆其真性、圓明安舒、修其善身、器量廣大**」，繼之才能齊家治國平天下。

通常像這樣的一部天書訓文，大概會在二個小時以內完成，有時還穿插白話訓，也就是說臨壇的仙佛，是一邊和班員講話，又一邊批這些詩訓，最後還能完成訓中有訓的內容，確實不容易。類似這樣不同內容的天書訓文，在一貫道中至少有一萬部以上，有的訓中訓內容更為玄妙，顯然不是一般人所能作到。

一貫道天書訓文的特色，不只是在文字上的巧妙應用，呈現出一篇篇的訓中訓。而且訓文的內容，普遍都會有調寄時下流行的歌曲，謂之「歌訓」，以方便班員唱頌，也更容易去體會。訓中訓的呈現方式，有時也會有用圖畫的方式來表現。舉例而言，2004年8月在美國紐約開的一班二天法會中，署名藍采和大仙一來就批了一首調寄「東方之珠」的聖歌給班員唱，結果因為在場的班員幾乎都不會唱，藍大仙還自己帶唱。然後接著是批出一篇「持戒」的訓中訓，如下〈訓三〉所示：10

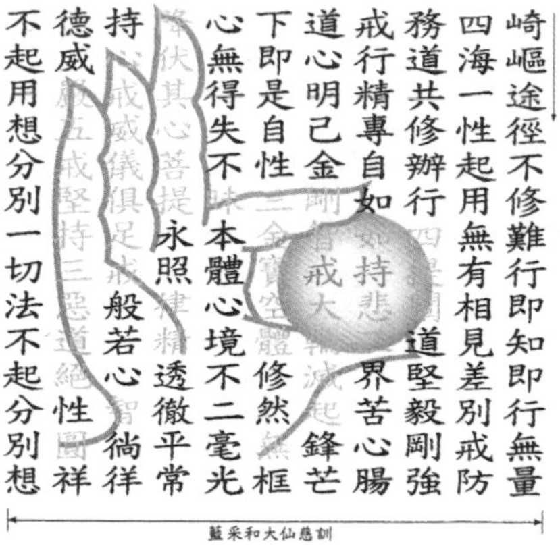

藍采和大仙慈訓

【持　戒】訓中訓
無起滅　三輪體空　大悲闡提　四如智寶
金剛三昧　降伏其心　菩提心戒　威儀俱足
戒律精嚴　五戒堅持　三惡道絕　智圓

根據〈法會側記〉11的描述：「當課程進行到第一天（2004年8月7日）的下午四點半時，藍采和大仙應我們老師濟佛力邀，伴著歌聲翩翩下凡。藍大仙手持花籃，將鮮花朵朵分贈給大家，『心真一切真，真花贈送真心人』，並祝福大家都能開花結果，做個有道之人。接著藍大仙批訓文，調寄『東方之珠』------最後他老在訓文中巧妙的勾劃出一隻莊嚴的佛手，手持摩尼寶珠，寶珠上刻著『持戒』二字，指點我們當以持戒來修自性。」12 從這段法會情境的描述中，大致可以體會，藍采和大仙和現場班員的互動。這篇訓文最特殊之處，是訓文中還有訓文，是手持摩尼寶珠的訓中訓，通常是在底部的詩訓批完成後，再從中抽出字來構成訓中訓。對這些訓中訓的創造，有說是中文字本來就有這樣的特性，隨便怎麼拼湊都可以讀的通，但看這編訓中訓的內容，就在左邊的描述中，有一些佛法的名詞，如三輪體空、菩提心、三惡道等。這些名詞是固定的用語，所以要能好用在一起，不能放錯位子，假如真有人為的創作，確實也要費一番心思，更何況這樣的訓文有成千上萬部，有的訓文不但有訓中訓，將全部的訓中訓合起來，又有訓中又訓，真是令人難以解釋，不得不佩服創作者的巧思。

這種訓中又訓的天書訓文，我們可以舉一例來看，就是《十義》這一部訓中訓，它處理的就是儒家提倡的綱常倫理，如下〈訓四〉所示：

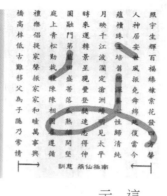

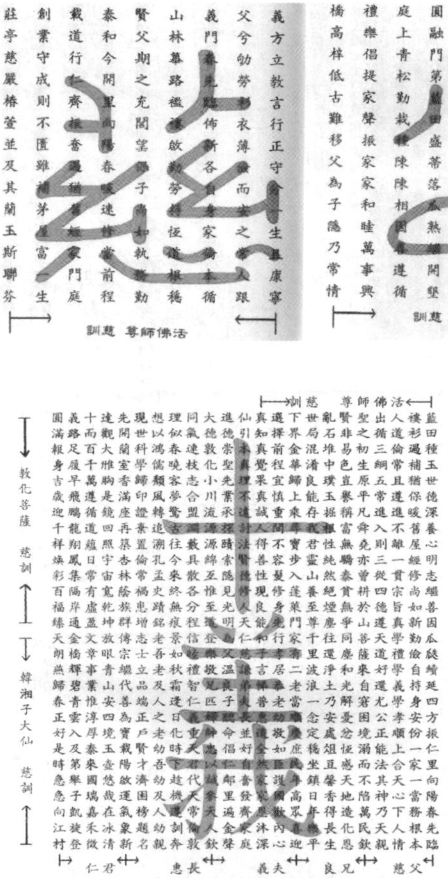

〈訓四〉：「父慈」訓中訓及「十義」訓中又訓

「十義」原出自《禮記‧禮運》篇，是父慈、子孝、兄良、弟悌、夫義、婦聽、長惠、幼順、君仁、臣忠等10項美德。這部天書訓文分由署名濟公佛活、南極仙翁、純陽祖師、教化菩薩、張果老、韓湘子、藍采和等7位仙佛，在4個不同的地方（田中、斗六、斗南、苗栗）所批成。時間是在民國76年底到77年初，十篇訓是依序對「十義」的精義作了闡述，內涵非常豐富，實難一一敘述，僅就其一「父慈」為例來看：這部由南極仙翁和濟佛合批而成的訓文，法會的第一天先由南極仙翁臨壇，批完鎮壇詩後，續批「父」字的底訓，仙翁一邊批詩訓，一邊以輕鬆的白話訓勉大家。批完底訓後再點出「父」字的訓中訓，仔細讀來，可以了解為人父者要懂的道理：「棣棠花發」的典故，是比喻兄弟聯芳，也就是說結婚成家後，和自己的兄弟要相互關照，家族團結、妯娌合和，這樣就能像「棣棠花發四方馨」。

另外，也要懂得圓融門第藍田盛的道理，好比是在庭前栽種青松，非常的茂盛，讓以後能代代相因好好遵循。「橋高梓低」講的是父子之道，能合於「父為子隱」的天理人情。法會的第二天，濟佛到壇續批「慈」字訓的底訓，批完再點出訓中訓「慈」字。濟佛的這部訓談的是父親的慈道：首言教子有義方，須先言行守分，以身作則；要努力勤儉持家，雖是辛苦劬勞蓽路襤褸，也要堅持以道德來教育下一代，做到「持恒道根穩」；載道行仁，創業守成而不匱乏，如此雖住的是縫縫補補的茅屋，終能富裕的過一生。就這「父慈」兩字的訓文讀之，內涵深具啟發性，其他的九義也大致如此。

「十義」訓文的訓中訓共二十字，全抽出來按順序合併起來，就是最後的「十義」兩個字的訓中又訓。這「十義」的訓中又訓是濟公活佛在另一場法會的場合，以鎮壇訓的方式批出，如下〈訓五〉所示，也為這「十義」訓文作最後圓滿的總結。

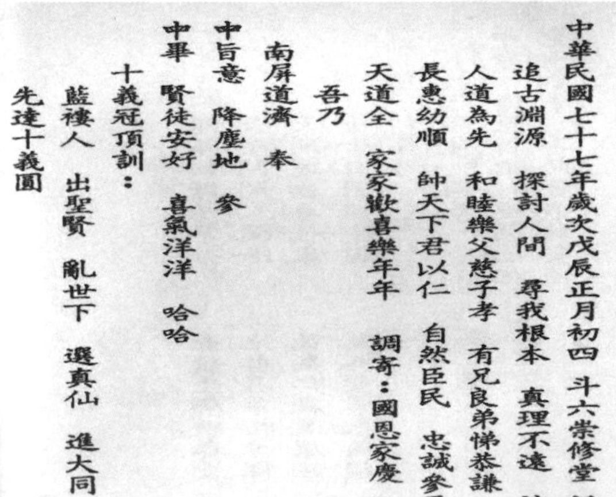
中華民國七十七年歲次戊辰正月初四 斗六崇修堂 活佛師尊慈訓
追古溯源 探討人間 尋我根本 真理不遠 法賢德修
人道為先 和睦樂父慈子孝 有兄良弟悌恭謙 夫義婦聽
長惠幼順 帥天下君以仁 自然臣民 忠誠參天 人倫遵
天道全 家家歡喜樂年年 調寄：國恩家慶（十義訓中訓）
吾乃
南屏道濟 奉
中旨意 降塵地 參
中華 賢徒安好 喜氣洋洋 哈哈
十義冠頂訓：
藍褸人 出聖賢 亂世下 選真仙 進大同 理想現
先達十義圓

〈訓五〉「十義」訓中又訓[13]

三、道光與修行

此外，近年來天書訓文的國際化，也是很值得重視的一項發展。1980年代以後一貫道開始向國外大量傳播，到2008年止，已在世界80多國設立佛堂、大廟。尤其在東南亞一帶的發展最為迅速，總佛堂量已超過台灣，各地傳回來的天書訓文數量不斷增加，道教大為宏展。舉其中最具有代表性的一部天書訓文《「道光」重玄妙訓》為例，是由六位不同署名的仙佛，分別在新、馬、泰等六場法會中批出，再合集而成。內容包括有訓中訓：「天心佛心」[14]、「慈心濟世」[15]、「窮當益堅」[16]、「百折不彎」[17]、「合群團結」[18]、「一道同風皆大歡喜」[19]等。最後再由這些訓中訓的內容，又合成第二層的訓中又訓「放之則彌六合卷之則退藏於密」13字，在這13字的訓中訓又合成第3層的訓中又訓「道光」，如下〈訓四〉所示：

「道光」的訓中訓是一首非常雄壯的歌訓，調寄「天地大明龍鳳翱翔長空」。如此一層層的訓中訓，最後還能合成一首詞意非常好的歌訓，真是不簡單。

當東南亞國家的道務逐漸宏展之際，其他一些國家的道務也陸續開展。1989年7月4-5日，美國洛杉磯崇德佛堂，舉辦第一屆2天班法會，由署名濟公活佛臨壇批訓中訓「COURAGE」（勇），如下〈訓七〉所示：

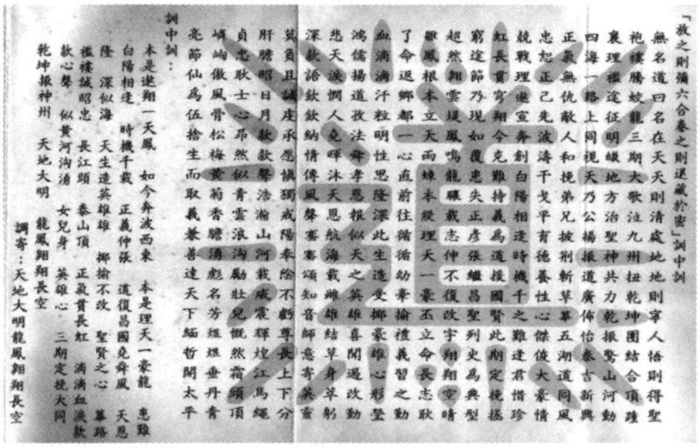

〈訓六〉訓中又訓「道光」

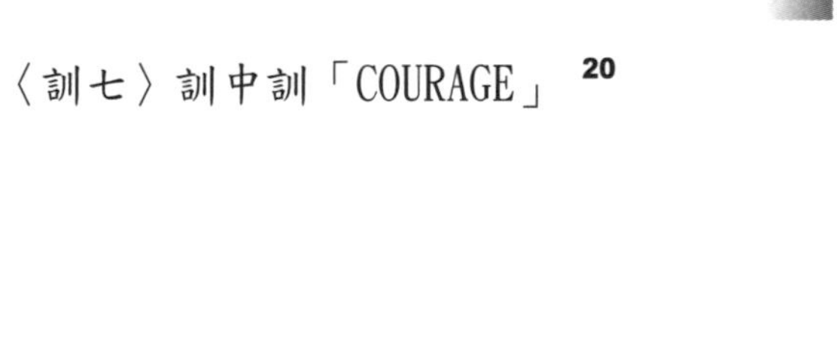

〈訓七〉訓中訓「COURAGE」[20]

同年7月18、19日，在日本池袋也舉辦第一屆二天法會，由署名濟公活佛臨壇批出訓中訓「天道」（日文），如下〈訓八〉所示：

天理昭彰無廝光明磊落德威
純真至永不二塵埸心除性輝
學而不孜智無濁亂不淨則廝
學道孜孜向上堅忍譬如寒梅
其氣清明潔身守黑知白理隨
精益求精不倦吐氣似蓮芬緋
清虛洞澈無跡不迭魚躍鳶飛
道源費隱廣博無有限量範圍
誰能悟自本性十字路不緋徊
陰靄消滅晴朗合日月之光輝
鳥雲遮月則常若不修心則晦
六度五戒守持可免輩緣輪迴
擇善中行方智圓通無惱道推
洞悉靈明真源慧根渡煩去危
貨利當識為假寶劍揮斷是非
浩氣凌霄貫永正直斬分妖魅
忠耿廉潔心存不屈不撓義備
君子慕道身修指引羔羊路回
剛毅木訥養晦得一知十敏銳
慈惠恩威廣佈聖理傳揚：中慰
恭寬信敏惠持好學把古倫推
神聖精神永在至今與亘敬佩
博學多見多聞遠俗聞道苗培
聖跡留傳世上明月照丹青扉
事事難求圓滿人常嘆息自卑
徒應克服荊棘如三友歲寒瑞
光陰逝如箭梭握時才華發揮
八九椿事激人富貴於我幾回
世道澆漓如泥世如戲般頹沛
頓悟行如流水隨浮萍非智輩
勤修妙道水澄自性光明不昧
道德倫常昭著昌明則耀門楣

〈訓八〉訓中訓「天道」（日文）[21]

此後日本的道務也開始宏展，目前以日本天一宮為一貫道在日本最大的道場。

目前在國外批出的一篇篇天書訓文，代表一場場的法會，到目前為止，至少有2400多篇，（林榮澤，2008）分佈在數十個國家，實無法一一列舉。天書訓文的國際化與全球化是一個值得重視的研究課題。許地山所言，扶乩初起於文人間降動問事吉凶的活動，如今已發展成全球性文化、宗教、信仰的傳播活動，其中所造成的影響力正與日俱增，這是很值得關注的現象，也是今後有關扶乩飛鸞研究上的一大課題。

白陽掀幕得聞欣知真認道悟然然顯乎
慕道尋仙登堂入室無掛無礙豁達光睹
尊天俟命含德若水德諄向善邊欣榮途
寄旅紅塵最樂為善時機千載莫再迷糊
一點玄關見性修心飲水當思源頭何處
悟得真諦醒覺人生思前恩感流通傳佈
英雄美人都已做古如是智者識時達務
作木金鐸性圓本克己復禮日日莫疏忽
民族口響假真識透達德於三歸根認中
新生喚習俗準要改自反省悟中流砥柱
針方定惡更遵理路為道必須頂劫救苦
前程開拓聖賢效學鴻鵠志高天慈賜福
提倡綱紀與理倫五經四書引你踏正途
道大難述理微難破性理心法仙真參悟
一理貫通明鏡照光迴凡塵超佛舟邁足
頂天立地好兒男明真理守綱常德不孤
滿堂俊秀濟濟英群精益求精孜孜矻矻
信心堅固勇於善擇思善見賢聖跡趨步
懷德藏智仁民愛物風行草偃經緯有度
信受奉行有緣人臻航慈地天綸音四佈
講道說德啟皇原化借假修真瑤台同赴

〈訓九〉：泰文訓中訓（修行）[22]

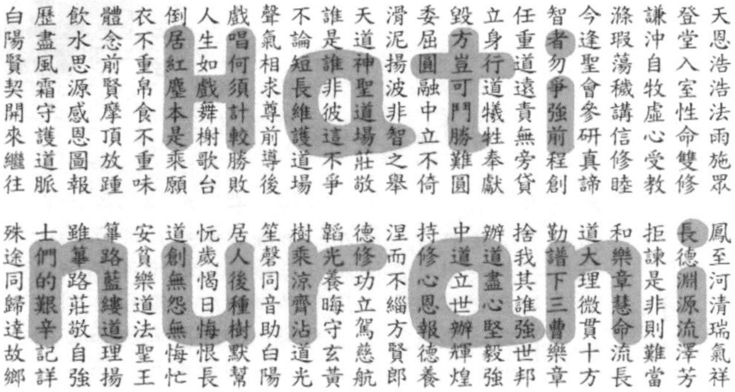

天恩浩浩法雨施眾
登堂入室性命雙修
謙沖自牧虛心受教
滌瑕蕩穢講信修睦
今逢聖會參研真諦
智者勿爭強前程創
任重道遠責無旁貸
立身行道犧牲奉獻
毀方豈可門勝難圓
委屈圓融中立不倚
滑泥揚波非智之舉
天道神聖道場莊敬
誰是誰非彼這不爭
不論短長維護道場
聲氣相求尊前導後
戲唱何須計較勝敗
人生如戲舞榭歌台
倒居紅塵本是乘願
衣不重帛食不重味
體念前賢摩頂放踵
飲水思源感恩圖報
歷盡風霜守護道脈
白陽賢契開來繼往

鳳至河清瑞氣祥
長德淵源流澤芳
拒諫是非則難當
和樂章慧命流長
道大理微貫十方
勤譜下三曹樂章
捨我其誰強世邦
辦道盡心堅毅強
中道立世辦輝煌
持修心恩報德養
涅而不緇方賢郎
德修功立駕慈航
韜光養晦守玄黃
樹乘涼齊沾道光
笙磬同音助白陽
居人後種樹默幫
忨歲愒日悔恨長
道創無怨無悔忙
安貧樂道法聖王
篳路藍縷道理揚
雖篳路莊敬自強
士們的艱辛記詳
殊途同歸達故鄉

〈訓十〉：印尼文訓中訓（良心）[23]

7 《一貫道天書訓文》，編號 AG921202（台北：民間宗教天書訓文資料庫 C）。台灣，2003.12.2。

8 《一貫道天書訓文》，編號 AG921202，訓中訓一。

9 《一貫道天書訓文》，編號 AG921202，訓中訓二。

10 《一貫道天書訓文》，編號 AB930807（台北：民間宗教天書訓文資料庫 C）。美國紐約，2004.8.7。

11 〈法會側記〉是每一部天書訓文的最後，由在場負責文書的人員，就當時法會進行的情形，所記錄下來的實況描述。

12 《一貫道天書訓文》，編號 AB930807，〈法會側記〉。

13 《一貫道天書訓文》，編號 AG770104。台灣斗六，1988.1.4。

14 林榮澤編輯，《民間宗教天書訓文資料庫》，編號 AG740928。新加坡，1985.9.28.

15 林榮澤編輯，《民間宗教天書訓文資料庫》，編號 AM741013。馬來西亞，1985.10.13.

16 林榮澤編輯，《民間宗教天書訓文資料庫》，編號 AG741013。馬來西亞，1985.10.13.

17 林榮澤編輯，《民間宗教天書訓文資料庫》，編號 AF741025。馬來西亞，1985.10.25.

18 林榮澤編輯，《民間宗教天書訓文資料庫》，編號 AH741026。馬來西亞，1985.10.26.

19 林榮澤編輯，《民間宗教天書訓文資料庫》，編號 ABBZ741103。泰國，1985.11.3.

20 林榮澤編輯，《民間宗教天書訓文資料庫》，編號 AG780705。美國，1989.7.5.

21 林榮澤編輯，《民間宗教天書訓文資料庫》，編號 AG780719。日本，1989.7.19.

22 林榮澤編輯，《民間宗教天書訓文資料庫》，編號 AG801216。泰國，1991.12.16。

23 林榮澤編輯，《民間宗教天書訓文資料庫》，編號 AG820719。印尼泗水，1993.7.19。

肆、結論

綜合以上的探討，首先，在扶乩的起源上，最早應可以追溯到五、六千年前，中原文化的巫與覡，這些能溝通神人的靈媒，不僅掌握了文字的使用能力，還能占卜吉凶，他們很可能就是後來扶乩人的前身。只是扶乩飛鸞的真正成形，要等到道教吸納這些術數，經過進一步發展，到魏晉南北朝逐漸形成。當然，這方面還有待更多的史料作佐證。

其次，在扶乩飛鸞的發展與影響性的研究，目前較空缺的一個區塊，是道教與扶乩問題的探討。從扶乩演變的過程來看，不應起於宋代文人間的紫姑降神活動，而是與道教有密切的關係。尤其是明代中葉以後，由於有一些融入民間的道教教派，他們很可能有扶乩的活動，所以不僅帶起往後民間宗教的勃興，也與無生老母信仰神的產生，有很大的關係，這也是往後可以再深入探討的部份。

其三，在扶乩飛鸞的成品方面，也就是鸞書、天書訓文的研究上，這方面是最有開拓空間的一環。以往學者的研究大多當成人為的善書來研究，如果真是天界傳來的訊息，那這些一貫道的天書訓文就很有想像及研究的空間。美國人類學家 David K. Jordan（焦大衛）曾於 1966、1968 年兩次來台灣，在台南西港的保安村作田野調查研究。他對當地寺廟的扶乩、拜鸞之宗教活動特別有興趣，並仔細作了收集研究，後來寫成《飛鸞：中國民間教派面面觀》（The Flying Phoenix: Aspects of Chinese Sectarianism in Taiwan）。焦大衛在書中就特別提到，他在接觸這些天書、鸞書的材料時，就認為是很重要研究民間教派的材料，但由於不容易讀懂，他還透過面對面訪談的方式，以補正不足之處。這樣用心的研讀，小心的求證，因此才能寫成《飛鸞》這部大作。（David K. Jordan, 1986）焦大衛重視這些鸞書、天書訓文的用心，正好是今天我們應該學習的對象。

面對如此浩瀚的一貫道天書訓文，就一位收集和研究者而言，首先應有必要就其中理出一些研究的頭緒，以方便後來者作更多、更深入的探討，這也是筆者希望能找到一把開啟天書訓文的鑰匙。就所接觸的成千上萬部訓文來看，最大的感想是這當中所蘊含的道理，感覺上好似一位很有智慧的長者，在對不懂事的孩子，作諄諄的教誨。要孩子們能學好一些人生的道理，以便能好好的生活下去，而且活的快樂、有價值、有意義。然而，這位有智慧的長者，看似並非一人，也非現實世界的人，而是來自天界傳來的訊息，他以不同的仙佛菩薩名號出現，借著一部部的天書，不停的傳遞來自上天的福音，這到底又所為為何呢？唯一可以理解的是，這些一貫道天書訓文有一個共同的目的，就是希望人類能學會一些道理，這些道理可能很重要，但卻不為現世的人們所重視，於是要透過如此的方式，不斷的作這種「勸善化世」的工作。如果這樣的思考能夠成立，那就可以將這些天書訓文所要傳達的訊息內容，作一個概括性的統合，由於它是關係到人所應學習的道理，又是來自天界的訊息，就姑且稱之為「宇宙生命學」。

因此，一個核心的問題，就是如何看待這些天書訓文、鸞書？以目前豐碩的研究成果，往後還可以進一步去探研的方向是什麼？筆者認為，人類不只是地球上生命的一員，也是大宇宙生命的一員。將來人類要學習的道理，不會只是關於地球上人類歷史傳承下來的道理，更應該要學習整個大宇宙歷史傳承下來的道理，以作為下一階段人類要進入大宇宙作準備。而這些宇宙生命的道理應該很重要，人類如果不懂的話，實不配成為大宇宙的一員。在科學萬能的發明與創造下，帶給人類物慾橫流的負面作用也愈來愈大，將來勢必要去思考人類的未來還缺什麼，是不是全賴科學就能走向美好的未來，這方面肯定是須要深思的。

參考書目

Peter L.Berger ,1969,The Sacred Canopy Elements of A Sociological Theory of Religion Doubleday and Company,Inc. Garden City,New York.

Kaltenmark, Max. “The Ideology of the T’ai-Ping Ching” In David K.Jordan & Marc J.Swartz（ed.） Personality and the Cultural Construction of Society: Paper in honor of Melford E. Spior. In preparation.

Jordan, David and Overmyer, Daniel,1986, The Flying Phoenix: Aspects of Chinese Sectarianism in Taiwan, New Jersey: Princeton University Press.

De Droot, J. J. M. ,1982 , “The Religious System of China”; Volume VI,Taipei ： Southern Materials Center Press.

《一貫道天書訓文》（台北：民間宗教天書訓文資料庫）。台灣，一貫道學研究院文獻館藏。

《三藏真詮．法藏》，第二卷，記隆慶二年降筆。

玉皇天心宮編，2006，《行者之道思：仙佛感應錄》，台中，玉皇天心雜誌社。

林永根編著，1982，《鸞門暨台灣聖堂著作之善書經懺考》，台中：聖賢堂雜誌社。

林榮澤，2009a，〈從西王母到無生老母：論道教西王母向民間宗教的轉化〉，《2009道教神祇國際學術研討會論文集》，台北：真理大學宗教文化與組織管理學系。

林榮澤主編，2009b，〈皇中訓子十誡〉，《一貫道藏》，聖典之部第一冊，編號FV300315，台北：一貫義理編輯苑。

林榮澤主編，2009c，〈闡道玄篇〉，《一貫道藏》，聖典之部第一冊，編號GR250329，台北：一貫義理編輯苑。

許地山，1940，《扶箕迷信底研究》，台北：台灣商務印書館。

莊吉發，1996，《薩滿信仰的歷史考察》，台北：文史哲出版社。

胡新生，1999，《中國古代巫術》，濟南：山東人民出版社。

宣平宮醒覺堂管理委員會，2006，《覺醒鸞聲》，南投：財團法人醒覺文教基金會。

陳立斌，2004，《台灣慈惠堂的鸞書研究》，輔仁大學宗教學研究所碩士論文。

唐．長孫無忌等撰，1995，《隋書經籍志》卷四，上海：古籍出版社。

（晉）陶弘景，1985年影印，《真誥》（HY1010）《正統道藏》第35冊卷1，台北：新文豐出版。

謝世維，2007，〈聖典與傳譯：六朝道教經典中的「翻譯」〉，《中國文哲研究集刊》31期，頁196–197。

韓秉方著、湯一介主編，1992，〈中國的民間宗教〉，《中國宗教：過去與現在》，北京：北京大學出版社。

鍾雲鶯，1999.6，〈台灣扶鸞詩初探——種民間創作的考察〉，《台北文獻》直字 128 期。

劉仲宇，2003，《中國民間信仰與道教》，台北：東大圖書。

第四章

鸞堂與關帝信仰

神格轉化：以關公晉昇玉帝為焦點

真理大學教授　張家麟

壹、緣起

關羽在三國時壯烈戰死，後主劉禪封他為「壯繆侯」，意指他是位驍勇善戰，但功敗垂成，無法完成偉大功業的將軍。直到宋朝，朝廷才將他列為歷朝將軍的陪祀神。隨著歷史的時間巨輪轉化，關公的神格不斷提升，由三國時期的「侯」，到宋、元時期變成「王」，到明朝萬曆年間，他再次被提升為「帝」。不只政治領袖在提升關公的神格，到了清朝民間宗教的鸞堂系統，也經由扶鸞儀式寫出一序列的經典，宣稱關公成為「玉皇大帝座前的宰相」，進而由三教教主舉薦關公為第十八代「玉皇大帝」，此種說法也在民國60年代的當代台灣鸞堂的鸞文再次被確認。

當關公由神轉化為天公，在民間宗教的鸞堂系統被信徒所認同的宗教現象，已經變成華人社會關公信仰中的一支特殊現象。如果宗教研究的核心在於「信仰」與「儀式」兩個神聖的面向，（涂爾幹，1999：452-457；Otto, Rudolf, 1931）則關公成為天公的信仰現象，就值得學界關注。

因為部分華人民間宗教信仰者，對關公成為天公表達出強烈的「信仰情感」。過去對此現象已有討論，部分論述著重在關公成為天公的變因。其中，有學者主張主要因素為「善書」，認為明朝以來，以儒為主的民間宗教所出版的善書，將關公形塑成「玉皇大天尊玄靈高上帝」。（王見川，2002.10：263-279；黃國彰，2009：127-129；鄭志明，1986：283-284）另外一種說法，經由民間宗教的鸞堂舉行扶鸞儀式，在儀式中創造出經典或鸞文，指出關公為第十八代天公，主持凌霄寶殿上的各種人神事務，負責率領眾神鑒察人世間的功過，成為一神之下，萬神之上的眾神領袖。（朱浤源，2002：207-213）第三種論述則認為關公成神，甚至成為天公，應該從多種角度去理解；善書的因素只是其中之一；另外，應該理解過去帝王的敕封，提升關公的神格，及關公神職、神能不斷的擴張等角度，從這些角度才可能深刻理解關公信仰的真實狀況。（洪淑苓，1995：478）這些說法都指出了關公成為玉皇大帝的部分因素，筆者認為應該還有其他的宗教、思想與社會因素，助長這種神格轉化與提升的宗教現象。

因此，在本文中將在過去的基礎上，深入討論關公神格轉化與提升成為天公的現象，及形成這些現象的背後變因？包含下列幾個問題，如為何是關公晉升為天公，而不是其他神祇？關公本來是偉人神，如何成為自然神中的天公？當關公成為天公以後，信徒接納這種神格轉化的信仰基礎是什麼？這些問題構成本文討論的重心。

貳、「醞釀期」：關公的神格累積

一、神祇的神格轉化

華人民間宗教與道教神祇的神格轉化現象經常可見，例如天公的神格，從最早的「昊天上帝」，發展到宋朝就出現「玉皇上帝」，甚至兩者合一成為一個神；儒者將昊天信仰視為儒家的最重要的神祇，道教則把祂放在三清之下的位階，民間宗教信徒則視祂為眾神之神，這些都是神格轉化的現象之一。又如星神中的紫微星，祂本來是最重要的北方星，其功能也一再轉化，從擁有考校諸星與世人功過的功能；後來與三官大帝的天官結合，轉化為賜福的功能；再發展成為主管地府、天上雷神的職責。（蕭進銘，2008：36-60）再如東嶽大帝，本來只是天子封禪的所在地－泰山，到唐朝被皇帝提升為「王」，到宋朝，再被提升為「帝」，其神祇的位階不斷提昇，（莊宏誼，2008：93-110）而且從「自然神」的神格，擬人化成「偉人神」的神格。

這種神格轉化的現象是多神論的華人宗教特色，異於西方基督教的一神論，上帝的造型可能會變，但是神格不太可能轉化。而華人民間宗教的神祇及神格變化可以從幾個層次觀察，如神祇在諸神中的「位階」，神祇「功能的變化」及「神祇類型互為轉化」等，這種現象及其轉化皆有其內在原因，是神譜學中應該深入剖析的問題。

在本文即是以此思維，討論關羽成鬼後，再由鬼成神，甚至變成玉皇大帝的現象與原因。從前述所言神格轉化的三個層次，分析關羽壯烈戰死成「鬼」，顯靈成「神」，轉化成「偉人神」，再由「偉人神」轉化成「自然神」-天公。由區域信仰，轉化成跨區域的神祇，再由「單一功能」轉化成「多功能」神祇等原因。這些原因相當複雜，本文暫且將關羽成為天公的過程，切割為「醞釀期」、「關鍵期」、「強化期」及「鞏固期」等四個階段。隨著歷史的轉動，分析其內在變因，

在文中歸納成宗教、政治、文學等三個面向的原因。其中，在宗教方面包含宗教顯靈、宗教儀式、信仰觀及宗教經典等因素；在政治方面包含政治領袖敕封及政治領袖對神的期待等因素；在文學方面包含與關公有關的《三國平話》與《三國演義》等因素；本文將論述這些因素，及其彼此交互影響後，重新提出對關公神格轉化的解釋。

二、關公由偉人神跨越成自然神的可能

為了理解關公由鬼成神，再由一個區域性的神祇，發展成為天公的過程，理應對關公醞釀為天公的長期歷史過程有所理解。祂不可能一夜之間轉化為天公，必須對在祂被捧為天公前的各種現象加以分析。

在關羽成神的過程中，起初關羽在歷史的評價並不高。祂後來會成為華人地區儒、釋、道三

教的重要神祇，不在於祂的歷史地位，而在於華人對祂的宗教信仰心理，及其祂的神話、政治領袖敕封、小說、戲曲、宗教儀式等因素。然而，祂為何可以成為天公，形同由偉人成神後，再轉化成華人民間宗教中最重要的自然神-天公，此種現象宛如跨越了偉人神與自然神間的鴻溝，這絕非突然出現的現象，而是關羽成神後，長期神格不斷提升的累積效果。

換言之，關羽在戰國末年戰死後是為鬼，後主劉禪為緬懷其英烈，封祂為壯繆侯，此時的關羽只是英勇殉國的將軍，尚未成神。關羽被後人所祭拜而立廟，出現於魏晉南北朝，根據荊楚濃厚的巫術風俗，關羽在荊楚地區的神蹟展現，可能是他能夠成神的主要原因。（胡小偉，2005：13；張家麟，2008：178）此時的關公與天公同時存在，被華人祖先所膜拜。也沒有關公為天公的現象，關公也只是個區域性的神祇，不像天公是皇家貴族所祭拜的重要自然神，帝王也從未祭拜過關公。由此看來，關公要成為天公的路途非常遙遠，關公與天公的信仰並行不悖，一為區域性的靈驗神祇；另一為帝王祭拜的自然神。

從神祇發展的歷史來看，天公崇拜的起源非常早，根據《詩經》、《禮記》等古書的紀錄，華人祖先早在四千年前就有對天崇拜的歷史，認為天的偉大而產生畏懼與景仰的信仰心理，乃對此自然神加以崇拜，是屬於眾多自然崇拜的一部分。（周立方，1996：11；楊亞其，1996：35-38）由於中國帝王以天子自居，對天的崇拜變成歷代帝王重要的祭典及政權合法化的基礎。每年天子都必須於京城的南郊祭天，少數天子遠離京城到泰山頂祭拜天地，稱為「封禪」。到了唐朝，玄宗皇帝欽定正月初九為天公誕辰，此習俗延續至今，華人民間宗教在此日拜天公。在宋以前，天公崇拜尚為皇室的專利，之後才開放天公給普羅大眾祭拜。因此，在民間宗教與道教的廟宇才會有廟門口前的天公爐，天公的崇拜變成華人社會不分階級的自然神崇拜。

本來天公崇拜與關公崇拜是平行的兩條線，到了清朝末年，這兩個神祇的崇拜才結合成一，台灣目前部分的民間宗教信仰者認為，此時此刻的天公已發展到第十八代，由關公受禪為玉皇大帝。此宗教神祇神格的轉化，應該從關公成神後的神格擴張與提升來理解，或許可以理出頭緒。這中間需要處理許多信徒對宗教神祇轉化的信仰因素，及神祇神格轉化的宗教思想等問題。例如偉人神與自然神可否交替？眾多的偉人神中，為何獨挑關公來擔任天公的職位？天公為華人民間宗教與道教相當重要的自然神，尤其民間宗教信仰者把天公當作玉皇大帝，為眾神之首，關公憑那些條件而被推派為天公？事實上這些問題點出了宗教神祇研究中的一項重要課題，即在信仰者心目中，神祇可能隨著歷史與社會的變遷而產生內涵上的變化，這種變化在關公成為天公的個案上特別明顯。其中，文學、戲曲小說將關公神化，讓一般普羅大眾喜歡戰敗的關公，勝過打勝仗的曹操，而此流行的文學乃奠定關公信仰的紮實基礎。

三、戲曲、小說將關羽形象注入普羅大眾心中，奠定關公信仰基礎

普羅大眾喜歡關羽是深受戲曲、小說的影響，從唐、宋以來就出現說書、戲曲的《三國平話》

劇本，此劇本日後變成羅貫中撰寫《三國演義》的主要情節。而戲曲與小說所描寫的關羽和《三國志》大不相同，陳壽撰寫的《三國志》對關公的評價並不高；相反的，《三國演義》筆下的關公，儘管壯志未酬而戰死沙場，甚至身首異處，卻在普羅大眾心目中立下了「忠義」的不朽典範，這是民間宗教關公的宗教倫理基礎。

在《三國演義》的忠義事蹟中，關羽和曹操、劉備間的恩怨情仇展露無疑，曹操大敗劉備，劉備投奔袁紹，關羽戰敗被俘，曹操欲收服關羽，拜其為將軍，禮之甚厚。曹操甚至色計讓關羽和劉備夫人共處一室，關羽秉燭達旦夜讀《春秋》，嚴守男女之防，實踐異姓兄弟不可侵犯他人之妻的道義；關羽秉燭夜讀《春秋》，維護兄嫂的貞節，從當夜起，關公已經超凡入聖，而秉燭夜讀《春秋》的姿勢，變成日後他成神的主要造型。

> 不僅如此，關羽幫曹斬顏良、解白馬之圍，曹更加寵愛關羽。命其部將張遼詢問關羽，是否願為曹效忠。關羽明白告訴張遼，他知曹非常厚待他，但因與劉備義結金蘭，誓死效忠，故不能違背此誓言。張遼將關羽此意告知曹操，曹操稱讚他為「事君不忘本，天下義士也」。關羽斬顏良後，曹操封賞特別豐厚，想留關羽，但是關羽退還其賞賜，拜書告辭，曹操制止部屬，讓他離去，成全關羽各為其主的心意。（朱大渭，2002：45）

《三國演義》誇大關羽的奇人奇事，終於將關羽神化成中國民族偉大的神祇，這種部分史實加上歷代文學家的創作想像，使《三國演義》故事中的關羽鮮活的形象注入一般民眾的心理。民眾從文學戲曲認識他，遠超過史學的記載，《三國演義》中的關公取代了歷史《三國志》的關羽；因此，《三國演義》變成民眾信仰關公的主要動力之一。（曹俊漢，2002：50-72）

普羅大眾認識戲曲、小說中的關羽形象，是日後關羽成神的主要信仰基礎，如果沒有《三國平話》與《三國演義》，關羽可能只是區域性的神祇。儘管祂曾經於荊楚地區顯靈，可能只是地方「小神祇」，而《三國平話》與《三國演義》將關公鮮活的形象，注入到普羅大眾心中，贏得他們廣泛的認同，使祂成為家喻戶曉的跨區域性「大神祇」。因此，文學中的三國平話與演義是關羽成神的重要文化基礎。

四、佛教法師將關公納入佛教神祇，種下佛祖推薦關公為天公的種子

關羽在魏晉南北朝因為顯靈而成神，得到戲曲與小說的協助，而成為一般庶民社會祭拜的神祇。顯靈的傳說配合《三國平話》的戲曲故事，在唐朝關公已經成為普羅大眾喜歡的神祇。從佛教天台宗智顗與禪宗神秀兩位大師的紀錄中，證實了當時關公廟宇的普遍性。智顗大師告訴門徒，關羽願意捨關公廟為佛祖建造玉泉寺。（胡小偉，2005：25-26；朱浤源，2002：192-193）神秀大師也有類似關羽顯聖的說法，他宣稱玉泉山建立的道場為三國關羽顯聖之地，神秀拆毀關公廟

破土建寺，看見關公提刀躍馬於雲霧之中，並願意擔任佛祖的護法神，乃將關羽奉為伽藍尊者。（胡小偉，2005：41-42）

從佛教的師父宣稱關羽顯聖的紀錄，說明瞭關公在唐朝時期已經是普羅大眾信仰的重要神祇。佛教師父將關公納入佛教的神祇中，意味著外來佛教法師在中國宣教採取與民間宗教融合的策略，為了擴張佛教的信仰版圖，而接納民間宗教的關公信仰。因此在全球的佛教信仰中，只有中國佛教的天台宗與禪宗有關公神像。這也是關公信仰的佛教化現象，祂源起於民間宗教，到了唐朝滲入到佛教信仰中，而此現象種下日後經典造神的過程中，關公被佛教教主釋迦牟尼佛推薦為天公的種子之一。

五、道教的道長召請關公，種下道祖推薦關公為天公的種子

道教和民間宗教的神祇重疊處甚多，當民間宗教的神祇普遍在民間供奉時，道教領袖就可能將這些神祇納為道教的神譜，來擴張道教的信仰。在宋朝哲宗皇帝時，他曾召請三十代天師張繼天到朝廷，解決朝廷的困境。張天師乃延請關公到解州斬掉蚩尤，解除鹽池之害，張天師請關公現形於皇帝前，皇帝封他為「崇寧真君」。（王卡、汪桂平，2002：94）宋朝徽宗也有類似的故事，道士召請關公來幫皇帝除害。到了明朝神宗萬曆年間，解州道士張通元建請關羽為帝，萬曆42年

（1614年）皇帝加封關羽為「三界伏魔大帝神威遠震天尊關聖帝君」，從此道教和關公的關係更為緊密，關公變成道教掌管天、人、陰間三界最高的神祇。

當關公信仰滲入到佛、道兩教後，隨著時間的推演到了清朝，祂變成儒教的神祇，主要原因在於清康熙皇帝、雍正皇帝對關公當作儒家道德律實踐者而加以敬拜，咸豐皇帝將祂迎入孔廟，形成關孔並祀的現象。因此，政治因素強化關公成為儒、釋、道三教的神祇。清朝關廟的對聯就可以說明關公信仰在三教的重要地位：

「儒稱聖，釋稱佛，道稱天尊，三教盡皈依，式瞻廟貌長新，無人不肅然起敬。漢封侯，宋封王，明封大帝，歷朝加尊號，矧是神功卓著，真可謂蕩乎難名。」

當關公成為三教的重要神祇後，種下了關公在日後經典造神運動中，被道教教主三清及儒家教主孔子，及佛教佛祖共同推薦關公為天公的說法。

六、政治領袖敕封關公提昇關公的神格與職能

政治領袖喜歡關公異於一般普羅大眾，有其政治的考量。當關公信仰成為流行於普羅大眾的宗教活動時，政治領袖站在統治的利益，會將大眾的信仰轉化為其信仰的一部分，使庶民大眾與政治領袖的信仰合一，政治領袖藉此攏絡民眾或教化子民，有利於百姓對朝廷認同與效忠，達到

穩定社會的效果。

過去君主專制王朝皇帝對關羽不斷的加封，大都是看重關羽的「忠義」與「神蹟」的事蹟，透過對關公的敕封，維繫民眾對朝廷的認同，與發展儒家道德律為社會主流價值，期待社會穩定。關羽戰死沙場後，後主封祂為「壯繆侯」，到了宋朝徽宗加封祂為「忠惠公」，之後提升為「武安王」、「義勇武安王」，宋孝宗再加封為「壯繆義勇武安英濟王」，在元朝時文宗封祂為「顯靈義勇武安英濟王」，到明神宗時由王提升為帝，封祂為「三界伏魔大帝神威遠震天尊關聖帝君」，清聖祖也賜封祂為「忠義神武大帝」。（趙翼，1990：622-623；胡小偉，2005：41-42；胡小偉，2005：1-2）

這些皇帝都認為關聖帝君的英勇作為值得肯定，因此不斷提昇關羽的神格，由「侯」而公，再轉化為「王」，再由「王」提昇為「帝」。當皇家貴族肯定關羽之際，理當加深了民間宗教中的關羽崇拜現象。尤其明朝之後，派遣官員正式以儒家儀軌祭拜關公，更易推廣關公信仰。關公變成普羅大眾與君主王朝共同膜拜的神祇，此神祇的神格提昇之際，其功能也有轉化，由原來的「英勇將軍」，變成「顯靈將軍」，再蛻變成「三界伏魔大帝」，掌管天界、人界與地界斬妖除魔的大帝。形同由單一功能的英勇將軍，變成掌管天上、地獄與人間各種吉凶事務的多功能神。由於關公的神格提升與職能擴張，種下祂成為天公的重要因素之一。

至於清朝皇帝對關公的景仰又有另外的考量，他們認識中國的歷史少從正式的史籍，而從《三國演義》來理解中國。《三國演義》變成滿清入關前的重要兵書與史書，使得關公在康熙、雍正與咸豐皇帝心目中異常重要。康熙皇帝封關公後裔世襲五經博士，雍正皇帝提昇關公的地位認為文人都應祭拜關公，咸豐皇帝則將關公迎入孔廟，與孔子並列由文武百官共同祭拜。（王見川，2006：94-99）

在清朝以前關公只是個英勇的將軍，宋朝皇帝將關公列入歷朝的偉大將軍祠堂中，當做陪祀神加以膜拜，明朝皇帝則提升關公的地位取代了姜太公的武聖位置，變成武廟中最重要的主神。然而，清朝皇帝則認為關公實踐了孔子的道德律，是讀書人應該學習效法的對象，因此關公與孔子地位並駕齊驅，關、孔並祀的傳統就此新設。這種讀書人膜拜關公的傳統，使關公變成民間宗教中「以儒為宗」的信仰神祇，表現在台灣地區三聖恩主或五聖恩主的關公信仰系統中。（王志宇，1997）而此恩主公信仰從明、清以來，運用扶鸞儀式創造出許多經典，在經典中種下了關公成為儒教教主推薦為天公首選的因素。

七、關公職能擴張，奠定他成為天公的基礎

關公成為儒、釋、道三教與民間宗教的神祇，其信仰範圍隨之擴張。再加上祂的功能不斷擴張，

才是奠定日後清季與民國時期經典造神運動中，促使祂成為天公的主要原因。最早的關公崇拜是區域性的神祇，隨著關公的顯靈，佛道教領袖的推廣，歷代皇帝不斷的加封，使關公跨出區域性的信仰，變成中華地區各民族的重要神祇，祂的職能也隨之擴張成為多功能的神祇。

由於政治領袖期待他的子民效法關公英勇報國，與實踐儒家五倫道德，關公成為軍人守護神與讀書人祭拜的「文衡聖帝」。民間宗教中鸞堂的扶鸞儀式從魏晉南北朝以來，關公經常降鸞在鸞堂中，讀書人為了求取功名，除了祭拜孔子添智慧，也會膜拜文昌帝君或文魁星，更會到鸞堂求助關夫子降鸞指點迷津。（王見川，2006：89-104）

關公與劉備、張飛義結金蘭的美名，變成中國異性兄弟結盟的典範。關公對異性兄弟信守承諾，實踐忠義的表現，形成日後中國社會的重要行為模式之一。當明朝崇禎皇帝自盡後，其子民秘密結社成為洪門，廣納異性兄弟結盟共同反清復明，便將關公納為洪門的祖師爺。希望洪門弟兄進入這團體後，形同義結金蘭的兄弟，為了洪門利益，兩肋插刀在所不辭。關公信守承諾的行徑，也被行商的生意人視為不可多得的守護神，因此祂也是生意人祭拜的武財神。（侯杰，2006：79-80）

關公不只是軍人、文人、幫會與商人的守護神，也是員警神。在隋唐之際，關公被請入城隍廟供奉，關公顯靈協助宋朝的胥吏破案，幫助了他們解決難題，於是胥吏更加虔誠祭拜關公，也為關公立廟，從此奠定日後華人員警祭拜關公的傳統。（胡小偉，2005a：85-124）由於中國部分地區以關公誕辰為農曆5月13日，此時剛好為北方農村缺雨的尾端，當村民祭拜關公時，順便求雨，此時天降甘霖，稱為關公的「磨刀雨」，所以中國北方百姓將關公視為雨神。

上述這些關公的職能擴張，到明朝萬曆年間，皇帝追封祂為「三界伏魔大帝」，此稱號使得關公的職能提昇到前所未有的境界，祂變成天界、冥界與人世間最重要懲惡揚善、斬妖除魔的神祇。這種職能不斷擴張的情形，使關公的信仰層面更為廣闊，也奠定日後經典造神運動中，經由扶鸞儀式降鸞宣稱關公成為天公的有利情境。

參、「關鍵期」：宗教經典的神格論述

宗教經典中的神格論述歷經明、清兩朝到民國61年，民間宗教中經由扶鸞儀式創造許多與關公有關的經典，其中部分經典指出關公為十八代天公，而此論述是基於關公成神後，其神格與職能不斷擴張的脈絡下發展而來。經典中的關公由偉人神轉化為自然神，變成眾神之首的天公-玉皇大帝。這種說法成為台灣地區以恩主公為主神的鸞堂系統，與部分關公廟宇的信仰者內心的信仰態度與認同。而造成這種信仰現象的主要因素之一，在於扶鸞儀式的鸞文與經典，主要表現在下

列四本經典中。

一、《關聖帝君應驗桃園明聖經》透露關公為天公助手的訊息

民間宗教中經由扶鸞儀式創造出許多經典，在明朝末年出現的關聖帝君經典為《關聖帝君應驗桃園明聖經》，其寶語中指出：

「太上神威，英文雄武，精忠大義，高節清廉，『協運皇圖』，德崇演正，掌儒釋道教之權，掌天地人才之柄，上司三十六天星辰雲漢，下轄七十二地土壘幽酆。秉注生功德，延壽丹書；執定生死罪過，奪命黑籍。考察諸佛諸神，監制群仙群職。高證妙果，無量度人。」（鄭志明，1986：286）

此經文的意涵指出關聖帝君的職權與範圍，負責「協助」玉皇大帝管理眾神、世人與諸鬼。連儒、釋、道教三教的教務也交由祂處理，祂監督管理的範圍上至天庭，下至人間與地獄，擁有定人生死，考察諸仙佛是否失職的職權。祂再也不是單純的武神、文人神、員警神、財神和雨神，祂已經升格為天公的左右手，協助天公管理神、人、鬼三界的事務。此經典比較符合明朝萬曆皇帝封關帝為「協天護國忠義大帝」的稱號，也符合明神宗時封祂為「三界伏魔大帝神威遠震天尊關聖帝君」的聖號。既「協助」天公，又管理「三界」的各種事務，使關公的神格提升與職能擴張，

經由扶鸞儀式創造的經典再次得到確認。對關帝的信仰者而言，在研讀經典之際，得知他們所信仰的關公，已經成為天公的左右手。由於關公神格的提升，強化信仰者的心理認同。對關聖帝君的信仰發展而言，信徒不斷散佈與唸誦此經典，將可鞏固他們對關公的信仰崇拜，甚至宣揚關公信仰。

再者，《關聖帝君應驗桃園明聖經》中〈南天文衡聖帝關恩主寶誥〉的經文，直接點明關聖帝君為天公的首相：

「至靈、至聖、至上、至尊忠孝祖師，伏魔大帝關聖帝君；大悲、大願、大聖、大慈，玉帝殿前『首相』，真元顯應昭明翊漢天尊。」（財團法人行天宮文教發展促進基金會，2009：18–20）

在明聖經中很具體的指出，關公已經在玉帝殿前擔任首相。換言之，此時的關公已經是玉帝之下，眾神之上的高階神祇。就經典造神運動而言，此經文幫助關公又往前跨一大步，祂變成玉皇大帝淩霄寶殿上最重要的首相。而此項說法隨著明聖經廣為流傳，從清朝發展到民國，關公為玉帝座前首相的說法，更易成為信仰者引為美談的宗教經驗。對關公成為天公只差一小步，如果再有新的經典出現，就可以協助關公這尊偉人神跨越鴻溝，邁向自然神中眾神之神的玉皇大帝寶座。

就信仰者而言，這種逐漸升高關公神格與職能的經典現象，是合理而且可以接受的邏輯。因為關公不是莫名其妙成為天公，而是接受歷史諸多的考驗，直到明末清初才在眾神中脫穎而出，成為玉帝的左右手，再成為天公的首相。信仰者這種期待終於得到體現，在「新版」的《桃園明聖經》中〈聖帝新寶誥〉，直接說出關公榮登第十八代天公。寶誥中說明此項過程：

「精中大義，雄武英文。在三分國祚之時，漢賊豈容兩立。建萬世人臣之極，馨香自足千秋。精靈充塞於古今，至剛至大。誓願挽回夫劫數，存道存人。禦宇蒼穹，任十八天皇而繼統。執符金闕，渾三千世界於於括囊。孰主宰，孰綱維，赫赫大圜在上。自東西，自南北，隆隆祖氣朝元。作聖賢仙佛之君師，卅六天誕登大寶。主升降隆汙之運會，十萬劫普渡慈航。佛証蓋天，恩覃曠劫。大悲大願，大聖大慈，太平開天，普渡皇靈，中天至聖，仁義古佛，玉皇大天尊，玄靈高上帝。」（社團法人中華桃園明聖經推廣學會，2009：13）

在此新寶誥出現之前，事實上至少有三種以上的經典說明，關公已經成為天公的宗教信仰論述。因此，《桃園明聖經》的新寶誥，理應是承接過去《明聖經》中〈聖帝寶誥〉的說法，直接將關公為天公首相的「事實」(reality)升格，與強化過去已經出現的《洞冥寶記》及《玉皇普度尊經》中對關公為天公的論述。即《桃園明聖經》中〈聖帝新寶誥〉再進一步升格過去明聖經中關公的職能與職位，是屬於經典造神運動中的一環，而此將可強化與滿足關公信仰者對關公神格的認知與期待。

二、《洞冥寶記》、《玉皇普度尊經》與《玉皇普度聖經》先後指出關公成為天公

以扶鸞儀式為主的鸞堂系統，其以關公為主神，承接明、清兩代時的關公神格，經由扶鸞儀式寫出鸞文與經典，提升關公的神格。到了民國時期，有三種經典先後指出關公已經成為天公的說法。最早一次為民國13年「洱源紹善壇」透過扶鸞將關公再次提升神格，晉升為玉皇大帝，成為萬神之王。（萬有善書出版社，1979：46-53；朱浤源，2002：207-213）第二次則是於民國16年「昆明洗心堂」出版的《高上玉皇普度尊經》，詳細說明關公被三教教主推薦，在無極天尊面前再三辭讓，最後終於登基擔任玉皇大帝。最近一次於民國61年出現在台灣「台中聖賢堂」扶出《玉皇普度聖經》，關公被五教教主推薦，受禪為天公。

在《洞冥寶記》第十卷三十八回中指出，第十七代玉皇大帝上表辭職，老母允許，立命三教聖人會議，公推關聖居攝，於甲子年（民國13年，1924年）元旦受禪登基，繼任為蒼穹第十八代聖主。在寶記中指出：

「有皇上帝，多年禦世，歷數難稽，髦期已倦於勤，禪代合符乎數。然非有赫赫之大聖，不足以鎮穆穆之玄穹。恭維太上神威，蓋天古佛，三界伏魔，協天大帝，大成義聖，護國翊運天尊關聖帝君殿下」。「管天地人三才之柄，掌儒釋道三教之權。上司三十六天星辰雲漢，下轄七十二地土壘幽酆。考察諸佛諸神。監制群仙群職。卓哉允文允武，偉矣至聖至尊。迺本歲上元甲子元辰，供

奉老母慈命，升調上皇，召回西天同享極樂。即以我聖帝纘承大統，正位淩霄。特上尊號曰：『蒼穹第十八聖主武哲天皇上帝』。」（正一善書出版社，2000；黃國彰，2009：128-129）

在《洞冥寶記》中，首次記載關公成為天公的神職，關公終於跨越了偉人神的極限，成為華人民間宗教自然神中的眾神之王-天公，祂身著人世間皇帝的官服，頭戴皇帝的冠冕，此為關公的新造型。然而，關公成為天公的造神運動並未停止，在中華桃園明聖經推廣學會出版的《中天玉皇關聖帝君經典輯錄》中，尚收存丁卯年（民國16年，1927年）「昆明洗心堂」出版的《高上玉皇普度尊經》，再一次強化關公成為天公的「事實」：

「在無極天尊面前接受道教元始天尊、儒家大成至聖先師與佛教牟尼文佛三教教主的推薦，在此道德衰退的季世，唯有通明首相（關公）道根深重、聰明穎異、文武雙全、功德昌盛，堪作諸神尊之師，萬聖之王，能應任玉皇大帝寶座。然而關公得知三教教主的推薦後誠惶誠恐、稽首頓首，叩謝無極天尊提攜之德，再三退讓。……三教道主奉命薦舉，伏願首相唯命是從。……於是帝君欲辭無言，上朝無極天尊。」（社團法人中華桃園明聖經推廣學會，2009：108-118）

到了民國61年，「財團法人台中聖賢堂」經由扶鸞儀式第三次昭告天下，告知信徒玉皇大天尊玄靈高上帝再次降鸞，將出版《玉皇普度聖經》，再次說明關公為天公的「事實」。該年正月初6日元始天尊降鸞於聖賢堂的鸞手，為《玉皇普度聖經》撰寫序文：

「今著《玉皇普度聖經》者，乃蒼穹天皇，由儒道釋耶回五教教主，共議選舉關聖，於甲子年元旦，受禪為第十八代玉皇大帝位，其尊號曰：玉皇大天尊玄靈高上帝，統禦諸天、管轄萬靈、掌理三界十方、撫綏天下生民，並及九幽六道，今　玉帝為普渡天下蒼生、特敕命著作《玉皇普度聖經》，以教化為普渡之本，此經之著，務使誦者易誦，讀者易讀，並易了悟經意奉行，冀能收到普化之效而著作者。」（財團法人台灣省台中聖賢堂，2003：4-5）

這些鸞文與經典皆指出關公已成為第十八代玉皇大帝，只是在成為天公的細節上有些差異，比較這些經文可以發現具體的差異如下：第一為《洞冥寶記》指出，關公是經由老母的同意接掌玉皇大帝的寶座，在《玉皇普度尊經》則指出，是經由無極天尊同意後接掌玉皇大帝的寶座，而《玉皇普度聖經》中並無此項論述。第二為《洞冥寶記》與《玉皇普度尊經》都指出，關公接掌儒、釋、道三教之權，而在《玉皇普度聖經》擴張為儒、道、釋、耶、回五教。第三項差異為《洞冥寶記》並無受禪的說法，而在《玉皇普度尊經》與《玉皇普度聖經》皆有受禪之說，尤其在《玉皇普度尊經》中關公向眾神謙讓再三後，才受禪為第十八代天公。第四項差異為《洞冥寶記》宣稱關公於民國13年（1924年）升調天公，而《玉皇普度聖經》的經文註釋中卻說關公早在民國前48年（1864年）即接掌玉皇大帝之位。（財團法人台灣省台中聖賢堂，2003：76-77）

關公在不同時期由不同鸞堂寫出的經典，都指證祂已經成為天公的事實；然而，不同鸞手的鸞文是經文中細節差異的主因，但是此差異並未妨礙關公成為天公的神格主軸。就信仰者而言，他們不一定在意、也不明白關公成為天公的細節，他們比較關心十八代天公的寶座是否輪到關公來擔任。在民國不同的年代，與大陸、台灣兩地不同的鸞堂空間背景下，經由扶鸞儀式神祇降鸞到不同鸞堂的鸞手上，開創出關公成為天公的「共同事實」。當不同的鸞文與經典，前後闡述關公接位天公的神格「事實」，更可滿足關公信仰者的信仰崇拜心理。因為他們信仰的神祇已經成為眾神之神，形同關公為高神一等的神祇，信仰者也與有榮焉。

當關公信仰者認同關公為第十八代天公時，曾引起天帝教與道教的反對，前者認為天帝為其主神，而天帝不可能是關聖帝君。在其神譜中，第一層為無生聖母主持無生聖宮，第二層為玄穹高上帝主持金闕淩霄寶殿，第三層由三期主宰主持清虛宮，第四層才是關聖帝君主持中天昭明聖殿，第五層則由文衡聖帝主持南天文衡聖宮。因此，以該教的神譜系統來看，關公只是第四層的神祇，不可能由位於第四層的關公，變成第二層淩霄寶殿的主宰者。（天帝教使院，1982）後者則以道教總廟三清宮為代表，它認為關公由五教教主共選為第十八代玉皇大帝的說法，不但不符合宗教與神學的邏輯，同時也貶抑了關公忠義不阿的神格，實在荒誕不經，鼓勵道教徒不要盲從倡導這項論述。（道教總廟三清宮，2007：85）

儘管有這兩類的宗教領袖對關公為天公的論述提出異議，但是，以鸞堂系統為主的關公信仰，他們的主神即是關公，陪祀神為呂恩主洞賓、王恩主靈官、張恩主單、岳恩主飛，信仰者當然希望他們的主神神格愈高愈好。不同於天帝教以無生聖母或天帝為主神，道教以三清為主神，後兩者的信仰者當然不必然同意關公變成該宗教神譜系統中最重要的神祇。因此，關公在這三個宗教中引起的論戰，在「信者恆信，不信者恆不信」的信仰心理下，造成關公是否為天公各自表述的分歧現象。

肆、「強化期」：扶鸞儀式、經書推廣與神格認同

一、鸞堂的鸞生與信仰者對扶鸞儀式的認同，相信關公已成為天公

關公成為天公的神格論述，最主要來自於華人民間宗教以關聖帝君為主神的鸞堂系統，鸞生與信徒常態性的參與扶鸞儀式，他們相信扶鸞儀式為神明降臨的具體表現；（張家麟，2008：1-38）因此也認同經由此儀式扶出的鸞文，相信關公為天公助手、首相及天公的論述。總結來說，鸞生與信徒對鸞文高度認同，進而對關公轉化成為天公的神格深信不疑。

然而，這種認同並非存在於所有華人民間宗教的信徒，大部分只存在於以關公為主神的鸞堂系統。原因在於華人民間宗教中各派別，如紅卍字會、天帝教、真佛心宗等民間宗教團體，他們

皆有扶鸞儀式，但是其主神並非為關公，關公只是眾多神祇之一。因此，信徒會相信他們自己教派的神祇譜系，不太可能將關公升格為天公，也就沒有關公為天公的神格論述。

相反的，鸞堂系統的效勞生，他們敬拜以關公為主神的三聖恩主或五聖恩主，常態性參與扶鸞儀式，在此儀式中聆聽神的話語，接受恩主公的道德律。他們自稱為「沐恩鸞下」，為恩主公的學生，關公的話語成為他們現世與來生的生活指引，實踐恩主公的仁、義、禮、智、信儒家道德。（張家麟，2008：175-198）他們深信恩主公經常在扶鸞儀式過程中來到鸞堂現場，甚至有些鸞生親耳聽見恩主公傳達的訊息，或是看見恩主公寫出的鸞文。當他們深信恩主公顯靈於扶鸞儀式時，並願意接受恩主公在扶鸞儀式的教誨與解惑。這種高度認同扶鸞儀式的現象，非常容易相信鸞文的敘述。因此，當他們被告知恩主公已經成為天公時，部分鸞堂的主事者乃幫恩主公重塑神像造型，幫祂戴上玉皇大帝的皇冠，將恩主公當作天公來膜拜。

二、誦經與印經，推廣關公為天公的論述

另一促使鸞堂的鸞生與信仰者推廣關公為天公的原因，在於誦經與印經。鸞生在平時常態性的扶鸞儀式、拜斗與聖誕祭典時期都得誦經，他們認為這是個人累積功德、表達對神景仰及個人修行的重要法門。因此，從明、清以來到民國為止，中國大陸的「洱源紹善壇」、「昆明洗心堂」

及台灣的「台中聖賢堂」、「中華玉線玄門真宗」及「桃園明聖經學會」等團體創造出關公經典，可能都是他們經常唸誦的經典。如《桃園明聖經》、《忠義經》、《覺世真經》、《玉皇普度聖經》、《大解冤經》、（玄門真宗出版社，不詳）《文懺、武懺》、（財團法人覺修宮，1967）《玄靈玉皇寶經》、（玄門真宗出版社，不詳）《赦罪寶懺》、（玄門真宗出版社，不詳）《戒淫經》、《關聖大帝返性圖》、《救劫渡人指迷篇》與《玉皇普度尊經》等經典，是信仰者相當熟悉的經典。其中，部分經典論述關公坐上淩霄寶殿，主持玉皇大帝的職務，理所當然容易成為信徒的信念。

由於鸞堂的鸞生與信徒經常唸誦經典，他們彼此口耳相傳，容易接受經典中的論述。不只接受關公的道德律，也會認同其神格轉化的神學論述；無形中也深信經典中關公已於甲子年榮任第十八代天公的說法，稱祂為「玄靈高玉皇上帝」。此時，信徒心目中對關公已經由偉人神轉化為自然神－天公的神格，已有相當的認知與認同。

除了唸誦經典之外，另一刊印經書的活動，也會助長此項論述的傳播。在華人的宗教傳統中，信徒鳩資共同出版鸞書、佛經，是累積功德的表現。當扶鸞儀式創造出關公為天公的鸞書與經典，只要鸞堂領袖願意發動信徒捐款印書，大部分都可以得到信徒的支持。一般經典或鸞文都「免費贈送，歡迎翻印」，無償提供給任何人。這是因為華人功德觀的心理表現，幾乎所有鸞文的卷首語都會提及盼望經書可以由讀者自由翻印或傳閱達到勸世的效果。（智仁堂，1966：1）這種心理造成關公的《桃園明聖經》、《玉皇普度聖經》及《玉皇普度尊經》，在台灣各廟宇幾乎隨手可得。

它們被當作善書發行，捐獻者相信，只要在善書後面都會列上其姓名，鑒察人世間功過的神祇將上表天庭，紀錄其善行，庇蔭信徒個人及其子孫的今生與來世。

鸞堂的信仰者經由鳩資出版經典來換取功德，大量翻印經典，贈送給信徒或寄放在各廟宇，讓人免費索取，形成過去華人社會及現在台灣民間宗教特色；無形間造成關公經典的流行。而此流行現象，也會傳達關公已成為天公的訊息。這種宗教功德觀，反應在經典的出版，推廣並加深了信仰者對關公成為天公的印象。如果沒有華人民間宗教助印經書的宗教傳統，關公成為天公的論述，不會大量流行。相形之下，這種說法只是少數人接觸經典後的認知。

伍、「鞏固期」：民間宗教的人神轉化與神格確認

一、人可以成為自然神的信仰，亦接受關公神格轉化的論述

關羽壯烈殉國後封侯成鬼，顯靈後成神，再由神榮任為天公。這種轉化的過程，形同由人↓成鬼↓成神（偉人神）↓成天公（自然神）。彷彿人、鬼、神間可以逐漸轉化而提升，甚至偉人神可以跨越鴻溝成為自然神。這種現象是華人民間宗教的神祇信仰特色，它普遍的被鸞堂信仰者

所接受，應該和他們內心的人神轉化信仰基礎有密切關聯。

打開鸞書，經常可以看到各類神明降鸞到鸞堂，包含自然神、偉人神與想像神，皆會下凡到人間。其中有些鸞文闡述著人成鬼再成神的各種前世今生故事，用此勉勵鸞生與信仰者應該在今世努力行善修行，作為來世成神的準備。

根據《台灣宗教資料彙編》收印清季時的台灣地區鸞書，不少神祇降鸞在不同地區的鸞堂，包含觀音、福神、天上聖母、司命真君、城隍、關公等神祇，都附身在鸞手，傳達具道德律的詩詞，再以個人的前世解釋這首詩，來規勸鸞堂的鸞生與信徒。以〈一聲雷〉中的鸞文為例，老社寮莊盡善堂觀音佛母降詩兩首：

「盡力修行不記秋，善心將水共長流。堂開斗室通三界，佛道光明萬古留。」
「觀來塵界讀淩空，音韻鏗鏘苦節通。佛法無邊施化雨，母儀有象佈清風。」

詩文後面觀音佛母自己陳述前世今生，祂的前世為清朝人，生於道光11年，姓顏，閨名菊香，因處於亂世，搭船時船夫都是賊黨，傷害其父母而且欲對她強行汙辱，她對匪黨好言先勸失敗後，乃投江自盡。魂魄到森羅殿下，判官察其功德，認為她能全孝道重名節，不虧佛門的期待。乃上表天庭，封此鬼魂任觀音佛母之職。（王見川、李世偉，2009：202-207）

此例說明，人人積德盡孝後，皆可能成為觀音佛母，即人成鬼之後可以轉化為經典中的「想像神」。再舉一例說明，人只要嚴守男女份際，就可能成為福神，即人死後，可以成為「自然神」。在〈一聲雷〉中的鸞文指出，大南埔莊福神降詩：

「坐懷不亂古完人，色戒吾生步後塵。片念未常稍蕩檢，光明正直本天真。」

詩文後面福神自己陳述祂前世為淡水人士，姓周，名登海。幼時讀書，長大後去儒，隨父親經商。在經商過程曾有沉魚落雁的少婦色誘他，他嚴守男女的份際，不為所動。不僅如此，經商過程，童叟無欺，嚴守孝道，兄弟手足和睦相處，直到58歲過世。到了地獄冥府，判官認為他功德無量，成全節婦的貞操，嚴守手足之義，經商誠實，盡忠盡孝，乃上表天庭，被派認為福神。（王見川、李世偉，2009：279-286）

另再舉一例說明，少婦亡夫之後孝順公婆承擔整個宗族的家計，忠孝的義行感動冥府判官，最後成為獅巖洞的天上聖母。天上聖母降曰：

「百尺獅巖小洞天，紅塵相隔自蕭然。桃源有路思尋去，月色朦朧踏曉然。」

「淒風苦雨憶當年，親老家貧懍志堅。天眼垂青憐勁節，千秋神道永昭然。」

詩文後面天上聖母自己陳述，祂是由清雍正時期江左人士，閨名趙秀紅，幼時學習經書，稍明道義，嫁為人妻後，夫婿早死。家道中落，一貧如洗。然而，家有公婆，又懷孕數月，夫家一門的家計與命脈，必須承擔。母兼父職，帶領孤兒，孝順公婆直到老死。兒子成年後，獲有功名，娶妻生子，家道中興，臨終之前告知子孫，努力行善無愧天人。魂歸冥府，閻羅王肯定吾的一生，乃上奏玉殿，命我為泉州府涵江的天上聖母，任職數十年後，才轉到獅巖洞，享受千秋血食。（王見川、李世偉，2009：272-278）

類似的故事在過去的鸞文中經常可見，從此可以得知，在鸞堂的信仰中，鸞堂領袖主持的扶鸞儀式神明經常降鸞，透露人死後可以成神的信仰價值觀，而且可以成自然神、想像神與偉人神，為各種類型的神祇。這種宗教信仰觀可以說明為何鸞堂的鸞生與信徒相信，人人只要累積功德，盡忠盡孝，來世可能成神。換言之，今生努力行善實踐儒家道德律，死後到地獄也會被判官上表天庭，分發神職給人擔任。這意味著人死為鬼，而鬼可能成神，也可能成為自然神。這種人↓鬼↓神↓自然神的信仰體系，普遍存在於扶鸞儀式參與者的腦海中。因此，依此人神轉化的信仰邏輯，鸞堂鸞生與信仰者將會相信關公成鬼後，由於在世的功德，使他成神，也有可能讓他成為天公；認同祂可以由偉人神的神格，跨越到自然神的神格，而晉升為眾神之神的論述。

二、自然神擬人化，讓鸞堂信仰者認可玉皇大帝由關公擔任

華人民間宗教的神學體系，對神祇的看法具有原始宗教的觀念，認為自然界中天上的日、月、星辰等「神」，及地上的河、海、岱等「祇」加以膜拜，這是華人最早的宗教信仰觀，也是「宗」

的原始意涵。不只如此，華人祖先也會將自然神想像由人來擔任，這也是天公可能由關羽來擔任的主要因素。由於華人民間宗教對神祇有此宗教想像與信仰的「神學觀」，因此容易接受自然神由人來擔任。

將「自然神擬人化」，是民間宗教信仰者共同的神學觀，包含將自然神祇轉化為歷朝歷代的某位人士來擔任，及將這些自然神被雕刻成為具有人的形象的神像。這兩種神學信仰，普遍展現於華人民間宗教中的廟宇和信徒的心目中。表現於信徒對這些神祇的神像雕刻及膜拜活動。

民間宗教對天、地等自然現象的崇拜，包含敬拜天上的神，如太陽神、太陰神、北極星、北斗七星、斗姆、太歲星君、文曲星、雷神、火神或三官大帝等，崇拜地上的祇，如土地公、灶神、城隍、東嶽大帝、三山國王等，祂們皆被信徒雕成「人型」的神像，擺在廟宇的供桌上。

具有人名的自然神祇如北極星，被信徒稱為「北極玄天上帝」，又名「真武大帝」，據《太上說玄天大聖真武本傳神咒妙經》，真武大帝是太上老君的化身。三官大帝分別由堯、舜、禹擔任。文曲星為文昌帝君，又稱梓潼帝君，為晉朝張亞子。灶神稱為張恩主，名為張單。先天豁落王靈官為火神，名為王善。社稷之神為土地神，社神為共工氏之子，名為句龍，稷神為烈山氏之子，名為柱；另一說法為西周人叫做張福德。60位太歲星君，也被賦予60個名字，在太歲殿中都可看到。有些自然神儘管沒有人的名字，但也被信徒雕刻成為人形，如玉皇大帝、北斗星、南斗星、城隍、三山國王、東嶽大帝、河神、海神等。其中海神信仰發展到清代，變成兩個神祇，一為自然神的海龍王；另一為天上聖母林默娘。後者的現象與關公榮升十八代天公的說法有些雷同。

當民間宗教的信仰者內心深信，自然神可能是由歷朝歷代的傳說或歷史人物擔任，依此類推，信仰者乃會將自然神以人型來雕塑。換言之，自然神與人可以彼此交替，而非兩條平行線，如果歷史上的偉人或傳說中的人物，他們的靈驗事蹟或貢獻被人肯定，祂就可能成為自然神。像中國傳說中堯、舜、禹三位領袖，就變成三官大帝的化身；天官、地官、水官本來是屬於自然崇拜的神祇，早在堯、舜、禹出現前就已經存在，但是當信仰者認為自然神可由人替代，信徒也就接受三官大帝為堯、舜、禹三位領袖。

如果這種自然神擬人化的宗教信仰觀，普遍存在於華人民間宗教的信徒，它們就容易接受自然神的天公由關羽來擔任。但是，關羽如果只是一位戰敗的將軍，要一躍而上成為眾神之神的天公，勢必有其難度。因此，從關羽到壯繆侯，由侯而公，公轉王，由王封帝；再由武神擴張為多功能神；甚至由民間宗教滲入到儒、釋、道三教；再用許多小說、劇本形塑關羽鮮活的道德形象，注入到百姓的腦海中。當這些因素隨著時間歷史的演變，逐漸發酵，乃建構起關羽成為天公的基礎論述。最後再經由扶鸞的創造經典活動，指出關羽為玉皇大帝的左右手，再升任為首相，最後謙讓再三，受禪為玉皇大帝；此論述一提出，容易得到以關公為主神的鸞堂信仰者與鸞生的認同。而此認同現象，會因華人民間宗教的神學觀更形鞏固。因此，我們在分析關公成為天公的神格轉化現象，不可忽略「人可為自然神」，或「自然神擬人化」的神格轉化信仰觀。當然，這也是華人民間宗教部分神祇神格轉化的共同基礎。

陸、結論

由本文上述的討論可以得知，關公晉升為天公並非單一因素，而是經歷過歷史長期的演化，關公會被鸞堂信仰者在造經運動中雀屏中選為天公，是經過長久的「醞釀期」，祂由壯烈成鬼，顯靈成神，到成為跨宗教、行業、區域的神祇，再成為多功能的神祇，到了明朝祂已經幾乎無所不能，掌管天界、地界與人界。有此醞釀期，才可能讓關公跨越偉人神到自然神-天公的鴻溝。

當關公擁有各種功能的神格變化，經由扶鸞儀式產生的經典是使祂成為天公的「關鍵期」，這也是過去學者強調關公神格轉化的重點。本文同意經典造神是關公神格轉化成為天公的關鍵因素，但是，這無法完整呈現鸞堂信仰者對關公成為天公的內在認同。因此，在本文前面的討論中，提出了扶鸞儀式參與者對扶鸞及鸞文的認同；和這些鸞生與信仰者常態的誦經活動，才會認知與認同關公已經成為天公。在扶鸞儀式與誦經活動形同「強化」了關公已為天公的「事實」。至於本研究在前言中提出關公為偉人神，如何跨越成為自然神中最高的神祇？此問題如果沒有經由華人民間宗教信仰者，對神祇神學觀的系絡（context）中去理解，將無法得到合理的解釋。這也是本研究與過去研究最大的差異，本文深信華人民間宗教中擁有人死後可以成鬼→成神→自然神的神學信仰，是認同關公成為天公的底蘊。另外一種神學觀是相信「自然神擬人化」，信仰者認為自然神可由人來擔任，自然神也可塑成人型，在這種信仰體系下，自然神的天公由關公擔任，就可以得到合理的解答。這也是信徒「鞏固」關公壯烈成鬼的將軍，榮任到自然神最高的位階玉皇大帝寶座上的重要思想因素。

從上可以得知，關公成為天公的神格轉化現象，在每一個階段都有它的特殊變因，這些變因相當複雜，固然可以歸納化約成宗教、政治與文學三個面向，但每一階段各有其著重點，應該仔細理解後，才可說關公神格已經轉化為天公。

然而，這種信仰現象，並非所有民間宗教信仰者的共同認知，甚至也不一定得到關公信仰者的認同。相反的，可能只侷限於以關公為主神的鸞堂系統的鸞生及效勞生。因為他們參與和認同扶鸞儀式，擁有共同的神降鸞的神祕經驗；及平時對關公經典的朗誦，容易認同與深信經典中陳述關公已成為天公的論述，這些活動都可能深化與鞏固關公成為天公的神格轉化信仰。而支持信徒從事扶鸞儀式與誦經、印經的動力，在於華人的功德觀及成神觀，他們相信參與神聖的宗教活動可以累積個人功德，並德庇子孫，尚且是個人成神的準備。因此，這些信仰者願意投入有利於關公神格轉化的各種活動。

因此，關公成為天公的神格轉化並非一夜之間形成，而是經由長期歷史演化的結果，此演化到民國60年代才告成熟。一般論者以為經典造神運動是主要因素，但是深究這演化的過程就可得知，飛鸞造經活動及其背後的神學信仰系統，才是關鍵因素。從本文的論述及研究成果，提供了未來神祇神格轉化的研究新脈絡，即在經典之外，應該關注信仰者的神學與宗教價值體系、政治與社會變遷因素，及文學中對神祇形象的形塑作用。關公神格轉化為天公只是華人民間宗教及道教神譜學中的個案，形成此個案的各種因素，不一定合適於所有的神祇；但是，它可以成為未來其他神祇神格轉化研究的參考架構。

參考書目

Otto, Rudolf ,1931,“Parallels and Convergences in the History ofReligion,” in Rudolf Otto, Religious Essays: A Supplement to ‘TheIdea of the Holy,’ London: Oxford University Press.

天帝教使院，1982，《天帝教簡介》，南投：天帝教使院。

王　卡、汪桂平，2002，〈從《關聖大帝返性圖》看關帝信仰與道教之關係〉，《關羽、關公和關帝》，中國北京：社會科學文獻出版社。

王志宇，1997，《台灣的恩主公信仰－儒宗神教與飛鸞勸化》，台北：文津出版社。

王見川，2002.10，〈軍神、協天大帝、關聖帝君：明中期以來的關公信仰〉，《台灣宗教研究通訊》第4期，頁263–279。

王見川，2006，〈清代黃帝與關帝信仰的「儒家化」－兼談「文衡聖帝」的由來〉，《關公信仰與現代社會》，台北：真理大學宗教學系。

王見川、李世偉，2009，《台灣宗教資料彙編》，第一輯第九冊，台北：博揚文化事業有限公司。

正一善書出版社，2000，《洞冥寶記》，正一善書出版社。

玄門真宗出版社，不詳，《玄靈玉皇寶經》，台中：玄門真宗出版社。

玄門真宗出版社，不詳，《玄靈高上帝大解冤經》，台中：玄門真宗出版社。

玄門真宗出版社，不詳，《玄靈高上帝赦罪寶懺》，台中：玄門真宗出版社。

朱大渭，2002，〈武將群中獨一人〉，《關羽、關公和關帝》，中國北京：社會科學文獻出版社。

朱浤源，2002，〈關公在政治思想的地位〉，《關羽、關公和關帝》，中國北京：社會科學文獻出版社。

周立方，1996，〈玉皇的自然神崇拜〉，《玉皇文化學術研討會論文集》，台灣：宜蘭玉尊宮管委會。

社團法人中華桃園明聖經推廣學會，2009，《中天玉皇關聖帝君經典輯錄》，台北：桃園明聖經推廣學會。

洪淑苓，1995，《關公民間造型之研究－以關公傳說為重心的考察》，國立台灣大學出版委員會。

胡小偉，2005，《伽藍天尊》，香港：科華圖書出版社。
胡小偉，2005a，《超凡入聖》，香港：科華圖書出版社。
侯　傑，2006，〈關公信仰與中國社會－以華北地區為中心的考察〉，《關公信仰與現代社會》，台北：真理大學宗教學系。
財團法人台灣省台中聖賢堂，2003，《玉皇普度聖經課誦本》，台中：財團法人台灣省台中聖賢堂。
財團法人行天宮文教發展促進基金會，2009，《明聖經》，台北：財團法人行天宮文教發展促進基金會。
財團法人覺修宮，1967，《文懺、武懺》，台北：財團法人覺修宮。
張家麟，2008，《台灣宗教儀式與社會變遷》，台北：蘭台出版社。
曹俊漢，2002，〈細說中國民間社會中的「義氣」：從關雲長與曹孟德一段恩怨情仇說起〉，《關羽、關公和關帝》，中國北京：社會科學文獻出版社。
莊宏誼，2008，〈道教東嶽大帝信仰〉，《道教神祇學術會議論文集》，台北：保安宮。
智仁堂，1966，《鸞噦精華》，台北：南華出版社有限公司。
黃國彰，2009，〈關帝經典的奧秘與對國家社會的正面影響〉，《關帝經典文化學術研討會論文集》，台北：社團法人中華桃園明聖經推廣學會。
涂爾幹，1999，《宗教生活的基本形式》，上海：人民出版社。
楊亞其，1996，〈析玉皇信仰〉，《玉皇文化學術研討會論文集》，台灣：宜蘭玉尊宮管委會。

萬有善書出版社，1979，《洞冥寶記》，萬有善書出版社。

道教總廟三清宮，2007，《道教諸神聖紀》，宜蘭：道教總廟三清宮管理委員會。

趙　翼，1990，《陔餘叢考》，《關壯繆》，第35卷，頁622-623，河北：人民出版社。

鄭志明，1986，《中國社會與宗教－通俗思想的研究》，台北：台灣學生書局。

蕭進銘，2008，〈萬星宗主、賜福天官及伏魔祖師—紫微大帝信仰源流考察〉，《道教神祇學術會議論文集》，台北：保安宮。

關羽英勇的英姿

九份勸濟堂關公夜讀春秋

中台禪寺禪宗的迦南尊者－關公

三芝錫板智成堂的關公造型

宜蘭西關廟關公夜讀春秋的造型

日月潭文武廟關公與岳飛並祀

宜蘭鑑民堂以關公神主及神像並祀

關公榮登十八代玉皇大帝

三教教主共推關公為玉皇大帝

關公為眾神之神－玉皇大帝

關公為天公－特殊的千手關公造型

山西關聖祖廟的玉皇大帝造型

松山慈祐宮玉皇大帝擬人化造型

北京白雲觀王靈官神像擬人化造型

台北松山慈祐宮南斗星君擬人化造型

台北松山慈祐宮北斗星君擬人化造型

新竹城隍廟城隍爺擬人化造型

台北覺修宮斗姆擬人化造型

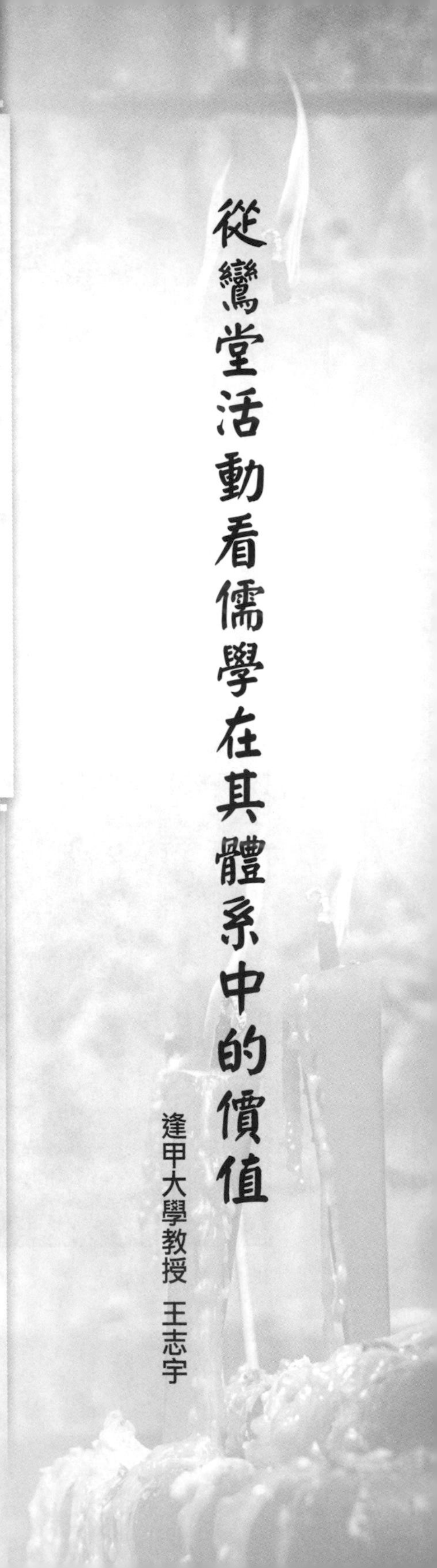

從鸞堂活動看儒學在其體系中的價值

逢甲大學教授　王志宇

壹、前言

儒學研究有從孔廟、書院、教育碑文入手者，亦有從佛道善書及宗廟祭拜活動等三教合流的途徑入手者，此外也有從地方戲曲觀察儒學的常民化現象者。（張崑將，2012：157-158）本文則希望透過鸞堂活動及相關文獻，討論儒學在鸞堂信仰體系中的價值。鸞堂是一種從清代就傳入台灣的宗教組織，日治時期透過利用鸞堂戒除鴉片煙的方式，因而快速傳布，被稱為「降筆會運動」。（王世慶，1986.12：111-152）在當時鸞堂份子如早期的楊福來、彭元奎等的推動下，鸞堂很快地傳開，大正8年（1919）時楊明機以扶鸞方式扶出「儒宗神教」法門，後來並四處推廣儒宗神教，昭和11年（1936）且編輯了鸞門重要的科儀經典《儒門科範》。[1]

戰後鸞堂雖然受到政治社會變遷的影響，不若日治時期的活力，但台灣各地仍有許多鸞堂維持其活動，如台中市聖賢堂也編輯出版了《鸞堂聖典》，某些地方甚至是主流信仰，如埔里一地，鸞堂仍是該地的主流信仰之一。鸞堂是一三教合一或五教合一的教派，儒學在該教派中有重要的地位，本文透過鸞堂活動的考察，試圖指出儒學為何能在鸞堂中有其地位，其在鸞堂發展上的意義又是如何？

1 有關楊明機的扶鸞及活動，參見王志宇，《台灣的恩主公信仰—儒宗神教與飛鸞勸化》（台北：文津出版社，1997），頁51-52。

貳、台灣鸞堂的緣起與發展

鸞堂是一種以扶鸞活動為主的宗教組織，在日治初期因鴉片問題而以扶鸞戒煙的方式四處傳布，形成一波快速的發展，而被稱為降筆會運動。王見川整理清末日治初期的鸞堂，認為此時的台灣鸞堂至少有三大系統，一是由宜蘭喚醒堂分香而出的新竹宣化堂，淡水行忠堂系統。二是新竹復善堂系統。三是澎湖一新社系統。（王見川，1996：187）筆者討論台灣的鸞堂發展時，也提出鸞堂有多條路線傳入，幾條路線如下：一、宜蘭新民堂系統，二、澎湖一心社系統，三、彰化三興堂系統，四、台中聖賢堂系統，五、其他鸞堂系統。（王志宇，1997：32-36）[2] 大致而言，學界過去對於鸞堂傳入路線的討論，有單線說、南北二宗說及多元說，後來的學者大多同意多元說的觀點。（鄭志明，2001.6：135-136）

戰後台灣的鸞堂，受到經濟社會環境的影響頗大，日治時期及戰後初期的鸞堂，除了有教化、濟世等種種功能，事實上對於當時缺乏娛樂的社會環境而言，鸞堂活動也具有一些宗教性的娛樂功能。[3] 但是戰後五十年代以後，一方面台灣的經濟逐漸發生改變，另一方面電視媒體也逐漸發展，在鄉村人口往都市移動，以及八點檔連續劇的發展下，扶鸞活動的娛樂功能漸被取代，而鄉村人口的外移也使鸞生減少影響扶鸞的舉行。除了部分地區如埔里或高屏地區，[4] 以及都會區活力較佳的鸞堂，能維持其活動外，部分鄉村的鸞堂受到人口外移較大的衝擊，鸞生流失下，扶鸞也漸漸無法維持。（王志宇，2005：6）[5]

2 有關聖賢堂系統，後來的研究如柯若樸（Philip Clart）指出聖賢堂的扶鸞受草屯惠德宮的影響，對於王翼漢和惠德宮的關係有清楚的說明。（Philip Clart,2019：107-170）

3 鸞堂的祖先或罪魂的敘述，或其他教派的扶乩活動，都具有一些戲劇效果。

4 埔里的鸞堂至今仍維持相當的活力，與媽祖信仰並稱為埔里二大信仰。（邱正略，2018.6：77-131）高屏方面的鸞堂發展，可參見〈高雄縣客家鸞堂的起源－月眉樂善堂與其鸞書之研究〉、（張二文，2008.6：32-53）〈「鳳邑儒教聯堂」與台灣南部鸞堂運動的開展(1950~1979)〉。（邱延洲，2015.12：109-134）

5 電視媒體的影響為訪問台中市贊生堂老堂主的口述所指出。

參、鸞堂的活動及其意義

台灣鸞堂的活動，主要有扶鸞與宣講，以及鸞書及善書的出版等，戰後的鸞堂如聖賢堂在其鸞堂停鸞後，仍有鸞書及善書的出版活動。以下分別說明鸞堂的扶鸞與宣講，以及鸞書的出版，兩者之間其實有緊密的關係。

一、扶鸞與宣講

扶鸞是鸞堂的主要活動，透過扶鸞不僅可以讓鸞生前來效鸞，鸞生在此過程中，需一同誦經、請神、觀看扶鸞及聆聽宣講生宣講。台中聖賢堂的《鸞堂聖典》對此過程有概略的說明。扶鸞的過程可分請神（接駕）、扶鸞與送神（送駕）。請神時男女鸞生分班排列候駕，恭誦寶誥，接著接駕生獻香、獻茶、獻果；正副鸞生、唱鸞生、紀錄生行三跪九叩禮後進入候駕。聖神降臨後即停唸神咒，此時就開始扶鸞。

扶鸞時，正鸞生於沙盤上寫出文字，由唱鸞生唱出，紀錄生在旁記下。聖神退駕時，全體鸞生跪地俯伏送駕，鳴鐘鼓，在內殿之鸞生退出內殿成三跪九叩禮，扶鸞儀式完畢。有些鸞堂在扶鸞完畢後，會就降鸞文字再舉行宣講。（台中市聖賢堂編印，1992：12-13）部分鸞堂也有奉旨著書，或累積至一定的鸞稿數量後就出版的情況。筆者過去在台中明正堂的觀察，對此儀式過程亦有相當的描述。

筆者以1996年4月21日該堂的扶鸞活動為例，說明其扶鸞活動的大略。4月21日當天為星期日，上午約9點起，該堂鸞生陸續聚集，換穿藍色長衫，亦有非該堂鸞生而前來問事者，這些前來問事或希望為祖先超拔者先行登記。至9點45分，該堂鸞生開始入堂排班。廟堂中前為神龕，神龕前有約一坪半至二坪大的地方以欄干圍起，稱為內堂，平時扶鸞皆在此內堂進行。廟內內堂之外，稱為外堂。排班時男生立於堂之左側，排成兩列，女生立於堂之右側，亦排成兩列，此日扶鸞因使用金指而非桃筆，[6] 故隨即司香生上香，再由正鸞生及唱鸞生上香，鞠躬進入內堂，迎駕生、鐘鼓生、司香生等各就其位。

此日之正鸞生有明筆李忠雄及該堂新練成之正鸞貞筆林哲三，英筆劉明文3人，每位正鸞有2名唱鸞生在側，故有6名唱鸞生入內堂，當時到堂鸞生約有20多名。至9點50分時，該堂文昌帝君降，扶鸞開始。本日因上一期鸞期進行法會，而沒有舉辦濟世活動，故上午之扶鸞為濟世，為各生所登記之問題進行判解，扶出的鸞文由該堂之唱鸞生傳至外堂，另由該堂之鸞生負責傳達與問事之人知曉。此活動至11點半結束，各鸞生休息進用午餐。下午2點起，鸞生再度排班，上香、鳴鐘鼓，進行濟世活動，至2點50分濟世活動結束，內堂效勞生步出內堂。下午3點起，開始請誥，誦《玉皇普度聖經》，至35分時結束。因本日有玉旨宣布今年春季該堂晉昇果位之名單，故擺有香案，準備接旨。在誦完經後，隨即行上香禮，獻花、獻果，接旨。至3點40分，宣講上期鸞文，45分正鸞3人及唱鸞生6人入內堂，迎駕生2人、司香生2人、鐘鼓生1人各就位，再次以金指扶鸞，至下午4點20分扶鸞結束，正鸞及內堂效勞生步出內堂，至外堂行三跪九叩禮，兩班鸞生行三鞠躬禮，退班，全日活動結束。

明正堂之扶鸞因有二種方式，故其流程略異。於使用桃筆扶鸞時須先唸請神咒、淨身咒及其他經文，以待神之降臨。使用金指時，只需鸞生進入內堂，靜下心即可。通常如果時間足夠，不至妨礙遠道者回家之時間，會於扶鸞後會舉行宣講，如時間不足則排於下次鸞期扶鸞前宣講，因此每次鸞期一定有宣講之活動，諸生得以聆聽聖訓。（王志宇，1997：104-105）

另外，以埔里鎮育化堂為例，該堂是每逢農曆的7日扶鸞，即初7、17、27，三天扶鸞。107年3月23日（農曆2月初7）在該堂實際田調記錄，該堂扶鸞儀式流程如下：

在晚上6點45分左右，鸞生陸續聚集。7點半，鳴罄，進行請誥。育化堂的鸞生進堂排班。男內女外，圍著正、副鸞成ㄇ字形。7點40分，誦〈周大將軍寶誥〉，鸞生向外迎神叩首，之後回復向內。每誦及某神寶誥即向外叩首，之後回復向內。8點整開始扶鸞，育化堂每次扶鸞皆有兩壇乩壇分別在內外堂進行，內堂禁止女性進入。當天鸞生男眾有22人，女眾有26人，其中13人在外堂，13人在外殿。

8點10分，降神，降詩由筆生誦吟。降詩如下：

107戊戌年二月初七日戌時（陳正生扶，內堂）

逍遙道人　降

白話：

心好無人知，嘴壞　尚利害，平常時要認識，

交談之中莫論及他人缺點。心快一時，禍患無窮。

小者傷少，大者傷人、自害，其一也，損口德而折福份矣。

107戊戌年二月初七日戌時（詹正生扶，外堂）

九天玄女　降

詩

立德修身效古賢
鸞堂學道學詩篇
無虧正志求真法
果熟他朝上碧天

又

弘揚國粹賴群英
聖教鴻儒啟後生
力挽狂瀾吾輩責
人才倍出振天聲

8點15分開始辦事，20分內堂開始書符，22分退駕。另外，當日外堂正鸞為詹德權，副鸞為洪豐修，內堂正鸞為陳界同，副鸞為邱清松。當日請誥先誦唸淨心、淨口、淨身、淨天地解穢、安神等神咒，之後誦念周大將軍、關聖太子、司命真君、孚佑帝君、文衡聖帝、孔夫子等寶誥。（施懿琳總編纂，王志宇撰，2018：761-762）

圖1：育化堂扶鸞前的請誥。王志宇攝，107年3月23日。

圖2：育化堂的扶鸞，雙手長乩。王志宇攝，107年3月23日。

大致而言，扶鸞儀式都差不多，主要有誦經請神，扶鸞降詩，送神，宣講等幾個步驟。埔里的育化堂還會請鸞生吟誦當日神所降詩文；其女外男內，而非男女左右分班也與大部分得鸞堂不同，或許是受限於空間的影響。不過眾鸞生透過扶鸞儀式的參與，除了誦經外，也得以聆聽神明的降詩開示及宣講，身心都能感受到在此一神聖空間中的神聖感。此外許多鸞堂也會將其扶鸞的鸞稿出版，以廣流行，藉以勸善。如果是奉旨著書，在印成鸞書後，也會有一個繳書儀式，將鸞書及疏文燒化，敬呈上天，完成著書繳旨的程序。（邱延洲，2013.9：111-126）

二、出版鸞書

大致而言，鸞書是善書的一種，有關過去善書的分類，大致有下列幾種：

（一）鄭喜夫：最廣義（一切對閱讀者之身心有益之圖文）、廣義（有宗教色彩與無宗教色彩的有益圖文）、狹義（有宗教色彩的有益圖文）。

（二）蔡懋棠：舊型（明末清初以來民間流傳的善書在台灣翻印）與新型（台灣各宗教結社扶鸞著作的鸞書）。

（三）宋光宇：古典善書、現代善書，將鸞堂的「作善書」視為狹義的善書。

（四）李世偉著重在內容的區分，認為鸞書固定的幾個內容為：1.仙佛序文；2.寶誥、咒語；

3.行述故事；4.詩歌訓文；5.功過格。（李世偉，1999：128-135）

過去筆者依鸞友雜誌社的善書內容提出善書分類：（王志宇，1996.2：100-121）

1. 遊記類
2. 主題式
3. 解事類
4. 幼教啟蒙類
5. 行述案證類
6. 醫藥類
7. 玉律類
8. 家書類
9. 經咒類
10. 雜論類

善書有種種之分類，作為善書型態之一的鸞書，內容包羅萬象，但是勸善去惡是其核心思想，部分鸞書反映了當時的社會現象，並以傳統觀念對此現象進行了批判。（宋光宇，1982：133）或反映家庭倫理，甚至是透過扶鸞方式對鸞下生進行行為的規勸，此尤其是在以家族成員為組成核心的鸞堂尤其常見，如宋光宇論述清末和日治時期的鸞堂時也指出，鸞生需要遵守堂規與聖訓，作為個人道德反省的依據。此外鸞堂對於家族教育具有重要的教化作用，淡水行忠堂乃李宗範家族所建，神明降鸞時，李家家族成員齊集堂下聽訓，鸞訓頗類似家訓，是以鸞堂具有庭訓的意義。（宋光宇，1998.3：14）王見川對高雄陳中和家族與鸞堂關係的研究，（王見川，2000：123-146）以及許玉河對澎湖西衛吳克文家族與鸞堂關係的研究，（許玉河，2004：203-250）陳麗華討論六堆客家宗族的情況，認為如清代建立的萬巒五溝水劉氏宗祠，其建立與嘗會有關，劉氏宗祠的建立凸顯清中後期劉氏宗族的崛起，以及劉氏族人利用此一文化符號，塑造祖先歷史記憶的過程。（陳麗華，2010.12：12）王志宇透過永靖地區的家族鸞堂，討論地方家族如何藉由鸞堂的扶鸞勸善活動，定期讓家族成員聚集，並約束家族成員的行為，達到凝聚家族力量的目的。（王志宇，2015.12：59-86）

此外，從埔里地區的鸞書來觀察，埔里一地的鸞堂在日治時期受到鹿港詩人施梅樵入埔絳帳設教的影響，其弟子如王梓聖、陳南要等人都是當地重要的鸞生。埔里地區的鸞書在日治時期到戰後初期，對西風東漸有所批判。至70年代以後，西化已是不可逆的發展，乃回歸到鸞堂對於儒家修身養性的訴求，後來如育化堂等開設漢學班，最後甚至以「育化孔子學堂」為名，[7]都可了解儒學在其中的發展，作為鸞堂首要的核心價值，不言可喻。

總之，鸞書對於新文化的傳入有所批判，而其應對方式乃透過神的降示對於人的行為有種種的規範，也對人死後的世界有所描述，在相關鸞堂的努力下，已逐漸的形成一套理論。儒宗神教的鸞書裡所闡述的天界組織以及不斷強調的地獄觀念，加上輪迴觀念的引入，形成了一股向上的吸引力以及防止墮落的壓力，迫使人們積極向善，這是儒宗神教神學理論的一個積極目的。當然此套理論的運作有其思想基礎，此即儒家的「內聖外王」。在儒宗神教的教義裡，將其轉化為「內功外果」的觀念，而將意誠、心正、身修視為內聖之道，即修內果；將救世、佈施濟困、樂助等之造功德，視為外王之工夫。（王志宇，1997：181-231）

是以儒宗神教的「內功外果」工夫，實即一套道德實踐的理論。透過這套理論結合了該教所論述的天界組織及安排，形成一套完美的教義理論。人經過不斷的道德實踐，在死後得以成仙成佛。當然成仙之後，亦受到功果觀的影響，天上的神仙仍不斷的進行修持的工夫，而派駐凡間寺廟的仙佛，亦需戰戰兢兢，恐稍有誤失，仙籍不保，甚至子孫不肖，亦會牽累已封神的祖先。如《聖賢真理（第三輯）》記載受陽世子孫超拔而任神職如城隍者，其陽世子孫無法持續為善，其父之神職亦將被降，而為福神。（佚名，1981：14）

大致而言，儒宗神教聖賢堂系列鸞堂，將儒家的內聖外王觀念，化約成一般群眾更容易瞭解的功果觀念，形成一套簡便明瞭的道德實踐規範，功果觀成為民間版的道德實踐指導原則，也成為儒宗神教鬼神升級的基本原理。也正是在這些民間宗教結社的功果觀念的影響下，其信眾得以據此強化其道德實踐能力。[8]

6 桃筆扶鸞為鸞堂中傳統的扶鸞，後來又發展出一種比較快速的扶鸞方式，此種方式乃透過正鸞本身心靜之後，直接與神靈溝通，再以硬筆或毛筆直書於黃紙之上的扶鸞方式。在儒宗神教的發展過程中，其重要人物楊明機，後來與斗南感化堂接觸時，即曾使用此法，時稱楊明機已達「慧眼」境界，故會此法，並以此稱之。在明正堂以「金指」或「金指妙法」稱之。

7 埔里鸞書批判西化到回歸儒家修身養性的發展過程，參見王志宇，〈漢文傳統與鸞堂信仰：以埔里地區的鸞堂為例（1895-2010s）〉一文，已通過審查擬登於《台陽文史學報》6（2021.1）。

8 有關儒宗神教系列鸞堂鸞書所呈顯的功果觀，及其對於相關信眾的影響，參閱王志宇，〈台灣民間信仰的鬼神觀－以聖賢堂系列鸞書為中心的探討〉一文。（王志宇，2003.11：117-140）

肆、儒學思想在鸞堂的意義—以科範類鸞書為中心

日治時期以來，台灣的鸞堂在發展過程中，由於儒宗神教的出現，相關鸞堂人士也積極編輯相關儒宗神教的經典科範。其中，最重要的二部書為楊明機所編輯的《儒神科範》及台中聖賢堂所編輯出版的《鸞堂聖典》。

楊明機所編修的《儒門科範》設定儒宗神教12則法規如下：

1. 三綱五常，以重聖門。

2. 克敦孝悌，以肅人倫。
3. 謹守國法，以戒爭訟。
4. 篤愛宗族，以昭雍睦。
5. 崇重法門，以堅信賴。
6. 黜革異端，以崇正道。
7. 明修禮讓，以厚風俗。
8. 尚持節儉，以惜財用。
9. 解釋讎忿，以重生命。
10. 內外兼修，齋戒慎懍。
11. 體天行化，克己渡眾。
12. 勤求精進，日就成功。（楊明機，1973：134）

從上列12則的內容而言，儒宗神教可說是一支以實踐三綱五常道德倫理為核心思想的教派。林永根《鸞門暨台灣聖堂著作善書經懺考》亦載：傳說孔子周遊列國，因世人不能了悟，乃倦歸回魯，當孔子心灰意冷時偶然看到一隻靈鸞，飛落沙地以嘴尖寫字於沙上，因而啟發，悟此靈鸞傳達天意，筆錄其詩文，均是勸世渡眾之文。於是孔子命門生定期聚會，虔請降鸞，啄沙成章，此為儒門揮鸞之始。後來，有時靈鸞請而不來，甚感不便，乃叩請上天准予以桃枝作為鸞筆，使人靈通仙靈，以傳真天意，揮鸞沙盤之上。（林永根，1985：4-5）這個傳說也清楚地看到鸞堂對於儒家的認同。從上列的資料可以了解到，鸞堂的宗教菁英在這一支民間教派發展過程中，對於儒家的認同與透過儒家彰顯鸞堂的意旨，並將之和宗教的實踐結合的作法。

另外在《儒門科範》內有關崇聖法節，以無極天尊奉於最上，其下由孔子居中，其左為老子，右為釋迦牟尼，安於上座，關恩主、呂恩主、張恩主及王恩主、岳恩主安於下座。並云：「右安奉寶座，以為禮拜之儀，兼三教而崇乎神教之利生也。依儒、道、釋，以別序次。而最上另奉無極天尊，為生天生萬物之至尊，用無極燈以表號之。」（楊明機，1973：34-35）又其〈例言十二則〉云：「儒尊孔聖，與道釋而並列，雖分門而治，其三教同源，故神教融通，萬聖集會，何分於彼此哉？」（楊明機，1973：29）儒宗神教以儒居中，以儒兼佛道的意圖相當明顯。最值得留意的是楊明機將儒家的經典《中庸》收入到《儒門科範》中，作為其〈無極內經〉的主要內容，（楊明機，1973：125-144）顯見此時鸞堂將儒學經典視為其修持的寶典，並在三教中凸顯儒家的義理思想，作為道德實踐的準繩。

《儒門科範》內容的安排，反映了民間教派在日治的狀況，此與民間教派在近代在日人在台統治下，其發展有關。論者有以傳統漢學文化視為儒教，在日治時期的環境壓迫下，除了成為體制化中的一部分來確保儒教的地位外，另一方式就是將儒家民間化或宗教化。誠如李世偉所言：

「儒教的另一途徑是『民間化』與『宗教化』，即經由宗教化的儒教─善社、鸞堂等來接近群眾、教化百姓，使儒教得以在民間生根發展。」（李世偉，1999：427）確實為當時鸞堂及相關人士的處境。

戰後，各地鸞堂仍試圖向內政部申請登記，但都無法成功，但鸞堂推動正名化仍不遺餘力。在這個過程中，台中市聖賢堂編輯出版了《鸞堂聖典》，對於鸞堂究竟為何教派，該書云：「鸞堂又稱『儒宗神教』，乃以神靈降筆為傳道方法，五教之神靈佈滿虛空，誠者靈，靈者通，故皆可降鸞寫字。此法為文昌帝君提倡，關聖帝君須命弘揚，請神扶鸞原為道教之一法，又遵奉關帝、呂祖、司命真君等道教諸神，故鸞教為中華道教一派，實不可否認……然鸞之興起於文昌帝君，弘揚於關聖帝君，文昌、關帝二聖皆儒門中人，故鸞教又稱曰『儒宗神教』或『聖教』。蓋以道德文章作濟世張本，以神明現身教化為靈應機要，故此稱之。……而登鸞說法之神，不拘道教神明，舉凡儒釋道耶回等各教先知先覺……常來託鸞化度，此正為佛法之八萬四千法門之一法也。」（台中市聖賢堂，1992：13）此處已將五教合一，看似五教或三教並列。但在〈鸞堂堂規〉項目中，第一條便云：「本堂以儒為宗，以神為教，藉飛鸞提醒人心，以孝悌忠信為立身之本，禮義廉恥為潔身之根，凡入鸞為鸞生者，必須奉行。」第四條：「本堂以宣揚孔孟道德，復興中華文化，指導民生，引人向善，做良民為職責。」（台中市聖賢堂，1992：26-27）在其鸞規中，其實仍可看到其標舉儒家的大旗，作為其指導原則。戰後，台灣雖脫離了日治時期日人對於漢文化的壓抑，但面對新文化的傳入，與傳統文化與道德的衰敗，鸞堂人士仍舊感受到相當大的壓力，透過三教合一或五教合一將儒學宗教化，使得更多人容易接受儒學，或許是一個可行的途徑。

伍、結語

鸞堂雖然是一個強調三教合一的民間教派，部分鸞堂如台中聖賢堂還指出儒宗神教是儒釋道耶回五教合一的教派。但從鸞堂的扶鸞活動及鸞書出版而言，透過扶鸞宣講，以及相關鸞書的出版，可以看到三教合一的思想是此教派的核心，鸞書中常見引述三教的義理思想。但如果從《儒門科範》而言，儒宗神教透過對儒家聖人的崇拜及對儒家經典的尊崇，可以了解日治時期鸞堂以儒領佛道的企圖。《鸞堂聖典》延續《儒門科範》的思想脈絡，推崇儒宗神教，但三教合一與五教合一的色彩更濃厚。

不過，以儒家思想做為其指標，訴求儒家道德的實踐，仍是其特別強調的宗旨，故其堂規強調「**宣揚孔孟道德，復興中華文化**」。從傳統社會對於儒家的尊崇及視為正統，近代鸞堂的發展，一方面有著民間教派三教合一的傳統，此一傳統重視的是透過心性的修悟及實踐，從心性體悟及實踐而言，三教間的義理是可彼此會通的，儒宗神教也透過鸞堂的活動與鸞書的傳布，宣揚為善去惡的功果觀，成為儒家宗教化的一種表徵。另外，從政治社會環境而言，依附在儒家的大旗下，對於一支民間教派的發展而言，將會更為安全。是以儒學在鸞堂體系中的應用，不僅是開啟心性及道德實踐的鑰匙，從民間教派的發展而言，也是一道安全門。

參考書目

一、中文

（一）史料

林永根，1982，1985 再版，《鸞門暨台灣聖堂著作善書經懺考》，台中：聖德雜誌社。
楊明機編纂，1936，1973 三版，《儒門科範》，台北：贊修行宮、三芝智成堂。
施懿琳總編纂，2018，《埔里鎮志》，南投埔里：埔里鎮公所。
台中市聖賢堂編印，1979，1992 再版，《鸞堂聖典》，台中市：編者。

（二）專書及專書論文

王志宇，1997，《台灣的恩主公信仰－儒宗神教與飛鸞勸化》，台北：文津。
王志宇，2019，〈宗族與信仰－以台中市元保宮為中心〉，收入李世偉主編，《近代華人宗教活動與民間文化－宋光宇教授紀念文集》，台北：博揚文化事業有限公司，頁261–280。

王見川，1996，《台灣的齋教與鸞堂》，台北：南天書局。

王見川、李世偉著，2000，《台灣的民間宗教與信仰》，台北蘆洲：博揚文化。

吳兆麟總編輯，2008，《中國儒教會會志》，高雄內埔：睿煜出版社。

李世偉，1999，《日據時代台灣儒教結社與活動》，台北：文津出版社。

焦大衛、歐大年著，周育民譯，2005，《飛鸞－中國民間教派面面觀》，香港：中文大學出版社。

張崑將，2012，〈從布袋戲「雲州大儒俠」看儒學在台灣的常民化〉，見黃麗生編，《邊緣儒學與非漢儒學：東亞儒學的比較視野（17–20世紀）》，台北市：國立台灣大學出版中心，頁157–192。

（三）論文

王世慶，1986.12，〈日據初期台灣之降筆會與戒煙運動〉，《台灣文獻》37卷4期，頁111–152。

王志宇，2011，〈民間教派與衰史〉，《中華民國發展史・教育與文化（上冊）》，台北：國立政治大學，頁125–157。

王志宇，2005.6，〈從鸞堂活動看戰後《明聖經》在台的傳布與影響〉，《「華人宗教經典的建構、詮釋與實踐」學術研討會》論文集，財團法人台北保安宮，頁6。

王志宇，2003.11，〈台灣民間信仰的鬼神觀－以聖賢堂系列鸞書為中心的探討〉，《逢甲人文社會學報》7期，頁117–140。

王志宇，2011.9，〈戰後台灣新興鸞堂豐原寶德大道院之調查研究－教義與宗教活動面向的觀察〉，《台灣文獻》62卷3期，頁351–384。

王志宇，2021.1，〈漢文傳統與鸞堂信仰：以埔里地區的鸞堂為例（1895–2010s）〉，已通過審查擬登於《台陽文史學報》6期。

王見川，1998.6，〈光復前台灣客家地區鸞堂初探〉，《台北文獻》124期，頁81–101。

宋光宇，1998.3，〈清末和日據初期台灣的鸞堂與善書〉，《台灣文獻》49卷1期，頁1－20。

許玉河，2004，《澎湖鸞堂之研究（1853–2001）》，台南大學鄉土文化研究所碩士論文。

宋光宇，1985.6〈台灣民間信仰的發展趨勢〉，《漢學研究》3卷1期，頁199–234。

李世偉，1998.6，〈日據時期鸞堂的儒家教化〉，《台北文獻直字》124期，頁59－79。

李亦園，1982，〈台灣民俗信仰發展的趨勢〉，《民間信仰與社會研討會論文集》，省府民政廳，頁89–101。

柯若樸，2002.9，〈「民間儒教」觀念之試探－以台灣儒宗神教為例〉，《近代中國史研究通訊》34期，頁31－38。

鄭志明，2001.6，〈近五十年來台灣地區民間宗教之研究與前瞻〉，《台灣文獻》52卷2期，頁127–148。

鄭陞育，2009，《鍛乩、修行與功德：埔里鸞堂信仰與實踐》，暨南國際大學人類學研究所碩士論文。

鄭寶珍，2008，《日治時期客家地區鸞堂發展：以新竹九芎林飛鳳山代勸堂為例》，國立中央大學客家社會文化研究所碩士論文。

邱延洲，2013.9，〈鳳山地區送書灰儀式的初步考察〉，《高雄文獻》3卷3期，頁111–126。

張二文，〈高雄縣客家鸞堂的起源──月眉樂善堂與其鸞書之研究〉，《台灣學研究》5（2008.6），頁32–53

邱延洲，2015.12，〈「鳳邑儒教聯堂」與台灣南部鸞堂運動的開展（1950~1979）〉，《高雄文獻》5卷3期，頁109–134。

二、英文

Clart, Philip,2019, “Competition, Entrepreneurship, and Network Formation among Taiwanese Spirit- Writing Cults.” 李世偉主編，《近代華人宗教活動與民間文化──宋光宇教授紀念文集》，台北：博揚文化事業有限公司，頁107–170。

第四章

鸞堂與關帝信仰

國家圖書館出版品預行編目資料

神來一筆：扶鸞的回顧及展望 / 陳桂興主編；張家麟等著.
－－第一版－－臺北市：宇河文化 出版；
紅螞蟻圖書發行，2020.12
面 ； 公分－－(玄門真宗；8)
ISBN 978-986-456-319-7（精裝）

1.扶乩 2.民間信仰

296.2 109018373

玄門真宗 8

神來一筆：扶鸞的回顧及展望

主 編／陳桂興
作 者／張家麟 等
發 行 人／賴秀珍
執行編輯／何南輝
美術構成／沙海潛行
出 版／宇河文化出版有限公司
發 行／紅螞蟻圖書有限公司
地 址／台北市內湖區舊宗路二段121巷19號(紅螞蟻資訊大樓)
網 站／www.e-redant.com
郵撥帳號／1604621-1 紅螞蟻圖書有限公司
電 話／(02)2795-3656（代表號）
傳 真／(02)2795-4100
登 記 證／局版北市業字第1446號
法律顧問／許晏賓律師
印 刷 廠／卡樂彩色製版印刷有限公司
出版日期／2020年12月 第一版第一刷

定價 450 元 港幣 150 元

ISBN 978-986-456-319-7 Printed in Taiwan

關聖帝君《玄靈高上帝》親敕 建立自己的教門
尋回自己的累世的門徒 咸令得到皈依、歸宿

玄門真宗 總山門

玄門山

關聖帝君《玄靈高上帝》親臨降頒，尋回自己的緣生門徒，為近二千年的神威救渡及五常德『仁、義、禮、智、信』精神能有一定位，更讓關聖帝君《玄靈高上帝》近二千年來的神人因緣、門徒有所的皈依歸宿。

天運甲子歲次開科，關聖帝君《玄靈高上帝》親敕點選門徒，創建以『關聖帝君《玄靈高上帝》』為教主的宗教脈延，親敕以『玄門真宗』為教名，更從立『教名』、『會集賢才』、『創建道場』、『立教申請』、『學術公聽會』等完成創建以關聖帝君《玄靈高上帝》為教主的『玄門真宗』。

根據「玉皇尊經」的記載，關公在公元一八六四年被各教教主推舉，禪登「玉皇大天尊玄靈高上帝」，至今一百三十餘年，復於公元二〇〇三年在內政部正式申請立教，有了自己的教門，自己的國度，稱為圓融國度。

關聖帝君如今已立有自己的教門『玄門真宗』來宏揚無量無邊的神威誓願，有廣大的門徒，有完整的經卷和殊勝濟世的方便法門，如今更創建『玄門山』為宣教總山門，得以更完整的建制，組織，宏揚關聖帝君《玄靈高上帝》的大誓願天命、拔選人才、為社會，為云云眾生行救渡、救贖、教化的大慈悲誓願。

讓我們在恩主恩師的五常課程學修教門

追求法喜的身體健康
創造通達的人際關係
經營和諧的圓滿家庭
建立利益眾生的事業
實現精勤的人生理想

歡迎你回家

紫林禪寺

生基殿

宗親府

玄勝院